Gunnar Hinck
Eliten in Ostdeutschland

Gunnar Hinck

Eliten in Ostdeutschland

Warum den Managern der Aufbruch nicht gelingt

Ch. Links Verlag, Berlin

Die Deutsche Nationalbibliothek verzeichnet diese Publikation in der Deutschen Nationalbibliographie; detaillierte bibliographische Daten sind im Internet über http://dnb.ddb.de abrufbar.

1. Auflage, März 2007

Schönhauser Allee 36, 10435 Berlin, Tel.: (030) 44 02 32-0
Internet: www.linksverlag.de; mail@linksverlag.de
Umschlaggestaltung: KahaneDesign, Berlin
Satz: Nadja Rein, Berlin
Druck und Bindung: Friedrich Pustet, Regensburg

ISBN 978-3-86153-426-6

Inhalt

Ratlos und Verzagt

Wie die ostdeutsche Führungsschicht eine Notgemeinschaft bildet und mit der ihr zugefallenen Macht wenig anzufangen weiß

Die Idee zu diesem Buch verdanke ich der Begegnung mit einem Journalisten. Er arbeitete vor mehreren Jahren für eine große ostdeutsche Zeitung. Der Journalist war von in sich gekehrtem Wesen, und wenn er an den Redaktionskonferenzen teilnahm, saß er meist einfach still da und sagte wenig. Sein Verhalten wirkte ungewöhnlich, war er doch als leitender Redakteur und Mitglied der Chefredaktion nicht irgendwer. Doch wenn er einmal sprach, wich er sofort zurück, sobald er spürte, dass er mit Widerständen zu rechnen hatte. Er wirkte seltsam mutlos und niedergeschlagen, ja: melancholisch. Still und leise verrichtete er die Jahre über seinen Dienst.

Bei seinen bevorzugten journalistischen Themen gab er sich bescheiden. Vorzugsweise schrieb er Kolumnen zu Alltagseinerlei und unverfängliche Kommentare über Fußball, das Wetter und Benzinpreise. Die Fotos, die er für die Titelseite auswählte, zeigten meistens Landfrauen mit Obstkörben oder Eis essende Kinder; und zu Ostern gab es ein Osterhasenfoto und zu Weihnachten ein Weihnachtsmarktfoto. Er war ein unpolitischer Typ, wie es ihn in jeder Regionalzeitung gibt und vielleicht auch geben muss.

Was ihn indes so interessant machte, war der Kontrast zu seinem früheren Leben in der DDR. Damals agierte er ungleich politischer, denn als persönlicher Mitarbeiter eines SED-Bezirkschefs befand er sich sprichwörtlich im Vorzimmer der Macht. Sein Vorgesetzter war nicht irgendein Bezirkschef: Er war zugleich Mitglied im SED-Politbüro in Berlin, dem Machtkern der DDR. In dieser Funktion hatte er sich nach der Wende wegen der Toten an der Mauer zu verantworten und wurde 2004 wegen Beihilfe zum Mord durch Unterlassen zu einer Bewährungsstrafe verurteilt. Sein Referent war zweifelsohne ein hoffnungsvoller Nachwuchskader der SED, und wenn die DDR nicht Ende 1989 zusammengebrochen wäre, hätte er sicherlich noch einen beachtlichen Weg in Partei und Staat einschlagen können. Doch die Wende hatte seine berufliche Identität und sein politisches Selbstverständnis aufgelöst. Der Schock über 1989 und die eigenen biographischen Irrungen saß tief. Unverhofft, aber eben auch unvorbereitet fand seine Karriere eine Fortsetzung im Journalismus. Nur wenig wusste er mit der neuen Rolle anzufangen.

Die Geschichte bietet einen Einblick in die ostdeutsche Zeitungswelt und ihr Personal, doch das ist an dieser Stelle nicht das Entscheidende. Der Fall des melancholischen Ex-Funktionärs ist vielmehr deswegen interessant, weil er ein Schlaglicht auf den inneren Zustand der Führungsschicht, der Eliten in Ostdeutschland insgesamt wirft. Deren Zustand lässt sich auf einen Nenner bringen: Rückzug. Es ist eine stille, kaum zu vernehmende Elite. Sie ist ohne eigene Sprache. Sie marginalisiert sich selbst und damit den Osten insgesamt. Sie kann keine Orientierung geben, weil sie selbst ohne Orientierung ist. Sie beschränkt sich darauf, die Gegenwart zu verwalten.

Ein bloßes Verwalten indes kann sich die Region nicht mehr leisten. Die Lage ist schwierig, wenn nicht gar dramatisch, und es sind keineswegs nur Wirtschaftsdaten, auf denen dieser Befund basiert. Jeder dritte Euro, den private und öffentliche Haushalte im Osten ausgeben, stammt aus Transferzahlungen, ist also nicht selbst erwirtschaftet.[1] Die ostdeutschen Bundesländer, Sachsen ausgenommen, haben es fertiggebracht, innerhalb von 16 Jahren eine öffentliche Verschuldung anzuhäufen, die inzwischen höher liegt als in den Flächenländern der alten Bundesrepublik, die dafür allerdings auch über 60 Jahre Zeit hatten. Die Arbeitslosenrate ist doppelt so hoch wie diejenige im Westteil Deutschlands. Es ist indes weniger die hohe Arbeitslosigkeit als solche, die Mutlosigkeit und Depression erzeugt, sondern die Tatsache, dass Besserung nicht in Sicht ist. Der Abstand zum Westen hat sich verstetigt.

Ebenso verhärtet hat sich aber auch die Unzufriedenheit mit der bundesdeutschen Demokratie. Jahr für Jahr messen Demoskopen und Wissenschaftler, dass nur noch eine Minderheit der Ostdeutschen – mal ist es ein Fünftel, mal ein Viertel – mit dem heutigen

System zufrieden ist. Auch das Vertrauen in die Institutionen ist erheblich geringer als in Westdeutschland. Das verwundert nicht angesichts des innerdeutschen Machtgefüges. Es ist nicht nur der Westen, der wirtschaftlich dominiert und den Osten durch Transfergeld am Leben erhält. Es ist ebenso der Westen, der in Deutschland die Normen setzt und Diskurse und Sprache prägt. Gefühle von autoritärer Umsorgung und Entmündigung durchziehen den Osten. Er hat seine Rolle in dieser Bundesrepublik noch nicht gefunden.

Bezeichnend ist die nachhaltige Karriere des Begriffs »Neue Bundesländer«. Dass über 16 Jahre nach dem Aufgehen der DDR in die Bundesrepublik diese Formel immer noch gebräuchlich ist, drückt einen bemerkenswerten Umstand aus – jenseits der wenig überraschenden Tatsache, dass »der Osten« nach 40 Jahren an anderen Prägungen, Erfahrungen und Bedingungen anders ist als die restliche Bundesrepublik und offensichtlich einer besonderen Bezeichnung bedarf. Bemerkenswert ist etwas anderes. Es ist der Blick von außen, der namensbestimmend ist. Das Gebiet »zwischen Rügen und dem Erzgebirge«, wie es häufig alternativ, aber nicht weniger unbeholfen heißt, wird aus der Sicht der alten Bundesrepublik definiert, und eben nicht von innen heraus. So dominiert bis heute ein Begriff, der eigentlich angelegt war, einen Übergangszustand zu kennzeichnen. Die Identitätslosigkeit des Ostens findet hier ihre sprachliche Entsprechung.

Wer über schlechte Wirtschaftsdaten und die mental verzagte Lage reden will, muss auch über die Eliten im Osten sprechen. Es besteht ein direkter Zusammenhang. Nach den durchwachsenen Erfolgen des Aufbaus Ost und den halbherzigen Bekenntnissen der Bundespolitik zu gesamtdeutscher Solidarität sind es letztlich nur die Eliten vor Ort, die in der Lage wären, die Situation zu ändern, eine Gesellschaft voranzubringen, Kraft zu spenden, mindestens aber Perspektiven zu vermitteln, Vertrauen zu geben, Richtungen anzubieten und, ja, Visionen zu formulieren.

Wenn das Wort Vision in Deutschland fällt, ist das nassforsche Diktum des Altkanzlers Helmut Schmidt nicht weit, wonach derjenige, der Visionen hat, zum Arzt gehen müsse. Schmidts vernichtendes Urteil hat zweifellos mit seiner Siebziger-Jahre-Erfahrung mit linksradikalen Splittergruppen in der Bundesrepublik und in der eigenen sozialdemokratischen Partei zu tun, wird aber dem Begriff nicht gerecht. Vision bedeutet Traumbild, heißt aber auch Zukunftsentwurf. Den hat der Osten bitter nötig.

Auch »Elite« ist gerade in Deutschland immer ein missverständliches, mehrdeutiges Wort gewesen. Es ist beladen mit unterschiedlichen Bedeutungen und Erwartungen. »Elite« ist verbreitet als Synonym für die Auserlesenen oder die Besten einer Gesellschaft, für diejenigen, die besondere Leistungen zeigen. Andere Interpretationen sammeln unter dem Begriff Personen, die als moralische Vorbilder gelten. So ist es kein Wunder, dass das Wort in der deutschen Sprache einen herrischen, eben elitären Beiklang hat: Elite, das klingt nach besseren Kreisen, nach exklusiven, gediegenen Industriellenclubs, nach Schloss Salem, dem Privat-Internat am Bodensee, nach Hamburger Alsterruderclub.

In diesem Sinne ist Elite in diesem Buch nicht gemeint. Es geht weder um Reiche oder Spitzensportler noch um Vorbilder, schon gar nicht um diejenigen, die sich per Selbstdefinition einer Elite zugehörig fühlen. Es geht um die Personen in Ostdeutschland, die nüchtern-wissenschaftlich als Funktions- oder Positionseliten bezeichnet werden.[2] Das umfasst jene Personen, die zeitlich begrenzt Positionen besetzen, die mit Macht verbunden sind, weil sie Entscheidungen treffen können, die für breite Bevölkerungsschichten Konsequenzen haben: die Spitzen von großen Wirtschaftsunternehmen, Behörden, Ministerien, Parteien, Staatskanzleien, Medienbetrieben in den neuen Ländern. Sie sitzen an den Hebeln, durch die politische und wirtschaftliche Weichenstellungen vollzogen werden, Themen gesetzt und zu einem Gutteil auch Klima und Ton einer Gesellschaft geprägt werden.

Wenn diese ostdeutschen Eliten so sprachlos und still sind, kann es an einem Mangel an Apparaten nicht liegen. Allein die staatlichen Strukturen sind üppig. Nach 1989 installierte die alte Bundesrepublik im Osten ihr kleinteiliges Institutionengerüst – ein aufgepflanztes System, aber immerhin eines mit viel Artikulationsfläche. Heute existieren neben Berlin fünf ostdeutsche Bundesländer mit jeweils einem kompletten Staatsapparat: mit Regierungschef, Ministerialbürokratie, Landtag und obersten Gerichten. Die fünf Länder zählen zusammen 4,5 Millionen weniger Einwohner als Nordrhein-Westfalen, vereinigen aber im Bundesrat, der Kammer der Länder, 19 Stimmen auf sich. Das große Land an Rhein und Ruhr hat sechs.

Bundesratsstimmen, würde jetzt der Staatsrechtler einwenden, sollen nicht in erster Linie Bevölkerungsverhältnisse widerspiegeln, sondern jedes Bundesland als gleichrangigen Teil eines Gesamtstaates würdigen, und schließlich hat Kalifornien im US-Senat auch nicht mehr Stimmen als der winzige Bundesstaat Delaware. Das ist richtig, zeigt aber umso deutlicher, dass der Osten üppig ausgestattet ist mit Einflussmöglichkeiten und Entscheidungsmacht.

Im Kreis der ostdeutschen Entscheidungsmächtigen aber herrscht das Klima einer Intensivstation. Sie wachen eigentlich nur dann auf, wenn es darum geht, im Westen gestellte Fragen über die Geldtransfers abzuwehren. Wenn in zyklischen Abständen am Sinn bestimmter Fördermittel gezweifelt wird, wenn Politiker aus Nordrhein-Westfalen oder Bayern laut über die richtige oder falsche Verwendung des Geldes reden, gehen die ostdeutschen Abwehr- und Entrüstungsbataillone verlässlich in Stellung. Wenn der *Spiegel* in großen Lettern »Wofür?« fragt und dem Osten die mehreren hundert Milliarden Euro vorrechnet, die seit 1990 als Aufbaugeld geflossen sind, hält der Mitteldeutsche Rundfunk, das größte Medium vor Ort, trotzig mit einer Programmoffensive namens »Der starke Osten« dagegen, ohne auf die Anwürfe in der Sache einzugehen. Und Regionalzeitungen drucken im Stil von Foto-Romanen Sonderseiten mit Bildern von Nostalgie-Schmalspur-Eisenbahnen, dem Harz und Luthers Kirche in Wittenberg – Es ist nicht alles schlecht! – und demonstrieren damit nur ihre eigene Hilflosigkeit im Umgang mit der Gegenwart, um die es ja eigentlich geht. Der Osten als harmoniesüchtiges Schulkind, das stolz seine Schmetterlingssammlung vorführt, nachdem es die Eltern mit schlechten Noten in Mathematik und Deutsch enttäuschte.

Dabei hätten die Entscheidungsmächtigen im Osten auch selbst die »Wofür?«-Frage stellen können. Es würde von Selbstbewusstsein und Selbstachtung zeugen, Fehler einzugestehen und Mängel klar zu benennen, und vielleicht fiele die Antwort auf ein »Wofür?« auch präziser und weniger ressentimentgeladen aus, als es ein tief westdeutsch grundiertes Hamburger Nachrichtenmagazin kann. Sie stellen aber diese Fragen nicht. Stattdessen erklärt die SPD von Mecklenburg-Vorpommern – es ist nur ein kleines Beispiel, aber ein sehr typisches – in ihrem Regierungsprogramm den weiteren Ausbau von Ortsumgehungen zu einer der Schwerpunktaufgaben der Regierungspolitik. Im weitläufigen Land mit der geringsten Bevölkerungsdichte in Deutschland leben 1,7 Millionen Menschen, knapp weniger als in Hamburg; bald werden es so wenige wie vor dem Zweiten Weltkrieg sein. In dem leeren armen Land mangelt es an vielem, aber nicht an weiteren Straßen für entvölkerte Kleinstädte. Die SPD könnte es besser wissen. Seit 1994 ist sie an der dortigen Regierung beteiligt, und seit 1998 stellt sie den Regierungschef.

Ältere Herren wie Hamburgs ehemaliger Bürgermeister Klaus von Dohnanyi und der ehemalige ostdeutsche Bankmanager Edgar Most, zusammengeschlossen in einem unverbindlichen Gremium namens Gesprächskreis Ost, hatten schon zu Anfang dieses Jahrzehnts die Vergeudung von Solidarpakt-Mitteln benannt. Dort allerdings, wo letztlich entschieden wird, geht es weiter wie bisher. Warum auch nicht? Es fehlt der öffentliche Aufschrei, der die Dinge als das benennt, was sie sind: ein Skandal.

Aber die ostdeutschen Entscheidungsmächtigen könnten die »Wofür?«-Frage auch an den Westen richten. Es sind einige unangenehme Fragen, die sie dem altbundesdeutschen Ancien Régime stellen könnten. So wie bei den zu Recht kritisierten ostdeutschen Fördermittel-Ruinen geht es dabei um viel Geld. Aber es geht eben auch darum, eingefahrene Bequemlichkeiten und von den Zeitläuften ungetrübte Beharrungskräfte des Westens zu hinterfragen.

Wofür zum Beispiel, könnte einmal der Osten den Westen fragen, werden eigentlich die milliardenschweren Steinkohlesubventionen im Ruhrgebiet und an der Saar bis weit in das nächste Jahrzehnt gezahlt? Aus Angst vor der Wut von ein paar tausend Bergarbeitern, von denen übrigens die meisten noch jung genug wären, um einen Neustart zu wagen? Oder etwa um jenen Bergbau-Mythos zu pflegen, diese verblasste Reminiszenz an das Industriezeitalter der ersten Hälfte des vorigen Jahrhunderts? Was ist dann eigentlich mit den Zehntausenden Kali-, Braunkohle-, und Kupferbergbauarbeitern der untergegangenen DDR, die unrentabel wie die Steinkohle-Kumpels von heute wirtschafteten, jedoch von heute auf morgen ganz unsentimental entlassen wurden? Auf die an der Ruhr angeblich so starken Bergbau-Emotionen wurde im Mansfelder Land in Sachsen-Anhalt oder in Bischofferode in Thüringen kurz nach der Wende keine Rücksicht genommen. Oder liegt der schöne Geldregen doch ganz einfach daran, dass die beschenkten Unternehmen einst mächtige Teile der bundesrepublikanischen Deutschland AG waren, in der man einander nicht wehtat und immer dann, wenn soziale Konflikte drohten, schnell den Steuersäckel öffnete?

Ist es eigentlich, könnte die nächste Frage lauten, gerecht, dass die alleinerziehende Lidl-Verkäuferin in Görlitz mit ihrem Ledigen-Steuertarif den Kunstschmiedeladen der kinderlosen Zahnarzt-Ehefrau in Hamburg-Eppendorf subventioniert, der dank großzügigen Ehegattensplittungs keinerlei Geld zum Leben abwerfen muss und nur den einen wahren Zweck verfolgt – die langen Tage einer unterforderten Hausfrau der westdeutschen oberen Mittelschicht ausfüllen zu helfen? Das Ehegattensplitting schütze die Familie, pflegen in flüsterndem Ehrfurchtston die Familienpolitiker bürgerlich-konservativer Orientierung zu sagen. Ein kurzer Blick in die Realität genügt, um hinter dem vorgetragenen Pathos handfeste materielle Besitzstandsinteressen zu erkennen. Das Grundgesetz stelle die Ehe unter einen besonderen Schutz, sagen die rechtgläubigen Verfassungspatrioten. Das stimmt, allerdings steht es der Politik völlig frei, wie sie dieses Prinzip konkret ausgestaltet. Vom Ehegattensplitting ist im Grundgesetz keine Rede.

Mittlerweile wird die teure Subvention, diese Merkwürdigkeit altbundesdeutscher Politik, öffentlich hinterfragt. Doch der Westen ist dabei unter sich; Ostdeutsche, die aufgrund anderer Erfahrungshintergründe die Diskussion befruchten könnten, sind nicht vernehmbar.

Wofür, schließlich, wird eigentlich der Oberstudienrat in Tübingen mit einem Gehalt ausgestattet, welches 65 bis 70 Prozent über dem liegt, was eine gleichaltrige Kita-Erzieherin im Plattenbaugebiet Neuberesinchen in Frankfurt an der Oder überwiesen bekommt? Der Oberstudienrat kann, wenn er sich einrichtet, Jahr für Jahr die immergleichen Geschichtszahlen an die Tafel malen oder die immergleiche Literatur durchnehmen und es sich nachmittags in seinem privaten Studierzimmer bequem machen, während zur selben Zeit die Erzieherin an einem Krisenort der deutschen Gesellschaft eingesetzt ist, dort, wo Armut und Verwahrlosung bestimmend sind, dort, wo eine Erzieherin nicht nur Erzieherin, sondern auch Verwahrstelle, Pflegerin, Psychologin, Ernährungsberaterin, Vorleserin und Elternersatz für kleine Kinder in einem ist, einem Ort, den der Oberstudienrat vermutlich nur aus ZDF-Reportagen kennt.

Leistung ist nicht die Grundlage der weit auseinanderdriftenden Bezahlung der beiden öffentlich bediensteten Pädagogen. Der Grund ist ein anderer und liegt ziemlich lange zurück. Im Kaiserreich galt der deutsche Gymnasiallehrer als der Repräsentant wahrer, humanistischer Bildung schlechthin und wurde entsprechend hoch besoldet, während alles andere als niedere Pädagogik mit wenig Sozialprestige abgetan wurde. Das Kaiserreich mit seinem Standesdünkel ist schon recht lange Geschichte; seine Überbleibsel könnten zu Beginn des 21. Jahrhunderts einmal hinterfragt werden.

Es geht nicht um eine Ost-West-Neid-Debatte unter umgekehrten Vorzeichen. Die unterbezahlte Erzieherin könnte auch in Osnabrück arbeiten und die alleinerziehende Mutter in Stuttgart an der Kasse sitzen. Es geht darum, dass gerade der Osten Fragen an die Bundesrepublik stellen könnte, weil er just zu dem Zeitpunkt einem Land beitrat, in dem längst das Ende der kommoden Nachkriegswohlstandsherrlichkeit und vermeintlich ewigen Besitzstände eingeläutet war. Er hätte den unverstellten Blick des Außenseiters. Unverstellter Blick und klare Worte könnten vielleicht dazu beitragen, ernster genommen zu werden. Der Osten könnte eine Relevanz erringen.

Ostdeutsche Eliten stellen diese Fragen aber nicht. Sie halten still. Manche vermögen noch nicht einmal das bisher Geleistete, Positive bei sich zu Hause zu benennen. Viel zu wenig, aber durchaus Beachtliches ist in Ostdeutschland in den vergangenen Jahren geschehen. Leuna in Sachsen-Anhalt wird, um ein Beispiel aus der Wirtschaft zu nennen, in den alten Ländern bis heute mit zweifelhaften Übernahmegeschäften nach der Wende in Verbindung gebracht – Stichwort: Elf Aquitaine –, während Bitterfeld immer noch ein Synonym für schlimmste Umweltverschmutzung ist. Heute aber ist dieses mitteldeutsche Chemiedreieck nicht wiederzuerkennen. Neue Betriebe, darunter börsennotierte Solarfabriken, haben sich zu den angestammten, wiederaufgebauten und nunmehr sauberen Raffinerien und Chemiebetrieben gesellt. Eine Entwicklung, auf die der zuständige Ministerpräsident, der CDU-Politiker Wolfgang Böhmer, durchaus einmal mit Stolz verweisen könnte. Böhmer aber meint, man könne es nicht so laut äußern, weil es ja mit dem Geld der reichen westdeutschen Bundesländer bezahlt wurde. Ein merkwürdiges Argument. Es gibt keinen anderen Zweck von Fördermitteln als jenen, einen selbsttragenden Aufschwung zu ermöglichen. Böhmer drückt die demütige Haltung eines Alimente-Empfängers aus, der sich nicht traut zu zeigen, was er erreicht hat. Wer noch nicht einmal das Geleistete benennen kann, ist erst recht nicht in der Lage, den Blick nach vorn zu richten und sich Gedanken zu machen über Perspektiven und eine eigene Zukunftsidee.

Augenfällig ist die Abwesenheit von Orientierung nicht nur in wirtschaftlichen Fragen. Sie wird auch deutlich, wenn es um Werte und Haltungen und um das Streiten für sie geht. Zwei Facetten aus dem ganz normalen ostdeutschen Alltag illustrieren dies. Im Sommer 2006 geriet das kleine Elbe-Dorf Pretzien in Sachsen-Anhalt in die Schlagzeilen. Auf einer »Sonnenwend-Feier« hatten Mitglieder eines rechtsgerichteten Vereins erst die US-Fahne und dann das Tagebuch Anne Franks verbrannt. Dorfbewohner, aber auch der Bürgermeister des Dorfs, sahen zu. Ebenjener Bürgermeister hatte über die Jahre versucht, den Verein in das Dorfleben zu integrieren und so zu seiner Legitimierung beigetragen. Es müsse mehr über den Nationalsozialismus aufgeklärt werden, hieß es danach häufig. Ein Missverständnis: Die jungen Leute wussten, welches Buch sie in die Flammen warfen, und sie wussten um die Symbolik der Bücherverbrennung; sonst hätten sie genau dies nicht getan. Entscheidend war das Verhalten der lokalen Eliten in Gestalt des Bürgermeisters. Er duldete die Aktivitäten des Vereins über Jahre und so auch an diesem Abend.

Beim zweiten Beispiel handelt es sich um einen leitenden Redakteur einer Lokalzeitung in der Sächsischen Schweiz, einer Hochburg der NPD und des Rechtsextremismus in Ostdeutschland überhaupt. Der Journalist bestellte vor mehreren Jahren eines Tages einen Artikel über ein strittiges politisches Vorhaben im Städtchen Königstein. Man solle doch, schlug er vor, mit dem neuen und noch recht unbekannten NPD-Stadtrat sprechen, um für den Artikel eine kritische Stimme zu den Plänen der Verantwortlichen zu bekommen – bestimmt bekäme man von dem Mann gepfefferte Sätze über die etablierten Parteien und die Verantwortlichen in der Kommune.

In der DDR war der Journalist SED-Mitglied und Offizier der Nationalen Volksarmee, ein kleinerer Kader nur, aber doch, wenigstens formal, Kommunist und Antifaschist, der auf seinen Offiziersschulungen sicherlich einst folgsam mitschrieb, dass es auf deutschem Boden nie wieder Faschismus geben dürfe. Der ehemalige NVA-Offizier hatte keine Hemmungen, das Geschäft der örtlichen NPD zu besorgen. Er wollte nur ein guter Journalist sein, wusste er doch inzwischen, dass ein journalistischer Beitrag seine Würze durch die kritische Gegenstimme bekommt. So wollte er es auch in diesem Fall machen, und wer die lieferte, war ihm egal. Den Artikel bekam er nicht. Bekannt geworden ist der Stadtrat auch so: Uwe Leichsenring avancierte später zum Parlamentarischen Geschäftsführer der NPD-Fraktion im Sächsischen Landtag und einem der wichtigsten Köpfe der Rechtsextremisten; er starb 2006 bei einem Verkehrsunfall.

Beim Journalisten wie beim Bürgermeister waren die Wert-Maßstäbe für das, was man tut und was man nicht tut, was gut ist und was schlecht, verrückt, vielleicht waren sie auch gar nicht vorhanden. Ein merkwürdiges Verständnis von Liberalität, das in Wahrheit nur ein hilfloses *anything goes* ist.

Natürlich kann über ehrenamtliche Bürgermeister von 1000-Einwohner-Orten und Lokaljournalisten nicht so streng gerichtet werden, wie es bei Ministern oder Intendanten getan wird. Aber sie sind Vorbild vor Ort, lokale Größen und ausgestattet mit beträchtlicher Autorität. Die beiden Männer legen in ihrer Ungeschminktheit den Blick frei auf ostdeutsche Zustände und sind insofern paradigmatisch.

»Wir wissen besser, was nicht geht, als das, was geht«, sagt Wolfgang Böhmer, der Ministerpräsident des Dorf-Bürgermeisters aus Sachsen-Anhalt. Manchmal wissen sie, siehe Pretzien und Sächsische Schweiz, nicht einmal, was nicht geht. Böhmers Satz ist ein offener und ehrlicher Satz, der schonungslos die innere Lage eines Politikers preisgibt, der mit seinen 71 Jahren nichts mehr erreichen will. Und er sagt viel aus über die Lage einer Führungsschicht insgesamt.

Mehr, als Wolfgang Böhmer wohl ahnt.

Neue Eliten, fast überall

In den vergangenen 60 Jahren hat Ostdeutschland zwei radikale politische Umwälzungen erfahren. Beide Male wurde die Gesellschaft komplett auf den Kopf gestellt. Zunächst entmachteten sowjetische Besatzer und SED die alten Eliten in Industrie, Politik, Verwaltung, Militär, Landwirtschaft. Es war eben nicht nur der von der SED so gern vorgebrachte Großgrundbesitzer, dem seine Existenzgrundlage genommen wurde. Es war auch der altgediente sozialdemokratische Bürgermeister, der nicht in der SED aufgehen wollte; dazu gehörten Ärzte, Anwälte, Kaufhausbesitzer, Pfarrer, selbständige Handwerker, Wissenschaftler, kurzum: die Trägerschichten einer bürgerlich-liberalen Gesellschaft. Sie waren überproportional vertreten im Millionen zählenden Abwanderungs- und Fluchtstrom nach Westdeutschland. Allein von 1951 bis zum Mauerbau 1961 gingen insgesamt 2,7 Millionen Ostdeutsche in den Westen. In die umgekehrte Richtung waren es rund 620 000, worunter sich zwei Drittel an Rückkehrern befanden.[4] Aber selbst zu Zeiten der Mauer von 1961 bis 1989 verließen schätzungsweise 600 000 DDR-Bürger das Land, sei es durch Flucht, Freikauf oder Ausreise. Ein massenhafter *brain drain,* ein gewaltiger Aderlass, den die ostdeutsche Gesellschaft verkraften musste.

Die zweite Umwälzung war von der friedlichen Revolution 1989 ausgelöst. In kurzer Zeit wurden die Trägerschichten der SED, die Kader und Nomenklaturkader, von ihren Positionen gekappt. War vormals die Staatspartei die allmächtige Personalabteilung der DDR, waren nun die SED-konformen Karrieren, staatsnahen Bildungsabschlüsse und früheren politischen Bekundungen entwertet und diskreditiert. Nicht nur Egon Krenz und Erich Mielke mussten abtreten, sondern auch Legionen von Richtern, Geistes- und Gesellschaftswissenschaftlern, Diplomaten, Offizieren, Betriebsdirektoren und SED- oder FDJ-Funktionären. Die leninistisch durchwirkte Schwesterpartei der sowjetischen KPdSU hatte einst deutsche Traditionen und Titel ab- und neue eingeführt: Fortan gab es den Diplom-Philosophen an der Universität, die aus Sektionen bestand und nicht mehr aus Fakultäten, und in der Armee wurde der Politoffizier eingeführt, Begriffe, die beim westdeutschen Bildungsbürger beziehungsweise beim Traditionsmilitär wohl noch heute Stirnrunzeln hervorrufen. Die Inhalte staatsnaher Studiengänge hatten sich dem Marxismus-Leninismus unterzuordnen, denn es ging um die Schaffung einer neuen Gesellschaftsordnung, der Diktatur des Proletariats. Die Funktionsträger der DDR mit allen diesen Titeln, Rängen und Qualifikationen waren die Verlierer einer Wiedervereinigung, die eben keine Fusion zweier gleichberechtigter Staaten, sondern der Beitritt der Konkursmasse eines gescheiterten Staatsexperiments in die etablierte und die Spielregeln diktierende Bundesrepublik war. Vom historischen Kontext her ist die Abwicklung der alten Eliten ein logischer Schritt. Die Frage nach der Gerechtigkeit ist eine andere Kategorie.

Die zwei Umwälzungen haben ein Vakuum gewaltigen Ausmaßes hinterlassen. Wenn zwei komplette Trägerschichten binnen weniger Jahrzehnte entmachtet werden, erzeugt das Wunden, Provisorien, Unfertigkeiten. Nur, wer besetzt heute die vielen Positionen im Osten?

Die SED und ihre Funktionäre sind fort, aber es gibt Ausnahmen. Es kann auch gar nicht anders sein. Die SED zählte zuletzt 2,3 Millionen Mitglieder und Kandidaten und allein rund 340 000 Nomenklaturkader in einem kleinen Land von 16 bis 17

Millionen Menschen.[5] Es wäre ein arithmetisches Wunder, wenn wirklich alle kleineren und mittleren Funktionsträger einfach von der Bildfläche verschwunden wären. In zwei gesellschaftlich bedeutenden Bereichen haben sie sich in beträchtlichem Umfang halten können: in der Politik und in den Tageszeitungen des Ostens.

Die PDS oder Linkspartei – die Sprachregelungen sind in den Landesverbänden der Partei noch unübersichtlich – dient als Sammelpunkt, Aktionsbasis, Heimat und nicht zuletzt als Arbeitsplatz für einen Teil der einstigen SED-Nachwuchselite. Das überrascht wenig, ist sie doch die Nachfolgepartei der SED. In der öffentlichen Wahrnehmung dominieren Politiker wie Gregor Gysi und Lothar Bisky, Persönlichkeiten, die biographisch ganz und gar untypisch sind für die PDS. Beide waren für DDR-Verhältnisse nahezu Bohèmiens. Der Erste ist gelernter Anwalt und Spross einer bürgerlich-jüdischen Familie, der zweite arbeitete als Filmhochschul-Professor in Potsdam-Babelsberg, von dessen Liberalität Film-Regisseure, die bei ihm Studenten waren, noch heute berichten.

Den eigentlichen Funktionärskörper der PDS machen weitaus weniger schillernde Personen aus. Hier dominiert die um 1950 geborene Nachwuchsgeneration der SED. Auf der gerontokratischen DDR-Führungsebene in Ost-Berlin war diese Generation noch bedeutungslos, aber im riesigen Organisationsgeflecht der Partei und der ihr ergebenen Organisationen hatten sie bereits wichtige Positionen inne: als Mitarbeiter im FDJ-Zentralrat beispielsweise, als hauptamtlicher Parteisekretär an einer Universität, als Mitarbeiter einer SED-Bezirksleitung oder gar als Mitglied im Sekretariat einer SED-Kreisleitung, dem einflussreichsten Gremium, das es in der DDR auf kommunaler Ebene gab.

Sie waren keine Stalinisten wie ältere Funktionäre, die noch durch das antifaschistische Gründerpathos der DDR und die scharfe Blockkonfrontation der fünfziger Jahre geprägt waren. Die Massenfluchten in der Zeit vor dem Mauerbau, den offenen, stalinistischen Terror und den Volksaufstand vom 17. Juni 1953 haben sie nicht mehr bewusst erlebt. Sie wuchsen auf in einer sich etablierenden DDR: Sie waren die ersten Kinder der Republik.

Ihre politisch prägenden Jahre fielen in eine Zeit, die man die wenigen guten Jahre der DDR nennen könnte. Anfang der siebziger Jahre löste Honecker Ulbricht ab; die SED lockerte partiell die ideologischen Zügel; die Mangelsituation im Handel entspannte sich; bescheidener Wohlstand breitete sich aus. Der Staat wurde international zunehmend anerkannt und stieg zum Mitglied der Vereinten Nationen auf. Sie erfuhren als junge Erwachsene eine politisch relativ stabile Zeit.

Hinzu kam, dass der Zeitgeist der Jugend in den frühen siebziger Jahren links bis sehr weit links stand. In einer Zeit, als weite Teile der westlichen Jugend Position bezogen gegen »das System« in ihren Ländern und der Vietnamkrieg die Chiffre für dieses System überhaupt darstellte, war es für die Kinder des DDR-Sozialismus relativ leicht, sich auf der richtigen Seite zu wähnen. Die Propagandisten der SED wussten jenen Zeitgeist damals geschickt für sich zu nutzen.

Zugleich fielen die karriereentscheidenden Weichenstellungen der SED-Nachwuchselite vor der beginnenden wirtschaftlichen und geistigen Agonie der DDR in den späten siebziger und frühen achtziger Jahren, vor dem offensichtlichen Verfall der Industrie und vor der Ausbürgerung Wolf Biermanns. Sinngemäß sagen sie heute häufig den einen Satz: Wenn ich zehn Jahre später auf die Welt gekommen wäre, weiß ich nicht, ob ich den gleichen Weg in der SED eingeschlagen hätte. In keiner anderen Generation der DDR konnte die SED so kräftige und breite Wurzeln schlagen wie in dieser Generation.

Sie waren als Funktionäre durchaus überzeugt bei der Sache, und wenn man ihnen heute die Frage stellt, ob sie sich damals als Kommunisten gefühlt haben, bejahen sie. Aber sie waren mehr Pragmatiker des Apparats, weniger Ideologen; Funktionäre, die die Ideologie als Hülse akzeptiert haben, sei es, weil sie in ihrer Jugend nichts anderes kennengelernt haben, sei es schlicht aus Gründen der Karriere. Der Typ des sozialen Aufsteigers dominierte unter ihnen. Sie stammten aus der Arbeiterschicht oder aus kleinbürgerlichen Verhältnissen und nutzten den in den siebziger Jahren rasant wachsenden Partei- und Staatsapparat als Fahrstuhl für den sozialen Aufstieg. Die meisten verließen nach 1989 sang- und klanglos ihre Partei. Heute finden sich in Ostdeutschland zahlreiche ehemalige hauptamtliche Parteifunktionäre als Autohausbesitzer, Immobilienmakler oder Versicherungsvertreter. Das ist kein Zufall. Die Zugangshürden dieser Berufe sind niedrig, und es sind die wenigen Wachstumsbranchen nach der Wende gewesen.

Manche aber haben es geschafft, mittels der PDS wieder politische Positionen zu besetzen. In der PDS sind ihre Biographien nicht entwertet, hier muss man seine Laufbahn in FDJ und SED nicht verstecken oder verschämt umdeuten. Im Gegenteil, eine klangvolle Kaderposition ist im Milieu der PDS durchaus Ausweis für Organisations- und Führungserfahrung. Und die PDS hat eine beträchtliche Zahl an Mandaten und Ämtern zu besetzen. In den Landtagen von Sachsen, Brandenburg, Sachsen-Anhalt, Thüringen und Mecklenburg-Vorpommern ist sie die größte Oppositionspartei. In Sachsen und Thüringen gar sind ihre Fraktionen mit Abstand größer als die der SPD und damit ausgerechnet in jenen zwei Ländern, die vor 1933 die Hochburgen der deutschen Sozialdemokratie waren.

Entsprechend viele Abgeordnetenmandate und Sitze in Ausschüssen und anderen Gremien stehen ihr zu. In Berlin übt sie durch ihre Regierungsbeteilung exekutive Macht aus; in Mecklenburg-Vorpommern hat sie dies acht Jahre lang getan. Hier stellt beziehungsweise stellte sie Minister, Staatssekretäre, Büroleiter, persönliche Referenten, Pressesprecher. In den Kommunen besetzt sie mehrere hauptamtliche Bürgermeister- und Landratsposten. Besonders stark verankert ist sie in Teilen Brandenburgs, in Sachsen-Anhalt und im Ostteil Berlins, der ehemaligen Hauptstadt der DDR mit ihren Zehntausenden ehemaligen Regierungsbeschäftigten und Funktionären, die heute die Stammwählerschaft bilden.

Weniger stark als bei der PDS sind die personellen Kontinuitäten bei FDP und CDU. Die sogenannten Blockparteien NDPD und LDPD waren 1990 in die FDP, die DDR-Bauernpartei und die DDR-CDU in die CDU aufgegangen. Alle vier Parteien hatten sich der SED-Doktrin bedingungslos unterworfen, doch es gab feine Unterschiede. Während sich LDPD und CDU ursprünglich als dezidiert bürgerliche Parteien selbständig und direkt nach dem Zweiten Weltkrieg formiert hatten und sich auch später ein gewisses selbständiges Eigenleben an der Basis ihrer Wohngebietsgruppen bewahren konnten, waren NDPD und Bauernpartei erst später und auf Geheiß der SED ins Leben gerufen worden. Sie waren von Beginn als bloße Satelliten der Staatspartei ausgelegt.

Einige hauptamtliche Funktionäre der Blockparteien haben es vermocht, in den Nachfolgeparteien Fuß zu fassen. Prominentestes Beispiel ist Ulrich Junghanns, heutiger CDU-Wirtschaftsminister in Brandenburg. Junghanns saß vor der Wende im hauptamtlichen Vorstand der Bauernpartei und war nach der Wende deren letzter amtierender Vorsitzender. Quantitativ sind diese Karrieren im Vergleich zur PDS unerheblich. Sie sind aber bemerkenswert vor dem Hintergrund der Tatsache, dass in den neunziger Jahren das SED-Erbe der PDS ein großes Thema war, aber nur wenig über die Integration der Blockparteien in FDP und CDU gesprochen wurde.

Seit kurzem zeichnet sich eine Entwicklung ab, die in den ersten zehn Jahren nach der Wende undenkbar gewesen wäre. Die ostdeutsche SPD besetzt hochrangige Ämter und Mandate vermehrt durch ehemalige SED-Mitglieder und -Kader. Drei markante Beispiel sind Sachsen-Anhalts Innenminister und SPD-Chef Holger Hövelmann, einst NVA-Politoffiziersschüler; die Landrätin des Landkreises Leipziger Land, Petra Köpping, einst SED-Bürgermeisterin der Gemeinde Großpösna bei Leipzig; schließlich Sachsens SPD-Bildungsministerin Eva-Maria Stange, früher einfaches SED-Mitglied.

Nach der Wende war es noch ein Tabu der SPD, sich für SED-Mitglieder zu öffnen. Die politischen Realitäten haben das längst geändert. Die SPD nimmt in den fünf neuen Ländern die Rolle einer Volkspartei ein, ist aber von ihrer sozialen Basis her keine. Zahlreiche Posten und Ämter hat sie zu besetzen, was bei einer Mitgliederzahl in Ostdeutschland von rund 25 000 denkbar schwierig ist. Die personell arme Partei ist dringend auf die Blutzufuhr von außen angewiesen, auch mittels ehemaliger SED-Mitglieder.

Das zweite Standbein der ehemaligen SED-Nomenklaturkader neben der Politik sind die Regionalzeitungen des Ostens. Die starke Position von Ex-Kadern in längst privatisierten Medienunternehmen ist bemerkenswert und gehört zu den bislang kaum beschriebenen Phänomenen der Nachwendezeit, ergibt aber historisch gesehen Sinn. Zu DDR-Zeiten war die SED Eigentümer jener Zeitungen, die als sogenannte Organe der jeweiligen SED-Bezirksleitungen fungierten. Das unterschied sie von *staatlichen* DDR-Medien wie Fernsehen oder Radio. Die Zeitungen mussten nicht nur der SED hörig sein – sie waren auch Teil der SED. Personalentscheidungen noch in der kleinsten Lokalredaktion waren Kaderangelegenheiten und gingen über die jeweilige SED-Bezirksleitung. Die Journalisten hatten vorrangig nicht Wahrheit und Wirklichkeit abzubilden, sondern einem Parteiauftrag zu dienen: Sie waren per definitionem die Agitatoren und Propagandisten der SED.

An den Strukturen der Zeitungen, die heute immer noch beachtliche Auflagen ausweisen, hat sich bis heute kaum etwas geändert. In der einstigen DDR-Bezirkshauptstadt sitzt die Zentrale, oft noch im selben Gebäude wie einst, während sich über das Land die Lokalredaktionen verteilen. Der Leiter einer Lokalredaktion heißt in vielen Zeitungen bis heute bezeichnenderweise »Kreisredakteur« – als ob dieser wie früher qua obrigkeitlichem Dekret zum ranghöchsten Journalisten eines Landkreises ernannt werden kann.

Die von der SED 1952 gezogenen Verbreitungsgrenzen der Zeitungen, die den DDR-Bezirksgrenzen entsprachen und ideologisch gewollt historisch gewachsene Gebiete und landsmannschaftliche Zusammengehörigkeiten durchschnitten, haben bis heute Bestand. Die SED-Blätter dominierten wegen ihrer lokalen Verankerung den Pressemarkt der DDR, was der entscheidende Hebel war für die Quasi-Monopolstellung, die sie heute als privatisierte Zeitungen genießen. Den kleineren, konkurrierenden Zeitungen der ehemaligen DDR-Blockparteien fehlte das dichte Netz an Lokalredaktionen. Fast alle überlebten die Nachwendezeit nicht.

Während die Treuhandanstalt in alle Wirtschaftszweige eingriff und unzählige Betriebe filetierte oder abwickelte, tastete sie die

SED-Bezirkszeitungen nicht an. Eine medienpolitische Zäsur à la 1945 fand nicht statt. Damals verboten die Alliierten die gesamte belastete Presse von einst und kreierten im Zuge der *re-education* der Deutschen neue Zeitungen, die – so in den westlichen Besatzungszonen – angelsächsischen journalistischen Standards folgten. Einige dieser Blätter sind bis heute nicht wegzudenkender Teil der Medienlandschaft: *Die Welt, Die Zeit,* die *Frankfurter Rundschau,* die *Süddeutsche Zeitung.* Erst 1949 durften im Westen die alten, durch die Nazi-Zeit diskreditierten Verlage wieder ihre Zeitungen herausbringen. Bis dahin hatten die Neugründungen aber viel Zeit gewonnen, um sich auf dem Markt zu etablieren. Dieser Unterschied zwischen 1945 und 1990 ist der Grund dafür, warum neu gegründete Zeitungen in Ostdeutschland keine Chance hatten oder bis heute eine Nischen- und Liebhaber-Existenz fristen.

Die SED-Parteizeitungen kauften nach der Wende, gefördert von der damaligen Bundesregierung, ausnahmslos kapitalkräftige Verlage aus der Bundesrepublik auf, aber Struktur und Personal tasteten sie kaum an. Warum hätten sie ihre neu erworbenen Zeitungen auch auf den Kopf stellen sollen? Die Monopolsituation und die hohen Auflagen verhießen gute und stabile Renditen. Es gab keinen Anlass für die Verlage, Unruhe zu verursachen. Natürlich mussten die alten Chefredakteure gehen, sie waren zu offensichtlich verstrickt mit der SED-Herrschaft. Viele Zeitungen installierten Westdeutsche an der Spitze. Bei anderen rückten ehemalige DDR-Parteijournalisten aus der zweiten und dritten Reihe nach. Inzwischen sind auch vereinzelte jüngere ostdeutsche Journalisten auf Führungspositionen gelangt.

Ähnlich sieht es darunter aus. Wurden neue Stellen in den Redaktionen geschaffen, fanden sich durchaus neue, frische Kräfte wieder, die in der DDR nicht Zeitungsjournalist sein wollten oder durften. Oder westdeutsche Journalisten kamen und besetzten die Stellen. Aber dank gut funktionierender Netzwerke des SED-Milieus fassten in den Zeitungen auch zahlreiche Funktionsträger Fuß. Der entlassene Auslandskorrespondent des SED-Organs *Neues Deutschland* konnte seine Arbeit hier fortsetzen, der einstige DDR-Nachwuchsdiplomat fand hier Unterschlupf wie auch der abgewickelte Journalistik-Dozent der Universität Leipzig – oder ebenjener Mitarbeiter des einstigen SED-Bezirkschefs. Ausgerechnet bei der sogenannten Vierten Gewalt herrscht, im Verhältnis gesehen zu anderen Bereichen der Gesellschaft, eine beachtliche personelle Kontinuität.

Die PDS-Politiker und erst recht die Journalisten mit SED-Vita wollen die DDR keinesfalls wiederhaben. Mit der zeitlichen Distanz analysieren sie illusionslos die Gründe, warum die DDR gescheitert ist. Sie haben die Bundesrepublik als Rahmen akzeptiert. Es erfüllt sie als hierarchiebewusste Ex-Funktionäre durchaus mit Stolz und Genugtuung, dass sie auch im System des einstigen Klassengegners Amt und Würde erlangt haben, und es macht sie noch stolzer, wenn sie an ihre vielen ehemaligen Genossen denken, die jetzt als Handlungsreisende Versicherungspolicen oder Bausparverträge verkaufen müssen. Emotional verbunden fühlen sie sich der Bundesrepublik freilich nicht. Im Gegenteil, ihr Verhältnis ist distanziert und gespalten. Entsprechend gering ist ihre Neigung, die Lage des Gemeinwesens wirklich voranbringen zu wollen, eben weil sie es nicht als ihres empfinden. Sie haben sich in die tagespolitische Kleinarbeit geflüchtet oder sind längst innerlich emigriert. Aber bei dem, was ihnen abverlangt wird, fügen sie sich. Sie funktionieren äußerlich auf ihren Positionen. Bundesgesetze wie »Hartz IV«, die die PDS-Politiker auf Länderebene und in den Kommunen eigentlich strikt ablehnen, setzen sie brav um.

Zu funktionieren, das war schließlich das, was sie schon in der DDR getan hatten. Bis zuletzt, bis Ende 1989, hatten sie auf ihren Positionen ausgeharrt, zu einer Zeit, als ihnen die Aussichtslosigkeit des Unterfangens DDR-Sozialismus schon längst klar war. Anpassung war das zentrale Moment ihrer Karriere in der DDR. Sie waren keine rebellische Generation. Die machthabende Generation der Erich Honeckers und Erich Mielkes, die noch in der Weimarer Republik sozialisiert worden waren und ihre Großväter hätten sein können, haben sie bis zuletzt nicht angetastet und nicht gestürzt, auch wenn im kleinen Kreis in der Partei über die alten Männer an der Spitze längst ganz anders gesprochen wurde.

Anpassung ist als Erfolgsschlüssel zweifellos wichtig und nötig. Aber es kann nicht die wichtigste Tugend in einer Demokratie sein.

Die PDS und die Regionalzeitungen sind von Belang, doch nur Teile der ostdeutschen Gesellschaft. Sonst fand nach der Wiedervereinigung ein kompletter Austausch der SED-Funktionseliten statt. Es wurde die Stunde der Westdeutschen. Die neu geschaffenen Ministerien, Behörden, Statistischen Landesämter, Landesrechnungshöfe, Gerichte, die privatisierten Kombinate, die öffentlich-rechtlichen Rundfunkanstalten, die Verbände – kurzum: die binnen weniger Monate hochgezogene, nach dem Modell West neu errichtete Struktur des öffentlichen Lebens benötigte Leitungspersonal ohne SED-Makel und mit Erfahrung aus der Bundesrepublik.

Eine zentrale Rolle spielte in dieser Zeit der Typus des bundesdeutschen Juristen. Er profitierte davon, dass die neuen Länder die traditionelle Dominanz der Juristen in westdeutschen Behörden und Ministerien kopierten und einen riesigen Bedarf an nach bundesdeutschem Recht Ausgebildeten schufen. Die vielen neuen Behördenleiter-, Abteilungsleiter- und Referatsleiterposten mussten besetzt werden. Auf den Leitungsebenen der Staatskanzleien und der zentralen Ressorts wie den Innen- und Justizministerien, den Wirtschafts- wie den Finanzministerien und natürlich an der Spitze der Gerichte, Staatsanwaltschaften und Verfassungsschutzbehörden dominieren die in der alten Bundesrepublik ausgebildeten Volljuristen. Aber nicht nur dort: Bis heute überwiegen auf den Richter- und Staatsanwaltschaftsstellen die westdeutschen Juristen. Man hatte es ihnen auch einfach gemacht. Benötigten sie im Westen Deutschlands mindestens ein »voll befriedigend« als Zugang in den Staatsdienst, genügte für die neuen Länder nach der Wiedervereinigung oft ein »befriedigend« oder »ausreichend« als Staatsexamensnote. Kaum eine Berufsgruppe in Deutschland hat wohl jemals einen derartigen, historisch einmaligen, kollektiven Karriereschub erlebt.

Oft war von den Importkräften aus der alten Bundesrepublik die Formel zu hören, dass man »wegen der spannenden Herausforderung«, die sich in den neuen Ländern bot, gekommen sei, und dass man überhaupt viel mehr bewegen könne, »weil alles noch im Fluss sei« – eine Formel, die durchaus ein Beweggrund gewesen sein mag. Unter ihnen sind erstklassige, tatkräftige Fachleute nach Ostdeutschland gezogen. Kurt Biedenkopf, der sich 1989 schon notgedrungen auf ein vorzeitiges Pensionärsdasein eingestellt hatte, nachdem er von Helmut Kohl ins Abseits gestellt worden war, ergriff nach der Wende die Chance seines Lebens und erstritt sich das Ministerpräsidenten-Amt in Sachsen – ein Glücksfall für das Land, wie man angesichts kluger wirtschafts- und finanzpolitischer Weichenstellungen und seiner Personalpolitik heute weiß. Auch unterhalb der Spitzenpolitik gibt es solche Beispiele. In diesem Buch wird eine hochrangige Richterin porträtiert, die als junge Juristin nach der Wende in Sachsen-Anhalt Karriere machte und mit ihrem Verständnis von Rechtsprechung und vom Richterberuf viel für die Akzeptanz des bundesdeutschen Rechts in ihrem Bundesland tut.

Auch das gehört zur Realität in Ostdeutschland. Es sind aber nicht die gängigen, typischen Fälle. Richtig ist eben auch, dass die unverhoffte Wiedervereinigung so manchen Karrierestau im Westen aufzulösen half. Die Arbeitslosigkeit lag Ende der achtziger Jahre in der Bundesrepublik auch unter jungen Akademikern auf relativ hohem Niveau, und zugleich waren die westdeutschen Behörden und Apparate nach 20, 25 Jahren sorgloser Expansion des öffentlichen Dienstes großzügig besetzt mit Personal. Der Osten entlastete den angespannten Arbeitsmarkt im Westen. Zusätzlich schuf er die willkommene Möglichkeit, unliebsam gewordenes Personal loszuwerden. Ideologisch war die Wiedervereinigung im Westen lange umstritten, personalpolitisch kam sie ihm höchst gelegen.

Paradigmatisch ist die Besetzung der Ministerialbürokratie von Mecklenburg-Vorpommern. Nach der Wiedervereinigung dienten die neu aufgebauten Behörden des Landes als Exil für CDU-Politiker und CDU-nahe Referenten aus dem benachbarten Kiel, denn die erste Landesregierung wurde von der CDU unter dem längst vergessenen Ministerpräsidenten Alfred Gomolka gestellt. Kurz vor der Wende in der DDR hatte in Schleswig-Holstein ein Regierungswechsel stattgefunden. Die SPD unter Björn Engholm hatte die CDU des Ministerpräsidenten Uwe Barschel von der Macht verdrängt. Fluchtartig räumten zahlreiche Mitarbeiter ihre Posten, denn wer einer zu großen Nähe zur CDU Barschels bezichtigt wurde, war nach der Machtübernahme diskreditiert. Schleswig-Holstein war damals ein politisch gespaltenes Land. Die SPD stand dezidiert links, während Barschels CDU einen weit rechtsnationalen Kurs verfolgte. Nach dem SPD-Sieg waren die Karrieren der vielen CDU-Nachwuchsfunktionäre bedroht. Die sogenannte Barschel-Affäre war nur der letzte Auslöser.

Inzwischen haben einige wieder Schwerin verlassen, aber es gibt markante Kontinuitäten. Stellvertretender Staatssekretär im Innenministerium Mecklenburg-Vorpommerns und Chef des Verfassungsschutzes ist Jürgen Lambrecht. Lambrecht, einst Ministerialrat in der Kieler Staatskanzlei, hatte 1987 jene zu zweifelhafter Bekanntheit gelangte CDU-Wahlkampfbroschüre »Betr. Engholm« verfasst,[6] die Teil der damaligen Denunzierungsstrategie der CDU gegen den SPD-Oppositionsführer Björn Engholm war. In dem Heft wird Engholm als »geländegängiger Opportunist« mit »Gummi-Rückgrat« bezeichnet, der sich »verbal zum Westen« bekenne und »die Posaune des Ostens [bläst]«.[7] Von Engholm wird das Bild eines gedankenlosen Karrieristen gezeichnet, woraufhin es heißt: »Unser Land braucht aber keine Karrierepolitiker, sondern Männer und Frauen, die Schleswig-Holstein aus Überzeugung dienen.« Nur wenige Jahre später wird der Verfasser der Zeilen ebendiesem Land den Rücken gekehrt haben, um jetzt die Verfassung Mecklenburg-Vorpommerns zu schützen.

Ein Kollege von ihm im Ministerium ist der Abteilungsleiter und promovierte Jurist Thomas Darsow, einst Pressereferent im Kieler Innenministerium und Bürgermeister einer Kieler Vorstadt. Darsow war in den späten siebziger und frühen achtziger Jahren Mitarbeiter und Autor der völkisch-nationalen Zeitschrift *Unitarische Blätter*, in der er einmal schrieb, dass eine liberale Ausländerpolitik »für die nordeuropäischen Menschen bei anhaltender Zuwanderung von Millionen Südeuropäern, Afrikanern und Asiaten aufgrund der Rezessivität ihrer artspezifischen Erbanlagen gegenüber jenen Menschen langfristig eine nicht mehr rückgängig zu machende Umwandlung bedeuten wird«. Der Begriff Rassendiskriminierung werde als »biologische Waffe« gegen Nordeuropa benutzt. Darsows Schlussfolgerung: »Völkermord muss nicht unbedingt immer in Vernichtungslagern stattfinden.«[8]

Der Autor dieser Zeilen sagt heute, dass er vieles nicht mehr so schreiben und sagen würde, wie er es einst als junger Mann getan hat. Im Gespräch macht er den Eindruck eines vorsichtigen, hanseatisch-kühlen Spitzenbeamten, der weiß, dass er viel zu verlieren hat, wenn er heute Ähnliches formulieren würde. Gleichwohl schimmern seine Auffassungen auch heute noch durch. Eine homogene Bevölkerung hält er für einen Idealzustand gegenüber dem Aufeinanderstoßen verschiedener Kulturen. Es ist eine Meinung, die fraglos legitim ist und keinesfalls gegen Grundgesetzartikel verstößt. Ob dieses Meinungsbild jedoch die Arbeit mit Ausländern und Flüchtlingen in einem Land mit massiver Fremdenfeindlichkeit erleichtert hat, ist ungewiss. Bis Ende 2006 war die Abteilung, die Darsow untersteht, auch für Ausländerfragen zuständig.

Es geht hier nicht um moralische Empörung; beide, Lambrecht und Darsow, dürften pflichtbewusste Beamte sein. Interessant ist etwas anderes. Es waren eben nicht Nordrhein-Westfalen, Bayern oder das Bundeskanzleramt, die Aufnahme gewährten, sondern ein neues, schwaches Bundesland. Hier waren Auslesekriterien und Kontrollmechanismen für den öffentlichen Dienst noch nicht aufgebaut, hier griffen informelle Seilschaften aus dem westlichen Nachbarland leichthin über. Qualität und Eignung waren in den Jahren nach 1990 in der Summe nicht die dominanten Kriterien bei der Besetzung der vielen neuen Stellen. Es waren häufig die im Westen Gescheiterten, die ideologisch heimatlos Gewordenen, auch die Glücksritter oder schlicht die durchschnittlichen Begabungen, denen unverhoffte Möglichkeiten zufielen.

Die Westdeutschen sind indes nicht allein gewesen, um das Vakuum zu füllen, das der erzwungene Abgang der SED-Eliten verursachte. Eine neue Sozialfigur formierte sich und betrat die öffentliche Arena: der ostdeutsche Seiteneinsteiger. In der DDR hat er als Arzt, Naturwissenschaftler oder Ingenieur gearbeitet. Der Beruf war ihm nicht unbedingt in die Wiege gelegt; oft litt er am Studium. Gern hätte er ein anderes Fach belegt, Geschichte etwa oder Jura. Allein, diese Fächer wären ihm in der DDR zu staatsnah gewesen. Mathematische Formeln aber haben in jedem politischen System ihre unverrückbare Gültigkeit, auch im Marxismus-Leninismus. Aus seinem Beruf, den er notgedrungen wählte, zog er durchaus Selbstbewusstsein. Technik und Naturwissenschaften waren in der DDR hoch anerkannt, und die DDR-Führung benötigte für den Aufbau ihrer Kombinate und für öffentliche Einrichtungen sein Know-how. Sie behandelte und bezahlte ihn folglich gut – er zählte offiziell zur »Intelligenz« der DDR –, und sie sah sogar darüber hinweg, dass er sich partout nicht der Partei, also der SED, anschließen wollte. Die einzige Konzession, die für ihn vielleicht in Frage kam, war die einfache Mitgliedschaft in einer Blockpartei. Begrenzter Aufstieg war möglich. Mit Mitte, Ende dreißig besetzte er vielleicht bereits einen Führungsposten eines kleineren Instituts in der Provinz oder wurde Abteilungsleiter in einem Volkseigenen Betrieb oder gar Kombinat. Darüber aber ging nichts mehr: Das Parteibuch der SED fehlte.

Prägend für den Seiteneinsteiger war seine Herkunft. Er stammte oft aus den Überbleibseln der bürgerlichen Milieus der DDR, wo die Eltern den wenigen Berufen nachgingen, die sich auch im DDR-Sozialismus Eigenständigkeit und Eigensinn bewahren konnten: Ärzte, Musiker, Pfarrer, mit Einschränkungen Anwälte. Die Familie bot andere Zugänge zu Bildungsquellen und einen anderen, nicht SED-konformen Blick auf die Realität.

Gerade dieser andere Erfahrungshintergrund war es, der ihn zum ostdeutschen Gewinner nach der Wende machte. Schnell und illusionslos stellte er sich auf die neue Situation ein. Schon zu DDR-Zeiten war er am Westen interessiert und gut über ihn informiert, oft durch familiäre Kontakte. Die DDR und ihre Planwirtschaft hatte er schon längst mit dem nüchternen Blick seines technisch-naturwissenschaftlichen Berufes als nicht überlebensfähig analysiert.

Es ist nicht so, dass er entschlossen und machtbewusst die vielen neuen Möglichkeiten ergriffen hätte, die sich nach der Wende boten. Vielmehr fiel ihm gleichsam automatisch die Rolle zu, das entstandene personelle Vakuum an Eliten zu füllen. Er war politisch in keiner Weise diskreditiert; er konnte auf Führungserfahrungen in seinem anspruchsvollen Beruf zurückgreifen; und er ging ohne nachhaltige Beschädigungen aus einer Diktatur hervor, denn schließlich war er ein wichtiger und umworbener Spezialist in der DDR.

Heute ist der Seiteneinsteiger besonders stark in der Politik vertreten. Ein Zufall ist es nicht, dass allein vier der fünf ostdeutschen Ministerpräsidenten diese Sozialisation durchliefen. Harald Ringstorff aus Mecklenburg-Vorpommern war als Chemiker im Betrieb eines Werftkombinats zuständig für Schiffsfarben, Wolfgang Böhmer aus Sachsen-Anhalt arbeitete als Gynäkologe und Chefarzt, Dieter Althaus aus Thüringen als Lehrer für Mathematik und Physik, und schließlich Matthias Platzeck aus Brandenburg, der als Kybernetik-Ingenieur Leiter einer Hygieneinspektion in Potsdam und vorher technischer Direktor eines Krankenhauses war. Eine Seiteneinsteigerin, eine Physikerin, hat es inzwischen auf Bundesebene nach ganz oben geschafft, ins Kanzleramt.

Die kirchlich geprägten Bürgerrechtler der Wendezeit finden sich nur noch selten in der ostdeutschen Funktionselite. In den Wendemonaten dominierten sie die Runden Tische und spielten unmittelbar danach eine erhebliche Rolle in der Politik. Sie waren die Stars der Revolution, die neuen Gesichter eines aufgewachten Landes: Marianne Birthler, Bärbel Bohley, Friedrich Schorlemmer, Rainer Eppelmann, Vera Lengsfeld, Werner Schulz, Arnold Vaatz und andere. Die meisten haben sich zurückgezogen, desillusioniert von der Kluft zwischen ihren Idealen und der politischen Realität. Einige befinden sich heute auf repräsentativen, aber bedeutungslosen Posten oder beschäftigen sich, zum Beispiel als Landesbeauftragte für Stasiunterlagen, hauptberuflich auf gewisse Weise mit ihrer eigenen Vita.

Andere mussten die schmerzliche Erfahrung machen, dass der moralische Bonus des politischen Verfolgtseins nur für eine begrenzte Zeit trug. Irgendwann reichte die DDR-Opferbiographie nicht mehr aus als dominierendes Qualifikationsmerkmal. Oftmals gar war sie eine Last. Ihre Opfer-Erfahrung hatte bei ihnen eine moralische Rigidität wachsen lassen, die die Fähigkeit zum Kompromiss – eine der wichtigsten Eigenschaften in der Politik – behinderte. Wieder andere sind an ihrer Opferbiographie zerbrochen. Es sind die Pragmatiker, die Vertreter der technischen Intelligenz der DDR, die an ihre Stelle getreten sind.

Notgemeinschaft Ost

Ehemalige SED-Nachwuchskader, westdeutsche Importkräfte, ostdeutsche Seiteneinsteiger – die Macht im Osten teilen sich Menschen mit denkbar unterschiedlichen Prägungen. Bis zur Wende hatten sie in unterschiedlichen, ja gegensätzlichen Realitäten gelebt, voneinander getrennt durch scharf gezogene Grenzen: die Grenze, die die beiden deutschen Staaten voneinander trennte, aber auch die gesellschaftliche Grenze, die sich durch die DDR zog.

Als Gabriele Schulz, 2. Sekretär der SED-Kreisleitung des am Eisernen Vorhang gelegenen Hagenow in Mecklenburg, Ende der achtziger Jahre darüber zu beraten hatte, wie die Grenze zur Bundesrepublik besser »gesichert« werden könne, hielt Wolfgang Böhmer, frisch habilitierter Gynäkologe in Wittenberg, eine Vorlesung in Zürich. In der DDR hatte er als Parteiloser keine Lehrbefugnis, also reiste er mithilfe der Kirche in den Westen. Die staatlichen Stellen hätten ihm die Reise nicht erlaubt. Die eine versuchte die Mauer noch undurchlässiger zu machen, der andere überwand sie, wenigstens für ein paar Tage.

Als Alexander von Witzleben Anfang der achtziger Jahre gerade sein Abitur am schleswigschen Elite-Internat Louisenlund absolvierte, um sich daraufhin zum Reserveoffizier der Bundeswehr ausbilden zu lassen, saß Christina Emmrich an der Ost-Berliner Parteihochschule »Karl Marx«, um gerüstet zu sein für eine höhere SED-Karriere.

Während Wolfgang Kenntemich, Journalist in Bonn, für die *Bild*-Zeitung Artikel schrieb über dramatische Fluchtgeschichten aus der DDR und an seiner Einschätzung der DDR als Unrechtsregime keinen Zweifel ließ, feilte Hans Eggert gerade an einer Rede für seinen Vorgesetzten, FDJ-Chef Eberhard Aurich. Er textete:

»Historische Wahrheit ist, dass wir einem erfahrenen und harten Gegner gegenüberstehen, dem Imperialismus. Unter allen Bedingungen werden wir konsequent und standhaft seine Versuche zurückweisen, den Vormarsch des Sozialismus mit ideologischer Diversion, Antikommunismus und Antisowjetismus aufzuhalten.«[9]

Gabriele Schulz heißt heute Gabriele Mestan und ist Parlamentarische Geschäftsführerin der PDS-Landtagsfraktion in Schwerin, Wolfgang Böhmer ist Ministerpräsident in Magdeburg. Alexander von Witzleben leitet die Jenoptik AG in Jena, Christina Emmrich amtiert als Bezirksbürgermeisterin von Berlin-Lichtenberg, während Wolfgang Kenntemich MDR-Chefredakteur ist und Hans Eggert in selbiger Funktion bis vor kurzem bei der *Sächsischen Zeitung* arbeitete und jetzt Korrespondent dieser Zeitung ist. Sie werden unter anderen in diesem Buch porträtiert. Es gibt heute in Ostdeutschland viele Emmrichs, viele Böhmers und viele Kenntemichs. Als Funktionsträger stehen sie dicht beieinander und haben ständig miteinander zu tun. Sie müssen zwangsläufig zusammenarbeiten. Doch bis heute haben sie sich wenig zu sagen. Sie sind einander fremd. Sie wissen genau, wer früher, vor 1989, auf welcher Seite stand. Die gegenseitigen Ressentiments bewahren sie sich auf, und im kleinen Kreis drücken sie regelmäßig ihren Argwohn über die Vergangenheit des anderen aus. Manchmal brechen die Ressentiments öffentlich heraus, wenn in Parlamentsdebatten oder in den Medien die Vergangenheit des anderen benannt wird als Mittel der politischen Streits.

Eine ernsthafte Auseinandersetzung mit der Vergangenheit allerdings gelingt ihnen nicht. Man will sich nicht wehtun: Der PDS-Politiker spricht nicht laut über das Nachwende-Karriereglück des zugereisten Westdeutschen, während dieser keine ernsthafte Frage stellt zur SED-Vita des PDS-Politikers. Man hält still und akzeptiert die Rolle des anderen auf der Elitenebene. Die Claims sind abgesteckt.

Stillhalten und defensives Verharren haben nicht nur Folgen für den Umgang mit der eigenen Vergangenheit, sondern auch für den Umgang mit der Gegenwart. Konfliktscheue dominiert. Es fehlt die offene, lebhafte Konkurrenz von Meinungen und Positionen. Zwar existiert in Ostdeutschland auf der Elitenebene eine Vielfalt an unterschiedlichen Biographien und Prägungen, während im Westen nur allzu oft das Einerlei aus Juristen, Betriebswirten und Politologen die Fäden zieht. Aber die biographische Vielfalt hat keineswegs zu einer fruchtbaren Streitkultur geführt.

Man wolle Politik sachlich betreiben, sagen sie. Natürlich ist es ein zivilisatorischer Fortschritt – wenn auch für das Publikum weniger unterhaltend –, wenn Streit um Positionen nicht regelmäßig in persönliche Beleidigungen abgleitet. Der Begriff offenbart indes ein unpolitisches, technokratisches Verständnis von Demokratie. Die Probleme sollen »gemeinsam« und »vernünftig« gelöst werden; man setzt sich zusammen an einen – möglichst runden – Tisch und »findet einen Weg«, so heißt es immer wieder. Nur gibt es nicht den einen, »vernünftigen« Weg. Demokratie und die öffentlichen Angelegenheiten insgesamt leben vom offenen Austragen von Gegensätzen und vom Wettbewerb von Positionen, wobei das Streben nach Macht selbstverständlich die völlig legitime Antriebsfeder dieses Wettbewerbs ist.

Rational gesehen, ergibt das Stillhalten der Eliten Sinn. Warum sollten sie auch Unruhe stiften? Es ist genug Platz für alle da. Es herrscht keine Konkurrenz um Positionen und Macht, im Gegenteil, den Parteien, Regierungen und sonstigen Institutionen bereitet es konstant Schwierigkeiten, Führungspersonal zu rekrutieren. Man ist froh über jeden, der bereit ist, Verantwortung zu übernehmen. Der kontinuierliche Schwund der alten bürgerlichen Eliten zur Zeit der DDR und der nahezu vollständige Abgang der SED-Kader hat bis heute Auswirkungen. Die Abwanderung in den Westen hält seit der Wende dramatisch an. Allein seit 1991 waren es weitere 2,4 Millionen Menschen.[10] Zwar sind im gleichen Zeitraum immerhin 1,6 Millionen in die umgekehrte Richtung gezogen, worunter viele ostdeutsche Rückkehrer sein dürften. Tatsache aber bleibt der vielbeschriebene Umstand, dass unter den Abgewanderten gerade diejenigen sind, die in ihrer Heimat Verantwortung übernehmen könnten: die besser Ausgebildeten, die Sprachmächtigen, die Aktiven.

Kein anderes Beispiel als der Fall Dresden versinnbildlicht wohl besser die prekäre Lage. Die ehemalige sächsische Residenzstadt ist jene Stadt, die gern darauf verweist, dass sie sich auch in der gleichmacherischen DDR Eigensinn und Bürgerstolz bewahrt hat. Hier also, ließe sich annehmen, wohnt noch der *citoyen,* der aktive Stadtbürger, der bereit ist, für die Kommune einzustehen. Wahlen zum Amt des Oberbürgermeisters müssten also, ließe sich weiter annehmen, ein lebendiger Wettbewerb der interessantesten Köpfe sein. Ein Dresdner Oberbürgermeister ist nicht nur Oberhaupt einer vitalen, sondern auch überaus geschichtsträchtigen Stadt.

Das Gegenteil ist aber der Fall. Bürgermeisterwahlen gerieten seit der Wende zur Enttäuschung, die vorerst letzte gar zum Desaster. Im Jahr 2001 kandidierten: der CDU-Amtsinhaber, an den die eigene Partei nicht mehr recht glaubte; der letzte SED-Oberbürgermeister Wolfgang Berghofer, rechtskräftig wegen Wahlfälschung verurteilt und als Parteiloser antretend; und schließlich Ingolf Roßberg, FDP-Mitglied und Verkehrsdezernent aus Wuppertal, zuvor Bürgermeister des Dresdner Vororts Radebeul. Roßberg wurde aufgestellt von einem kuriosen Parteienbündnis aus PDS, SPD, Grünen und FDP. Die eigene Partei wollte ihn anfänglich gar nicht, und die anderen Parteien waren nicht in der Lage, eigene Kandidaten aufzustellen. Auch Roßberg verneinte noch ein halbes Jahr vor der Wahl jegliches Interesse. Am Ende ließ er sich doch überreden. Er gewann die Wahl. Es ist eine Posse, wie sie Freiwillige Feuerwehren oder SPD-Ortsvereine bei der mühseligen Suche nach einem Schriftführer gut kennen. Wenn aber ein Oberbürgermeister einer attraktiven Großstadt weniger gewählt als verzweifelt gesucht wird, zeigt das, dass die Mechanismen, aus denen Eliten hervorgehen, nicht intakt sind.

2006 wurde Ingolf Roßberg wegen eines laufenden Gerichtsverfahrens gegen ihn vom Amt suspendiert. Es ging um Untreue im Zusammenhang mit Fördermitteln nach der Jahrhundertflut von 2002. In erster Instanz ist Roßberg zu einer Bewährungsstrafe von 14 Monaten verurteilt worden.

Die ostdeutschen Eliten sind eine Notgemeinschaft. Das Vakuum der Nachwendezeit hat sie nach oben gesogen und zusammengebracht. Plötzlich sitzen sie auf den wichtigen Positionen und sind sehr darüber erstaunt. Es ging alles so schnell. Zufall, Glück, Patronage oder die günstige Gelegenheit waren die Schlüssel ihres

Aufstiegs. Ein Bewusstsein dafür, was ihre Stellung in der Gesellschaft bedeutet, haben sie nicht entwickelt. Manche reagieren pragmatisch und deuten ihre Karriere als ganz private Erfolgsgeschichte. Sie beschäftigen sich vorwiegend mit sich selbst und verharren introvertiert auf ihrer Position.

Nun haben sie Macht, aber mit der Macht wissen sie wenig anzufangen.

Der Wendeschock als Klammer

Konstitutiv für die ostdeutschen Eliten ist der Schock des Herbstes 1989. Natürlich weinen die meisten dem SED-System keine Träne nach, auch nicht das heutige PDS-Personal. Doch paradoxerweise ist es keineswegs so, dass der Regimesturz befreiend gewirkt und kollektiv Kräfte aktiviert hätte. Das Ende der DDR bedeutete zwar den Abgang eines überwiegend ungeliebten Staatsgebildes, aber eben auch den Abschied von einem festgefügten und verlässlichen Wertegerüst, unabhängig davon, wie man zu ihm stand – ob es nun als Identifikationspol, als Reibefläche oder als Hassobjekt diente. Mit dem Ende der DDR wurde der Ballast der Vergangenheit entsorgt. Doch der Abtritt war zugleich ein Verlust. Orientierung und Traditionen gingen verloren. Der Zweifel und die Unsicherheit darüber, was denn nun kommen könnte, ist bei den ostdeutschen Eliten bis heute der gemeinsame Nenner. Wolfgang Böhmers Satz, dass sie besser wissen, was nicht geht, als das, was geht, drückt es aus.

Nach dem Aufstieg Angela Merkels und dem zwischenzeitlichen Auftritt des brandenburgischen Ministerpräsidenten Matthias Platzeck auf der bundespolitischen Bühne hieß es häufig, dass sich bei ihnen eine Erfahrung mit Krisen und Brüchen zeige, die der Osten dem Westen voraushabe. Die Feststellung ist richtig, doch die Erfahrung mit Krisen und Brüchen bedeutet noch nicht, Antworten zu wissen auf heutige Fragen. Ebenso nichtssagend ist das Diktum, die Erfahrung des Scheiterns des DDR-Sozialismus habe eine Ideologieabgewandtheit und damit einen wohltuenden Pragmatismus nach sich gezogen. Nur ist Pragmatismus weder eine ethische Kategorie noch ein Qualitätskriterium. Mit Pragmatismus allein lassen sich auch schlechte, gar fürchterliche Dinge anrichten. Offen also bleibt, was man mit Pragmatismus denn erreichen will, was das Ziel ist. Der Begriff ist nicht mehr als eine Chiffre für Beliebigkeit und die Abwesenheit politischer Ideen.

Es gibt freilich Surrogate. Manche orientieren sich an der alten Bundesrepublik und stellen sie zum unabdingbaren Vorbild für die Gegenwart auf. Die alte Bundesrepublik dient als Modellbaukasten. Die einen orientieren sich am korporatistischen Modell mit seiner Sozialpartnerschaft aus Gewerkschaften und Arbeitgeberverbänden, andere am Leistungs- und Freiheitsgedanken, was eine schmeichelhafte Deutung der Bundesrepublik ist mit ihren einst quasi garantierten Karrieren im öffentlichen Dienst und ihrer auf Sicherheit bedachten Sozialstaatskonzeption. Das Abkupfern hat immer etwas Anbiederndes und Schülerhaftes. Bemerkenswert daran ist, dass genau jenes etablierte Modell West seit längerem ganz offensichtlich nicht mehr in der Lage ist, die drängenden Probleme der Bundesrepublik – Stichworte: demographische Krise, Wachstumsschwäche, Dauer-Arbeitslosigkeit – zu lösen.

Matthias Platzeck lotet inzwischen andere Wege aus und zieht Staaten wie die skandinavischen als Vorbild heran, speziell Finnland, um Halt für sein eigenes Bundesland zu bekommen. Er ist auf der Suche nach Antworten auf offene Fragen, wie er bekennt. Die Entwicklung Brandenburgs bezeichnet er als Herausforderung und sagt, dass das »Ende offen« sei und er nicht wisse, ob seine Regierung es »in 20 Jahren alles toll hinbekommen haben« wird. Platzecks Benennen von Problemen und seine Suche nach Lösungen jenseits der Grenzen ist erfrischend, nur ist er damit eine rare Ausnahme.

Der ostdeutschen Politik steht seit der Wende ein anderes, mächtigeres und verlässliches Surrogat zur Verfügung: viel Geld. Fördergeld und Solidarpaktmittel dienen eigentlich dem Zweck, teilungsbedingte Lasten zu bereinigen und der ostdeutschen Wirtschaft auf die Beine zu helfen. Längst aber erfüllt das Geld eine ganz andere Funktion. Es dient als die Tünche, die das Sinnvakuum überdeckt. Zugespitzt und an einem plastischen wie realen Beispiel gesagt: Wenn ein ostdeutscher Ministerpräsident mit seinem Land nicht mehr weiterweiß, dann baut er Regionalflughäfen. Geld fließt für derartige Projekte aus verschiedenen Quellen. Der Beifall der örtlichen Wirtschaft wird ihm sicher sein, und natürlich wird auch die Lokalzeitung den Bau als Symbol örtlicher Innovationskraft begrüßen und ihn stolz Airport nennen. Verständlich: Wenn eine westdeutsche Gemeinde von der Größe des thüringischen Altenburg, des mecklenburgischen Parchim oder des sachsen-anhaltinischen Cochstedt plötzlich in den Genuss eines passagierjetfähigen Flughafens käme, wäre die Freude gewiss ähnlich groß.

Fördermittel sind längst nicht mehr bloßes Mittel zum Zweck, sondern stehen jeweils am Beginn der Entscheidungskette. Der Bürgermeister, der Minister oder die Landrätin fragt nicht, welche Förderung am sinnvollsten sein könnte. Er oder sie fragt andersherum, für welches Projekt es am einfachsten und das meiste Geld gibt. Fördermittel sind der zentrale Orientierungspunkt. Wer bei »Google News« an einem beliebigen Tag den Begriff Fördermittel eintippt, wird unter den ersten 20 Plätzen ausschließlich aktuelle Einträge mit ostdeutschem Bezug finden. 2019 läuft der Solidarpakt II aus, und bereits vorher werden die Zahlungen abgesenkt. Dann wird die Tünche ausgehen, und dann wird die Leere, die dahintersteht, zutage treten.

Anfangs unberührt vom ostdeutschen Wendeschock waren die westdeutschen Importkräfte. An ihnen fiel die Unerschütterlichkeit auf, mit der sie ihr Werte- und Denkraster vortrugen. Das bundesdeutsche Rechts- und Institutionensystem wurde auf die neuen Länder nahezu vollständig übertragen, das machte es den mitgeführten Eliten leicht, den Wechsel in den Osten nicht als Bruch und Neuanfang aufzufassen, sondern als bloße Fortsetzung einer westdeutschen Karriere. Folglich deuteten sie ihre neue Heimat mit den Maßstäben ihrer mitgebrachten westdeutschen Moral. Inzwischen aber hat eine zweite Phase, nämlich eine Phase der Verunsicherung eingesetzt. Sie ist Folge von Missverständnissen und Kollisionen der westdeutschen Moral mit der ostdeutschen Realität.

An deutlichsten wird es vielleicht anhand der Sozial- und Wirtschaftspolitik. Seit ungefähr zehn Jahren dominieren Positionen den öffentlichen Diskurs in Deutschland, die die Skeptiker als neoliberal und die Wohlwollenden als reformfreudig bezeichnen. Ähnlich sieht das Meinungsbild bei den importierten westdeutschen Spitzenbeamten, Medienverantwortlichen und Politikern aus. Der Kanon ist bekannt: Steuern und Lohnnebenkosten müssen herunter, der Sozialstaat muss abgespeckt und die Eigenverantwortung gestärkt werden. Und wenn das Allensbach-Institut oder andere Demoskopen mal wieder festgestellt haben wollen, dass die Ostdeutschen staatsgläubig seien und die Gleichheit der Freiheit den Vorzug geben, fühlen sie sich auf der Seite derjenigen, die es ja schon immer gewusst haben: Wann begreift der Ostdeutsche endlich!

»Hartz IV« war für sie logischerweise ein notwendiger und überfälliger Schritt: weniger Ausgaben (wie man damals glaubte), mehr Eigenverantwortung, keine soziale Hängematte. Die Wut und die Emotionen, die sich dann im Sommer 2004 auf den ostdeutschen Marktplätzen Bahn brachen, hatte sie vollkommen überrascht. Heute weiß man, dass die Aufregung um die Gesetze maßlos war; zu einer Massenverarmung ist es nicht gekommen. Der Furor des damaligen Sommers hatte allerdings weniger mit der genauen Höhe von Hartz-IV-Sätzen zu tun als mit den anderen Voraussetzungen des Ostens. Erstens müssen in Gegenden mit 22 oder 23 Prozent Arbeitslosigkeit Formeln wie »Fordern und Fördern«, »mehr Eigenverantwortung« als barer Zynismus aufgenommen werden. Zweitens ist die ostdeutsche Gesellschaft weniger gefeit gegen Existenz- und Abstiegsängste, weil sie bislang kaum Chance und Zeit hatte, privates Vermögen als Schutzpolster gegen Krisen aufzubauen.

Und drittens mag die vom Soziologen Wolfgang Engler stammende Beschreibung des Ostens als »arbeiterliche Gesellschaft« eine Rolle spielen, in der die Abwesenheit von Arbeit viel stärker als Demütigung und Deklassierung empfunden werden muss. Die Wut, die sich im Sommer 2004 entfaltete, richtete sich eben nicht nur gegen neue Sozialgesetze. Sie richtete sich auch gegen den naiven Glauben der Politik, nur durch bessere Vermittlung und mehr Druck die Menschen in Arbeit bringen zu können. Allein, an Lohnarbeit ist zu wenig da.

Das westdeutsche Werte- und Erfahrungssystem war plötzlich mit Wucht mit der ostdeutschen Realität konfrontiert. Mangelnde Kenntnis über die ostdeutschen Verhältnisse wurden offenbar. Rückzug setzte in der Folge ein. Prototypisch war die damalige Reaktion des im Wahlkampf stehenden Georg Milbradt. Sachsens Ministerpräsident, ein aus Münster stammender, kompetenter Finanzwirtschaftsprofessor, ist ein Vorzeige-Wirtschaftsliberaler, dem die Hartz-Reformen folglich nicht schnell und weit genug vorangingen. Als in seinem Land die Anti-Hartz-IV-Demonstrationen Ausmaße erreichten, wie es zuletzt im Revolutionsherbst 1989 zu erleben war, lavierte er plötzlich, was in der Ankündigung mündete, selbst auf eine Demonstration gehen zu wollen. Anfangs der Ton der ungeduldigen, herrischen Belehrung, später Verunsicherung, aus der wiederum ein anbiedernder Populismus erwuchs.

Vertrauen und Respekt können Eliten so nicht gewinnen. Sie werden nicht ernst genommen. Andere haben es da leicht im Angesicht der etablierten Eliten. Wo diese Beliebigkeit und Orientierungslosigkeit zeigen, sind es andere Kräfte, die vorgeben, Werte, Haltungen und Visionen zu verkörpern. Rechtsextremisten prägen inzwischen Regionen wie Teile Vorpommerns, des ländlichen Sachsen-Anhalts und besonders der Sächsischen Schweiz durch ein gut organisiertes Freizeitnetz und kommunalpolitische Aktivität. Die Stärke des Rechtsextremismus liegt auch, aber eben nicht entscheidend an der Arbeitslosigkeit, wie es häufig entschuldigend und beschwichtigend heißt. Die Sächsische Schweiz ist ein properer, mittelständisch geprägter Landkreis mit durchschnittlicher Arbeitslosigkeit, gelegen nahe der prosperierenden Landeshauptstadt Dresden. Auf eine Arbeiterfamilie aus dem mittelenglischen Industrierevier oder eine Reisegruppe aus den verarmten Kohleregionen Walloniens muss dieser Landstrich wie der Garten Eden wirken. Die Häuser sind adrett und sauber, vor denen gepflegte Mittelklassewagen parken. Die wenigen Plattenbausiedlungen sind längst nicht mehr als solche erkennbar. Der Stammwähler der NPD oder der Aktivist einer rechten Kameradschaft ist hier nicht der entlassene Industriearbeiter, sondern beispielsweise der Lehrling des örtlichen Handwerksbetriebes oder der stolze Eigenheimbesitzer und Familienvater. Rechtsextremisten und gewalttätige Neonazis sind nicht stark, weil sie verarmten Massen ein Forum bieten. Sie sind stark, weil sie das Politische besetzen, das die etablierten Eliten längst geräumt haben oder nie richtig besetzt haben.

Erhellend war der vergangene Landtagswahlkampf in Mecklenburg-Vorpommern im Spätsommer 2006. Wer von der NPD die von früher gewohnten reinen Ausländer-raus-Parolen gewohnt war, dürfte überrascht gewesen sein. Von den Medien kaum beachtet, hatte die Partei einen beachtlichen Strategiewechsel vorgenommen. Die Partei wartete in ihrem Wahlprogramm mit Forderungen auf, die von gesenkten Abgeordneten-Diäten, Mindestlöhnen, der Ablehnung von Privatisierungen kommunaler Betriebe über die Direktwahl des Ministerpräsidenten hin zum ermäßigten Mehrwertsteuersatz für arbeitsintensive Dienstleistungen reichte. Von Gruppen wie »Attac« guckte sich die Partei die Globalisierungskritik ab, was eine besonders raffinierte Strategie war, verzahnte sie doch so linke, neosozialistische Positionen mit dem klassischen nationalistischen Motiv.

Alle diese Forderungen sind zweifellos populistisch und auf Länderebene teilweise gar nicht durchsetzbar. Immerhin erzeugten sie zumindest den Eindruck von Ideen und Tatkraft. Vor diesem Hintergrund erschienen die demokratischen Parteien umso hilfloser. Die SPD warb, ausgerechnet im Krisenland des Nordostens, mit der fast zynisch anmutenden Formel »den Erfolg fortsetzen«, während die CDU mit einem nichtssagenden »Wir können mehr« und »Handeln statt aufgeben« dagegenhielt.

Gerade weil die etablierten Eliten schwach sind, gelingen ihnen keine klaren Worte gegen die Rechtsextremisten. Sie besitzen nicht die Autorität, Position zu beziehen und die Dinge als das zu benennen, was sie sind, nämlich eine Bedrohung demokratischer Werte. Sie wissen, dass sie wenig Kredit haben, und flüchten ins Beschönigen, Verdrängen und Bagatellisieren – was wiederum zur Folge hat, dass Rechtsextremisten umso mehr in der Lage sind, sich in der Gesellschaft einzunisten.

Es gibt in Ostdeutschland ein wichtiges Feld, auf dem der Wendeschock von 1989 und der Verlust von Tradition und Vergangenheit nicht nur verheerend gewirkt, sondern auch neue Kräfte freigesetzt hat: die Wirtschaft. Natürlich hatten die schnelle Währungsunion gewaltige Schneisen geschlagen. Die meisten Schließungen hatten ihren Sinn, weil die Produkte beziehungsweise die Struktur und der Zustand der Kombinate und Volkseigenen Betriebe nicht in der Marktwirtschaft bestehen konnten. Richtig ist aber auch, dass die Treuhandanstalt manche Betriebe voreilig geschlossen oder an zwielichtige Investoren verscherbelt hat. Unnötiger Schaden war entstanden. Hunderttausende Arbeitsplätze gingen verloren.

Bis heute hat sich Ostdeutschland nicht erholt von der radikalen, binnen weniger Jahre vollzogenen Deindustrialisierung ganzer Landstriche. Aber inzwischen sind aus den Trümmern der Vergangenheit einige beachtliche Unternehmen entstanden. Förderpolitik hat sich bei ihnen ausgezahlt. Es sind die vielzitierten Leuchttürme, die Ausstrahlungskraft auf ihr Umfeld haben sollen: die Optikindustrie in Thüringen, die Chipindustrie in Sachsen, die chemische Industrie in Sachsen-Anhalt, die Werften an der Ostseeküste. Eine Etage darunter haben sich – wenn auch bislang viel zu wenige – mittelständische Unternehmen etablieren können, die sich auf dem Markt behaupten.

Personalbesetzungen an der Spitze von Unternehmen sind in der Regel keine Verlegenheits- oder Zufallsbesetzungen. Etwas anderes als Qualität als Maßstab können sich die Unternehmen gar nicht leisten. Der sächsische Ableger des amerikanischen Chipherstellers AMD etwa produziert inzwischen ein Fünftel aller weltweit hergestellten Mikroprozessoren für Computer. Der deutsche Chef im Dresdner Werk, Hans Deppe, ist in seiner Branche ein anerkannter Top-Manager. Deppe hat es geschafft, durch Pioniergeist und Motivationskunst in Dresden eine beeindruckende Aufbruchsstimmung zu erzeugen.

Das Problem liegt woanders und ist zugleich ein Paradox. Die überlebenden Betriebsteile aus DDR-Zeiten beziehungsweise die neu angesiedelten Unternehmen sind hoch modern, teils moderner als vergleichbare Betriebe in der alten Bundesrepublik. Fabriken wurden nach aktuellem Erkenntnis- und Forschungsstand nach der Wende neu aufgebaut. Bei den neuen ostdeutschen Unternehmen gibt es keine Sentimentalitäten. Die Manager stoßen Betriebsteile ab oder schließen sie unumwunden, wenn es für deren Produkte keinen Platz mehr auf dem Markt gibt.

Die Großunternehmen der alten Bundesrepublik hatten bis vor wenigen Jahren anders funktioniert. Siemens, Volkswagen, Deutsche Bank oder Energiekonzerne wie RWE agierten, Tankern gleich, behäbiger. Regionale und soziale Loyalitäten hatten die Unternehmenspolitik maßgeblich beeinflusst. Standorte und Betriebsteile wurden gehalten, auch wenn es betriebswirtschaftlich längst fragwürdig war. Die großen Firmen hielten auch immer Arbeitsplätze vor für die Älteren, die weniger Qualifizierten, die Schwächeren – sei es in der Poststelle oder beim Wachdienst. Volkwagen und Co. funktionierten ein wenig wie Gutsherren im 19. Jahrhundert, die die alten Knechte nicht vor die Tür setzten, sondern fortan den Hof fegen ließen: patriarchalisch zwar, aber mit Verantwortungsgefühl.

Längst aber hat sich auch für die großen alten Tanker der ehemaligen Deutschland AG der Wind gedreht. Sentimentalitäten können oder wollen sie sich nicht mehr leisten. Sie handeln nicht anders als die neuen Unternehmen im Osten. Der entscheidende Unterschied zwischen Ost und West aber ist, dass die neuen Länder die Epoche des eher gemächlichen bundesdeutschen Kapitalismus mit eingebautem sozialen Puffer nie kennengelernt haben. Es hat hier nie Besitzstände gegeben, die gute Renditen garantierten und es einem Manager erlaubten, es nicht so genau zu nehmen mit dem Durchrechnen der Kosten für jeden einzelnen Arbeitsplatz.

Der gespitzte Bleistift regiert hier von Anbeginn. Märkte mussten und müssen sie sich mühselig nach der Wende neu erschließen. Der Markt- und Kostendruck ist unerbittlich. Kein einziger überflüssiger Arbeitsplatz wird bei ihnen zu finden sein. Die Aker-Werften in Wismar und Rostock etwa beschäftigen heute rund 2300 Menschen. Vor der Wiedervereinigung arbeiteten bei den beiden Rechtsvorgängern, zwei wichtigen DDR-Werften, zusammen fast 12000. Heute sind Umsatz und Produktivität des Unternehmens mit viel weniger Menschen bedeutend höher. Die Zahlenverhältnisse sind typisch für die ostdeutsche Industrie insgesamt.

Die Beziehung der modernen ostdeutschen Unternehmen zu ihrem Standort ist rein funktional und unterliegt den Spielregeln von Kosten und Nutzen. Der Blick der Manager ist ausschließlich auf das Unternehmen und seine Märkte gerichtet. Verantwortung für die Region definieren die Manager eng. Sie können, sagen sie, nur soweit Verantwortung tragen, als dass sie durch Profitabilität eine bestimmte Anzahl von Arbeitsplätzen schaffen. Historisch gewachsene Bezüge zum Standort, wie sie für die großen klassischen Unternehmen in den alten Bundesländern typisch sind, existieren nicht oder nur selten. Die Abkopplung von der Umwelt wird häufig schon optisch sichtbar: Wie fremde Raumschiffe liegen die nagelneuen Unternehmenssitze und Produktionsanlagen in der Landschaft. Die ostdeutschen Unternehmen sind modern und flexibel, zugleich aber wurzellos. Wenn die Rahmenbedingungen nicht mehr stimmen, fällt es ihnen viel leichter als ihren Pendants in den alten Ländern, den Standort zu schließen.

Das ist die Tragik des Ostens. Ausgerechnet hier, in einer wirtschaftlich wunden und sozial instabilen Gesellschaft, in der ganze Segmente der Bevölkerung dauerhaft vom Arbeitsmarkt abgekoppelt sind, schlagen die kühlen, unerbittlichen Regeln der globalisierten Wirtschaft radikal durch. Platz gibt es für die Abgekoppelten in der modernen ostdeutschen Ökonomie keinen mehr. Gerade deswegen müssten sich die Unternehmen und ihre Manager eigentlich der Gesellschaft jenseits des Werkstores zuwenden. Hier, in der Welt des ehemaligen DDR-Kombinatssozialismus, wäre es nötig, die heutigen Anforderungen von Unternehmen zu erklären. Die Manager aber agieren zurückgezogen und ziehen eine klare Grenze vor ihre Unternehmenswelt und lassen die Welt »da draußen« allein. Verstärkt wird dieser Rückzug dadurch, dass unter den großen Unternehmen Ableger westdeutscher oder internationaler Konzerne dominieren.[11] Wer als Manager vor Ort eingesetzt wird und ob und wann sie wieder abberufen werden, entscheiden die Unternehmenszentralen fernab des Standorts. Die Manager agieren als Statthalter ihres Mutterkonzerns und fühlen sich ihm verantwortlich. Der Standort als solcher ist für sie zweitrangig, was eine rationale Prioritätensetzung ist: Ihr Einsatz in Ostdeutschland kann jederzeit wieder vorbei sein.

14 Porträts

Bei den 14 Porträtierten handelt es sich um Unternehmensmanager, Medienverantwortliche, Politiker in Regierungsverantwortung, eine Vorsitzende Richterin an einem Oberlandesgericht und eine Verwaltungschefin eines Berliner Bezirks. Die Politiker gehören der PDS, der CDU oder der SPD an. Es sind die drei maßgeblichen Parteien. FDP und Grüne spielen im Osten eine Außenseiterrolle. Ebenso fehlen Gewerkschaftsführer und Vertreter der Arbeitgeberverbände. Sie sind de facto bedeutungslos. Zwar wurde nach der Wiedervereinigung die Struktur des westdeutschen Korporatismus formal kopiert, sie hat sich aber nie durchsetzen können. Nur eine Minderzahl von Beschäftigten ist Mitglied in einer Gewerkschaft. Ebenso unbedeutend sind die Arbeitgeberverbände. Als Interessenvertretung und Vermittlungsinstanz spielen sie nur eine marginale Rolle, nicht zuletzt deshalb, weil die Tarife überwiegend in den Betrieben ausgehandelt werden. Dieser Hintergrund macht die Rolle der einzelnen Unternehmen und ihrer Manager umso bedeutender.

Vertreter aus Wissenschaft und Forschung finden sich nicht in dem Buch. Ein erfolgreicher Forscher dürfte zwar mehr Einfluss besitzen als ein beliebiger ostdeutscher Politiker, nur erstreckt sich sein Einfluss auf eine andere Sphäre, nämlich auf sein – internationales – Forschungsgebiet. Unmittelbaren Einfluss, gar Macht über die Menschen der Region und ihre Lebensumstände, in der er arbeitet, hat er nicht. Die Region ist letztlich egal für ihn. Zum anderen sind die Wissenschaftsmanager in den ostdeutschen Ländern, also etwa die Rektoren der Universitäten, relativ machtlos. Ihre Macht reicht, wenn überhaupt, nach innen, in die Universität hinein, aber nicht nach außen. Wenn die jeweilige Landesregierung zum Beispiel Kürzungen beschließt, kann er dagegen protestieren, muss sich dem aber am Ende beugen. Es ist die Politik, die die Rahmen der Wissenschaft setzt.

Wolfgang Böhmer und Matthias Platzeck gehören als Ministerpräsidenten zu den wichtigsten Entscheidungsträgern im Osten. Der eine ist 71 Jahre alt, der andere steht noch mittendrin in seiner politischen Karriere und kann sich eine Rückkehr in die Bundespolitik vorstellen – langfristig. Mit ihren Biographien sind sie typische ostdeutsche Seiteneinsteiger.

Christine Lieberknecht ist Fraktionsvorsitzende der Regierungspartei CDU in Thüringen und kann sich Hoffnungen machen, irgendwann dem Ministerpäsidenten Dieter Althaus nachzufolgen. Als gelernte Pfarrerin und Pfarrerstochter stammt sie aus dem privilegierten, protestantischen Nischen-Milieu, das sich gerade in Thüringen zu DDR-Zeiten hat halten konnte. Lieberknecht tritt für radikal mehr Markt und weniger Staat ein und muss dabei erkennen, wie isoliert sie mit ihren Ansichten ist.

Till Backhaus ist in Mecklenburg-Vorpommern Agrar- und Umweltminister. Er kann durch sein Ministeramt viel Geld verteilen und gibt ein Beispiel dafür, wie ostdeutsche Politiker durch Geld Loyalität herzustellen versuchen und wie gleichzeitig dieses Machtmittel zusehends schwindet.

Karl Heinz Gasser ist Thüringens Innenminister. Gasser war früher Richter und Beamter in Hessen und geriet nur durch die Wiedervereinigung in die Politik. Er gehört zu den westdeutschen Aufbauhelfern. Bis heute führt er ein Leben als Pendler; sein Hauptwohnsitz befindet sich in Hessen.

Christina Emmrich und Gabriele Mestan waren in der DDR wichtige Funktionärinnen. Emmrich saß im Sekretariat des FDGB-Bundesvorstandes, dem Führungsgremium des SED-loyalen Gewerkschaftsbundes unter dem Vorsitz von Harry Tisch. Heute ist sie PDS-Bürgermeisterin und damit Verwaltungschefin des Berliner Bezirks Lichtenberg mit über 250 000 Einwohnern. Mestan war als SED-Funktionärin in Hagenow, dem flächenmäßig größten Kreis in der DDR, eine mächtige Frau. Macht hat sie als Parlamentarische Geschäftsführerin der PDS-Fraktion in

Mecklenburg-Vorpommern auch heute. Beide Frauen betrachten die Bundesrepublik mit innerer Distanz. Emmrich antwortete auf die Frage, ob sie sich in diesem Land heimisch fühle: »So weit würde ich für mich wirklich nicht gehen.« Dennoch funktionieren sie in dieser Bundesrepublik. Sie repräsentierten die einstige Nachwuchsgeneration der SED, die heute Ämter für die PDS ausüben. Dass es zwei Frauen sind, ist kein Zufall. Frauen hatten auf den unteren und mittleren Ebenen des SED-Apparats relativ viele Posten besetzen können. Hinzu kommt das bislang noch nicht untersuchte Phänomen, dass die Funktionärinnen der SED weit weniger oft an der Wende zerbrachen als die Männer.

Hans Eggert steht mit seiner Biographie für die personellen Kontinuitäten in der ostdeutschen Presse. Nach seinen Erfahrungen mit den Abgründen von Parteidisziplin in der SED steht er heute der Politik insgesamt distanziert gegenüber. Als Chefredakteur machte er am liebsten ein volkstümliches Heimatblatt. Seinem Kollegen Wolfgang Kenntemich, Fernseh-Chefredakteur des Mitteldeutschen Rundfunks, bot die Wiedervereinigung eine berufliche Aufstiegschance, die er in der alten Bundesrepublik womöglich nie bekommen hätte.

Sergej Lochthofen ist Chefredakteur der *Thüringer Allgemeine* und biographisch eine Ausnahmeerscheinung. Er war zu DDR-Zeiten wegen seiner russischen Mutter Sowjetbürger und durfte deshalb politischer Journalist sein, ohne der SED beizutreten. Interessant an ihm ist etwas anderes: Die Ausnahmezeit der Wendejahre hat ihm eine publizistische Macht beschert, die in Ostdeutschland einmalig ist.

Alexander von Witzleben und Klaus-Ewald Holst leiten mit der Jenoptik und dem Gaskonzern VNG in Leipzig wichtige Unternehmen, Hans Deppe steht dem Dresdner Ableger des amerikanischen Chipherstellers AMD vor. Von Witzleben ist mit dem Gesundschrumpfen eines einst großen Technologie-Konglomerats beschäftigt, Holst kämpft um bescheidene Gewinne, während Hans Deppe an der sächsischen Erfolgsstory *silicon saxony* mitgebaut hat. Alle drei aber stehen gemeinsam für die Modernität größerer Unternehmen in Ostdeutschland, die zugleich eine Traditionslosigkeit und Abkopplung von ihrer Umgebung bedeutet.

Schließlich Iris Goerke-Berzau, die als Vorsitzende Richterin einem Zivilsenat des Oberlandesgerichts von Sachsen-Anhalt vorsteht. Als Westdeutsche ist sie mehr als eine bloße Wendegewinnerin. Die besonderen Herausforderungen ihres Berufs in Ostdeutschland nimmt sie sehr ernst. An ihr aber lässt sich ablesen, wie aus Westdeutschland stammende Eliten im Osten mit ihren eigenen Wertvorstellungen und Normen eine Art Parallelwelt zur Mehrheitsgesellschaft aufgebaut haben.

Gabriele Mestan, Parlamentarische Geschäftsführerin, PDS

»Ich war immer irgendwo mit an der Spitze. Das ist so«

Gabriele Mestan besaß als 2. SED-Kreissekretärin Macht in der DDR. Über manches, was sie früher tat, empfindet sie Scham und Reue. Ihr in der DDR geprägtes Weltbild hat es nicht beschädigt.

Sie sieht verändert aus beim letzten Interviewtermin. Sie ist schlanker geworden. Die große Brille, die einst ihr Gesicht verdeckt hatte, ist verschwunden. Sie ist sichtlich gut gelaunt, was nicht nur am Urlaub liegt, der gerade hinter ihr liegt: Seit kurzem ist sie zum dritten Mal verheiratet. Ein neues Leben hat für sie begonnen, was sie schon dadurch demonstriert, dass sie jetzt den Namen ihres tschechischen Mannes trägt. Gabriele Mestan heißt sie jetzt statt einst Schulz.

Gabriele Mestan, 55 Jahre alt, kurz Gabi genannt, konnte nach der Landtagswahl 2006 in Mecklenburg-Vorpommern ihr politisches Amt verteidigen. Sie ist wieder zur Parlamentarischen Geschäftsführerin der PDS-Fraktion gewählt worden. Ein einflussreiches Amt: Als »Parlamentarische« ist sie so etwas wie die Managerin der Fraktion und sitzt infolgedessen in zahlreichen Gremien des Parlaments. Bis zum Herbst 2006 war sie eine der tragenden Säulen der damaligen Koalition aus SPD und PDS. Sie organisierte Regierungsmacht.

Macht hatte sie schon in der DDR organisiert. Als 2. SED-Kreissekretär – eine weibliche Form sah die Sprache der SED nicht vor – war sie die zweiteinflussreichste Person im Kreis Hagenow im Bezirk Schwerin, fast so groß wie das Saarland und damit flächenmäßig der größte Kreis in der DDR.

Die Interviews mit Gabriele Mestan beziehungsweise Schulz erstreckten sich über anderthalb Jahre. Offen hat sie sich über ihre Vergangenheit in der DDR geäußert, über Verstrickung, über Schuld und Scham, über Reue, über Lehren aus dieser Zeit und über das neue politische Leben in der Bundesrepublik.

1998 war das rot-rote Regierungsbündnis, das »Schweriner Modell«, in der bundesdeutschen Öffentlichkeit als Tabubruch gedeutet worden. Die SED-Nachfolger ergriffen, so hieß es, neun Jahre nach ihrem Abtritt wieder die Macht. Eine Restauration der DDR in Mecklenburg-Vorpommern hat indes nicht stattgefunden. Schlagzeilen hat das Bündnis vielmehr durch eine unendliche Kette von komplizierten Kompromissfindungen, verzögerten Gesetzesvorhaben, Krisen und Beinahe-Brüchen gemacht. In dem Ausspruch des SPD-Ministerpräsidenten Harald Ringstorff, die PDS müsse sich endlich entscheiden, ob sie Opposition oder Regierung sein will, steckt Wahrheit. Die Partei quälte sich bis zuletzt mit ihrer Rolle. Als nunmehr staatstragende Partei hatte sie zahlreiche Beschlüsse mitzutragen, die sie eigentlich ablehnte. Dennoch stand sie bis zum Ende treu an der Seite der Sozialdemokraten.

Acht Jahre Regierungsverantwortung haben Gabi Mestan keineswegs politisch ermüdet. Zwar stellt sie fest: »Wir mussten einige Illusionen lassen.« Ihre Partei hätte aber einiges durchgesetzt, sagt sie, und zählt auf: einen öffentlich geförderten Beschäftigungssektor, längeres gemeinsames Lernen an den Schulen, ein eingeführtes Landespflegegeld, Mini-Darlehen für Kleinunternehmen. Solides landespolitisches Handwerk ist das, eine Politik der bescheidenen Schritte. Die PDS hatte in Mecklenburg-Vorpommern, daran besteht kein Zweifel, nicht den Umsturz der Gesellschaftsordnung geplant.

Als die DDR von der Bildfläche verschwand, hätte wohl niemand darauf gewettet, dass Gabi Mestan beziehungsweise Schulz auch in der neuen Zeit einmal eine derart wichtige Rolle spielen würde. Die Privilegierte, Mächtige von der SED war plötzlich eine Aussätzige geworden. Hass richtete sich gegen sie. Angst und manchmal das konkrete Gefühl habe sie gehabt, dass die Leute sie am liebsten am nächsten Baum aufgehängt oder zur Kalaschnikow gegriffen hätten in ihrem Angesicht.

Ihr sozialer Abstieg war zunächst tief. Die gelernte Lehrerin und nunmehr arbeitslose SED-Funktionärin wäre nach der Wende gern in die Sozialpädagogik eingestiegen. Der Vertrag war bereits unterschriftsreif, der Bedarf an Sonderschullehrern groß, aber am Ende mochte der Schulrat nicht. An ihrer fachlichen Eignung hatten die Behörden keinen Zweifel, allein, Genossin 2. Sekretär Schulz als Pädagogin war schon während der letzten DDR-Regierung des Christdemokraten Lothar de Maizière politisch nicht mehr opportun.

Das Arbeitsamt machte ihr später klar, dass sie sich als ehemaliger Spitzenkader wenig Hoffnung auf eine Vermittlung für andere Tätigkeiten machen könne, finanzierte aber einen Computer- und einen Buchhaltungskurs für sie. Es gibt wohl nicht viele ostdeutsche Arbeitslose, die nicht in einen Computerkurs oder in einen Buchhaltungskurs geschickt worden sind in den frühen neunziger Jahren. Sie stieg ein in das Geschäft ihres damaligen Mannes, der sich, auch ein ehemaliger Funktionär, mit Finanzdienstleistungen und Versicherungen selbständig gemacht hatte. Lange hielt sie es aber nicht aus; die Ehe war bereits brüchig, und sie konnte sich nicht so recht mit dem Gewerbe identifizieren.

Ihre neue alte Partei bot ihr nach schwierigen Jahren eine zweite Chance. Sie erhielt 1995 eine hauptamtliche Stelle in einer PDS-nahen kommunalpolitischen Vereinigung. 1998 kandidierte sie erfolgreich für den Landtag. Ein wichtiger älterer Genosse, einst Mitarbeiter im Zentralkomitee der SED, der sie von früher kannte und schätzte, förderte sie. 2002 rückte sie in die Führungsspitze auf: Sie wurde zur Parlamentarischen Geschäftsführerin gewählt. Eine späte zweite Karriere nahm ihren Lauf, an die sie selbst nie geglaubt hatte, wie sie ironisch anmerkt: »Mit meiner Vergangenheit, dachte ich, würden sie gerade auf mich warten.« Ein Kreis hatte sich geschlossen. Gabriele Mestan spielt heute, in der bundesdeutschen Demokratie, politisch wieder eine Rolle, so wie sie es früher schon in einer Diktatur einmal tat.

Der 1. und der 2. SED-Kreissekretär waren die wichtigsten Abgesandten der SED in der Provinz und damit die bedeutendsten Funktionäre überhaupt. Gabi Schulz kontrollierte die nur formal eigenständigen Kommunalvertreter, die Bürgermeister und Ratsmitglieder, denn es war natürlich die SED, die das Sagen hatte. Zum anderen war sie so etwas wie der oberste Personalchef des Kreises. Kaderfragen gingen über ihren Schreibtisch. Außerdem unterstand ihr der örtliche Parteiapparat. Als die Macht der SED auch in Hagenow zu Ende ging, arbeiteten für Gabriele Schulz, 38 Jahre alt, zuletzt 60 Genossen.

Sie war Mitglied in der Kreiseinsatzleitung, einem Gremium von Partei, Stasi, Armee und den sogenannten Kampfgruppen, das im militärischen »Ernstfall« mit dem Westen oder bei inneren Unruhen für die militärische Mobilisierung eines Kreises zu sorgen hatte. Regelmäßig wurde der Ernstfall geprobt:

»Über den Aspekt möchte ich gar nicht sprechen, denn das war eher lächerlich. Ich habe aber in der Situation funktioniert. Ich habe das mitgespielt. Ich war für den zivilen Bereich zuständig. Dann musste alles verdunkelt werden, weil es der Gegner nicht sehen durfte. Das bezog sich auf Parteigebäude, FDJ, staatliche Organe, Gewerkschaft.«

Eine Besonderheit des Kreises Hagenow war die lange Außengrenze zur Bundesrepublik. Der Todesstreifen führte direkt am Kreis entlang, teils an der Elbe, teils über Land. Die Hagenower Kreiseinsatzleitung hatte dafür zu sorgen, dass im Hinterland möglichst wenig Risiko für die Grenze entstand. Sie konnte die Umsiedlung, sprich die gewaltsame Vertreibung unliebsamer Bürger vorschlagen. Mestan sagt, dass derartige Fälle in ihrer Zeit nicht passiert seien.

Gleichzeitig war sie viel Druck von oben ausgesetzt. Sie hatte zusammen mit dem »Ersten« dafür zu sorgen, dass die SED-Politik an der Basis funktionierte. Wenn die Versorgungslage in den Läden mal wieder kritisch war, wenn ein LPG-Vorsitzender durch Alkoholprobleme auf sich aufmerksam machte oder wenn die Stimmung unter den Arbeitern gereizt war, waren sie es, die gegenüber der nächsthöheren Parteiebene Rechenschaft ablegen mussten. Alles wollte die Bezirksleitung in Schwerin wissen, und dafür schrieb Gabi Schulz Stimmungsberichte, die sogenannten aktuellen Informationen. In ihnen mischen sich Weltpolitik, so wie sie die SED sah, Durchhalteparolen, Propaganda und Mangel-Meldungen in der Endphase einer Diktatur.

Am 26. Januar 1988, nach der Verhaftung des SED-kritischen Liedermachers Stefan Krawczyk, kabelt Schulz per Fernschreiben nach Schwerin: »Das staatsfeindliche Auftreten von Krawczyk und seines näheren Umgangskreises wird auf das entschiedenste verurteilt und das eingeleitete Ermittlungsverfahren wird begrüßt.« Am 3. Mai aber muss sie einen Rückschlag in der Entwicklung des Sozialismus in Hagenow melden: »Die Nachfrage nach zum Beispiel Cordhosen, Anoraks und Thermohosen im Damen- und Herrensortiment kann nicht befriedigt werden.«

An einer eindeutigen Einschätzung des damals wieder eskalierten Nahostkonfliktes lässt sie keinen Zweifel. Am 8. März schreibt sie: »Mit Verachtung verfolgen die Kommunisten und Werktätigen den Terrorfeldzug der israelischen Okkupanten in den besetzten arabischen Gebieten. Hauptfrage ist: Wann wird dieser Mordfeldzug ein Ende haben?« Und am 19. März 1988 fragt sie rhetorisch, wie es für eine Deutsche zynischer nicht sein kann: »Wie viele Menschen will Israel noch umbringen? Haben die israelischen Juden aus ihrer eigenen Geschichte nicht gelernt?«[12]

Gabi Schulz hat die Hass-Sprache, die Freund-Feind-Rhetorik, die nur Gut und Böse kennt, bei der die SED selbstverständlich immer auf der Seite der Guten steht, nicht erfunden. Es ist die Sprache des SED-Apparats, durchgereicht bis in die kleinste Zelle der Partei. Gabi Schulz spricht das nach und schreibt das ab, was man von ihr verlangt. Aber sie steht hinter dem, was sie tut und sagt.

Sie ist in der Sache nicht weniger hart als die älteren Genossen, dafür im Auftreten einnehmender und konzilianter. Sie erzeugt keine Angst, ist nicht einschüchternd, tritt freundlich und nicht anmaßend auf und unterscheidet sich darin von vielen älteren, männlichen SED-Funktionären, die noch von den stalinistischen und poststalinistischen fünfziger Jahren geprägt sind.

Solchen Nachwuchs wünscht sich die Partei dringend in den achtziger Jahren, als der Rückhalt im Volk für alle sichtbar immer mehr schwindet und junge Kräfte nicht mehr so zuverlässig nachwachsen. Und dass sie eine Frau ist und dazu noch eine attraktive, macht sie zu einem Edel-Kader für die männerlastige SED. Man erfüllt ihre Wünsche, selbst wenn sie die Parteidisziplin durchkreuzen. Nach Hagenow kommt Gabi Schulz nicht, weil die Partei es so will, sondern weil sie es aus privaten Gründen so möchte – ein unerhörter Weg in einer zentralistisch strukturierten Kaderpartei. Es ist üblicherweise die SED, die ihr Personal platziert. Anfang der achtziger Jahre, sie arbeitet als 1. FDJ-Sekretär in Suhl in ihrer thüringischen Heimat, ist ihre erste frühe Ehe zerbrochen, aus der zwei Töchter hervorgehen. Ihr neuer, zweiter Mann ist Hagenower; sie möchte zu ihm nach Mecklenburg. Ein Parteiverfahren soll in Suhl gegen sie eingeleitet werden, weil sie ihren Parteiauftrag nicht ernst nehme, wie es heißt. Die für FDJ-Belange zuständige Abteilung der SED in Berlin aber hält schützend die Hand über sie.

Die Karriere schreitet zügig voran. 1983 wird sie in Hagenow Leiterin der »Jugend- und Sportkommission« der SED. 1986 folgt ein einjähriges Parteistudium in Berlin. 1987 dann, überraschend schnell, wird sie 2. Kreissekretär, weil der Vorgänger schwer erkrankt ist. Sie ist 36 Jahre alt.

Ob ihr manches Verhalten als Funktionärin heute leidtut?

Sie räuspert sich, stockt und sagt: »Das ist schwer zu beantworten« – um dann doch zu erzählen.

»Innerlich würde ich mir vorwerfen, dass Probleme, die ich gesehen habe, nicht offen diskutiert werden konnten. Ein gewisses blindes Vertrauen zu Entscheidungen der Partei- und Staatsführung war schon da. Ein Hinterfragen, das war einfach nicht da.«

Ob sie Menschen konkret geschadet hat?

Einmal, da reisen FDJ-Funktionäre offiziell in die Bundesrepublik. Eine junge hauptamtliche FDJ-Mitarbeiterin sucht den Kontakt zu entfernten Verwandten. Ein mitreisender IM der Stasi schreibt einen Bericht darüber. Schulz, der SED-Jugendkommission im Kreis vorstehend, erhält den Bericht und legt der FDJ-Leitung nahe, auf die »Kaderentwicklung zu verzichten«, sprich, die junge Frau zu entlassen. Und so geschieht es auch. Gabi Schulz zerstört den beruflichen Weg einer jungen Frau, weil diese familiären Kontakt suchte. Es gebe noch den Fall eines zweiten FDJ-Funktionärs, sagt sie heute, sie könne sich aber nicht mehr an die Zusammenhänge erinnern.

»Das waren zwei Entscheidungen, die mir sehr leidtun, weil ich da heute keinen Sinn mehr sehe, was man damals gemacht hat.

Aus heutiger Sicht weiß ich, wenn ich mir das näher betrachtet hätte, wäre ich vielleicht zu anderen Erkenntnissen gekommen, aber es wäre auch ein Risiko für mich gewesen.« Gabi Schulz macht mit im System von Denunziation und willkürlicher Bestrafung, weil sie ihre eigene Karriere nicht gefährden will.

Die Kontakte zur Staatssicherheit sollten ihr in den neunziger Jahren kurzzeitig politische Probleme bereiten – freilich nicht, weil sie als SED-Funtionärin Berichte der Stasi nutzte, sondern weil sie auch selbst solche Berichte schrieb.[13] Auf dem Höhepunkt der Aufregung trat sie 1999 als Landtagsvizepräsidentin zurück. Weil sie aber nie offizieller IM gewesen war, ebbt die Aufregung ab. Eine offizielle Verpflichtung wäre bei ihr auch nicht nötig gewesen. Die Kontakte mit der Stasi ergaben sich aufgrund ihrer Position fast von selbst.

Die Staatssicherheit empfindet die Funktionärin Gabi Schulz als legitime Einrichtung, wie das überall auf der Welt so sei, »dass ein Ministerium für Staatssicherheit gebraucht wird, um die Sicherheit des Staates zu garantieren«. Die Zusammenarbeit betrachtet sie als notwendig und normal. Einer aktiven Mitarbeit als IM oder als hauptamtliche Mitarbeiterin hätte sie sich nicht verweigert: »Ich sage ehrlich, wenn ich nicht diese Entwicklung in der Partei genommen hätte, und es wäre jemand zu mir gekommen und hätte mich gefragt, ich glaube nicht, dass ich diese Frage mit Nein beantwortet hätte. Ich möchte das deutlich sagen. Ich will nichts unausgesprochen lassen.«

Im Frühjahr 1989 finden in der DDR Kommunalwahlen statt, die systematisch gefälscht werden, um zu den erwünschten Ergebnissen zu kommen. Gabi Schulz ist mit der Vorbereitung dieser Kommunalwahl bei sich vor Ort betraut. Vorbereitung einer Wahl in der DDR heißt, dass sie dafür zu sorgen hat, dass die wichtigen Ämter für die SED reserviert sein müssen und dass ein bestimmter Anteil an Arbeitern auf den Wahllisten zu gewährleisten ist – auf dem Papier.

Eine schwierige Aufgabe: »Mir wurde klar, dass in die Tasche gelogen wurde ohne Ende. Ich sagte, das geht nicht, worauf die Antwort kam, wenn das nicht geht, hast du falsch gearbeitet.« Zaghafte Zweifel wuchsen. »Wir hatten unter den jungen SED-

Sekretären einen intensiven Austausch darüber, dass man die führende Rolle der Partei so nicht ausgestalten kann. Darüber öffentlich zu sprechen, haben wir uns nicht getraut.«

Gabi Schulz obliegt auch die Aufsicht über den Verlauf der Wahl und das Zusammenfassen der Ergebnisse. Sie schickt, wie überall üblich, Agitatoren der Partei los, um die Leute zur Wahl zu mobilisieren, ihr wird aber schnell klar, dass sich die erwünschten Ergebnisse angesichts der Apathie im Land so nicht erzielen lassen. »Ich bin mir heute sicher, dass nicht wenige im Kreis am Ende die Statistik gefälscht haben.«

Hat sie dazu angestiftet?

»Nein, nein, nein«, ruft sie und lacht mädchenhaft hell, »das habe ich nicht gemacht.«

Sie sagt, als Hinzugezogene und junge Funktionärin sei sie auf bereits eingespielte Machtstrukturen gestoßen: »Wie die das vor Ort gelöst haben, hat mich nicht interessiert. Für mich waren die Ergebnisse entscheidend. Aber ich bin mir sicher, dass das nur so gelaufen sein kann.« Sie sei nur die Sammelstelle gewesen: »Mit der Drecksarbeit, sage ich mal, war ich nur wenig vertraut. Wie die das gemacht haben, das habe ich nicht hinterfragt.«

Ende der achtziger Jahre beginnt sie sich über den langen Todesstreifen an ihrer Kreisgrenze Fragen zu stellen. Ihr Ehemann hat Verwandte in Hamburg. Die Großmutter liegt dort im Sterben, aber der in der DDR lebende Sohn – ihr Schwiegervater – darf nicht zu ihr reisen. »Dass er keine Reisegenehmigung erhielt, das konnte ich nicht nachvollziehen.« Vorher waren ihr innerdeutsche Familienschicksale fremd geblieben: »Es waren Fragen, die ich nicht gesehen habe, so wie ich vielleicht viele Dinge nicht gesehen habe.« Gedanken über Menschlichkeit tauchten auf durch persönliche Betroffenheit.

Sie funktioniert weiter bis zuletzt. 1990 wickelt sie die SED-Kreisleitung ab und ist sprichwörtlich diejenige, die das Licht ausmacht. Die Karriere einer kommunistischen Funktionärin ist an ihr Ende gelangt.

Gabriele Mestan ist ein Kind der DDR, und diese allgemein anmutende Bezeichnung ist präziser als es den Anschein hat. Sie verbringt in Eisenach in Thüringen eine musterhaft staatstreue

Jugend. Ihre Eltern sind jung, als sie 1951 zur Welt kommt, gerade Anfang zwanzig. Beide stammen aus vom Krieg schwer beschädigten Familien. Die Familie des Vaters hatte es, ausgebombt in Hildesheim, nach Thüringen verschlagen; die Mutter, aus einer religiösen, katholischen Familie in Breslau stammend, war aus Schlesien vertrieben. Die Eltern, der Wurzeln und Bindungen beraubt, finden sich im Staat DDR wieder und identifizieren sich schnell mit ihm. Die SED halten sie für eine glaubhafte Verfechterin der Forderung »Nie wieder Krieg«. Sie treten in die Partei ein. Die Mutter arbeitet als Sachbearbeiterin bei der Polizei, der Vater in der HO, der staatlichen Handelsorganisation.

Die Tochter wird staatstreu erzogen. Noch heute sagt sie mit Ernst in der Stimme über Wilhelm Pieck: »Ich hatte als Kind eine starke Beziehung zum ersten Arbeiter- und Bauern-Präsidenten. Als er starb, ging mir das sehr nah.«

Sie will sich einbringen in diesen Staat und nicht danebenstehen, wie sie es nennt. Mit achtzehn schon möchte sie in die SED eintreten und ist enttäuscht, dass man sie nicht lässt. Der Angestelltenhintergrund ihres Vaters verhindert es einstweilen. Die Partei braucht mehr Arbeiterkinder für die Statistik. »Da war ich sehr sauer und schockiert. Mitschüler wurden Mitglied, ich nicht. Ich habe mir dann im Studium meine Mitgliedschaft erkämpft.«

Sie wird Lehrerin für Geschichte und Russisch in Suhl und übt parallel FDJ-Ämter aus. Als junge Lehrerin geht sie, gerade 23 Jahre alt, durchaus unkonventionelle Wege. Sie organisiert Ausflüge über das übliche Maß hinaus. »Ich versuchte, die Dinge auf andere Art zu machen, weniger theoretisch, mehr praktisch.« Wenn es um die sozialistische Sache geht, ist sie indes pflichtbewusst. Den Geschichtsstoff vermittelt sie, natürlich, getreu der marxistischen Geschichtsinterpretation. Wenn Schüler auf Widersprüche hinweisen, hält sie mit Bestimmtheit das Weltbild von Partei und Staat dagegen. Sie hat ein großes Problem damit, dass Schüler zu Hause »mit Westfernsehen konfrontiert« sind. »Die Schüler hatten es dann natürlich schwer, in der Schule zu folgen und zu argumentieren.« Sie stellt manche Eltern zur Rede.

Ihr Einsatz bleibt nicht unverborgen. Bereits 1976, nach zwei Jahren als Lehrerin, kommt die Bitte, hauptamtlich in die FDJ zu wechseln. Sie willigt ein, obwohl sie sehr gern als Lehrerin arbeitet. Sie glaubt, dass sie bald wieder zurückkehren kann. Eine irrige Annahme. Die FDJ braucht ständig Personal für ihre vielen Posten. Im kurzen Takt folgt der Aufstieg. Es müsse ja auch weitergehen mit ihrer Entwicklung, bedeuten ihr die Funktionäre.

Sie stellt ihren Lehrerwunsch hintenan. Sie begreift allmählich, dass eine Rückkehr unmöglich ist. Wenn sie den Wunsch geäußert hätte, wäre die Antwort der Funktionäre klar gewesen: Wenn du nicht bereit bist, warum willst du in die Schule, du hast hier einen politischen Auftrag! Sie ist nun ein Nomenklaturkader, es wird ernst. Die SED hätte eine Rückkehr in den Lehrerberuf ohnehin zu verhindern gewusst – als Bestrafung. Das will sie nicht riskieren. Sie will nicht außen vor stehen, das wäre ihr Alptraum. Die Karriere einer Parteifunktionärin beginnt und nimmt ihren Lauf.

13 Jahre später, durch die Wende 1989, geraten Gewissheiten der Funktionärin aus den Fugen. Ihr wird nun klar: »Die führende Rolle der SED, die gab es nicht, die war gelogen.« Die neue Offenheit im Land mit seinen jetzt freien Medien, seinen Runden Tischen und Podiumsdiskussionen öffnet ihr die Augen. Bleibenden Eindruck hinterlässt bei ihr eine Veranstaltung, auf der die »sozialen Errungenschaften« der DDR debattiert werden, die die SED-PDS in der Wendezeit häufig zur Verteidigung vorbringt. Junge Frauen stehen auf und sagen ihr ins Gesicht, sie hätten es satt, sich für Sozialleistungen zu bedanken, denn sie seien nie gefragt worden, ob sie diese für richtig hielten. Gabi Schulz macht zum ersten Mal Erfahrung mit Demokratie. Die Leute sind keine Untertanen mehr, sondern aktive Bürger, die Einfluss nehmen wollen.

Sie weitet ihren Horizont, liest Bücher über den Stalinismus, den Hitler-Stalin-Pakt, über Wolf Biermann und Mauerschicksale: »Das hätte ich mir nie in dem Umfang träumen lassen. Es war nicht in meinem Blickfeld, ich habe es nicht gesehen und vielleicht auch nicht sehen wollen.«

Sie sagt, sie trage für die SED-Zeit ihren Teil der Verantwortung. Sie könne es nachvollziehen, wenn Leute, die gelitten haben, allergisch auf die PDS und konkret auf sie als Person reagieren: »Das ist nicht ausgestanden und das kann ich auch nicht erwarten. Da kann ich mich auch nicht herumlavieren.«

Sie erkennt seit der Wende konkretes Unrecht in der DDR und den machtpolitischen Größenwahn ihrer Partei an, stellt DDR und SED insgesamt aber nicht in Frage. Sie relativiert sie lediglich. Heute erkennt sie an, dass die Staatssicherheit unendlich viel Leid über DDR-Bürger gebracht hat, betont aber gleich einen Atemzug später: »Ich möchte nicht wissen, wenn man einiges aufarbeitet, was BND und CIA betrifft, da würde manches zutage treten, Dinge, wo die Lebensperspektive von Menschen zerstört wurde.« Der Einwand, dass die Staatssicherheit frei von jeglicher Kontrolle und nicht nur ein Geheimdienst war, sondern ohne richterliche Kontrolle Menschen einsperren konnte und Polizei und Justizsystem praktisch im Griff hatte, kann sie nicht beirren.

Der Argwohn dem Westen und speziell den USA gegenüber ist eine Kontinuität in ihrem politischen Denken. Auslandseinsätze der Bundeswehr, der NATO und die exponierte Rolle der USA in der Welt lehnt sie ab. Sie ist überzeugt davon, dass militärische Einsätze und Krieg keine Probleme lösen – ein ernst zu nehmender Anspruch, der jedoch merkwürdig erscheint vor dem Hintergrund der Tatsache, dass sie und ihre Partei schwiegen, als Wladimir Putins russische Armee tschetschenische Städte in Schutt und Asche gelegt hatte, genauso wie sie einst schwiegen, als 1979 die Sowjetunion Afghanistan überfiel und sich ein Jahr später sowjetische und, ausgerechnet, ostdeutsche Panzerdivisionen in Wartestellung vor der polnischen Grenze befanden, als die freie Gewerkschaft Solidarność der KP Polens die Stirn bot.

Ein grundsätzliches Hinterfragen des sowjetisch geprägten DDR-Sozialismus ist ihr nicht möglich, denn es würde ihre eigene Funktionärsbiographie in Frage stellen. Die eingeschliffenen Deutungsmuster und weltpolitischen Freund-Feind-Muster des Kalten Krieges bieten ihr Identität und vielleicht auch Heimat. Sie bleibt sich treu, und es ist eine passende Pointe, dass ihr heutiger Ehemann Mitarbeiter der Kommunistischen Fraktion im tschechischen Parlament ist. Erstmals und flüchtig waren sie sich bereits vor 30 Jahren in einem Ferienlager für Jugend-Funktionäre in der Tschechoslowakei begegnet. Das Ehepaar verständigt sich heute auf Russisch, das sie fließend beherrscht.

Nach dem Scheitern der DDR hat sie ihre Vision vom Sozialismus nicht aufgegeben. Sie sieht sie den Kapitalismus nicht als endgültige Lösung. »Ich gebe der kapitalistischen Gesellschaft keine Zukunftschancen. Ich glaube nicht, dass dieses System die Probleme löst.«

Warum ist sie dann heute, in diesem bundesdeutschen System, ausgerechnet Parlamentarische Geschäftsführerin einer Landtagsfraktion? Gerade eine Fraktionsmanagerin muss qua Funktion pragmatisch sein und Kompromisse schließen können – in einem kapitalistischen Land. Zur Zeit der rot-roten Koalition war sie überdies im Sinne des Worts staatstragend. Sie hatte dafür zu sorgen, dass die Regierungsmaschinerie lief.

»Ich muss Realitäten anerkennen. Ich stehe auf dem Boden dieses Grundgesetzes, aber es ist nicht das Letztgültige für mich. Ich kann mir das Land wirklich anders vorstellen. Aber das Vorstellen und das Leben, das sind zwei paar Schuhe«, antwortet sie. Eine Mehrheit für eine andere Politik sieht sie derzeit nicht in Deutschland.

Aber es ist deutlich, dass sie nicht unfroh ist über die derzeitigen Machtverhältnisse. Gabi Mestan bekennt, dass ihre sozialistische Vision eine abstrakte ist und sich mehr definiert durch das, was sie ablehnt: die USA, die Verfasstheit der Weltwirtschaft, die Macht der Unternehmen. Sie ist sich unsicher darüber, wie die Alternative aussehen kann. Für die grundsätzlichen Fragen seien neue Antworten nötig: »Die politische Ökonomie des Kapitalismus ist nicht mehr der Stein der Weisen.« Die PDS von Mecklenburg-Vorpommern habe nicht das Personal und nicht die Zeit, diese Fragen ernsthaft anzugehen. Manche ihr zuarbeitende Fraktionsmitarbeiter und erst recht die Mitglieder der Partei seien schlicht zu alt, um neue Wege zu gehen, und sie klingt mehr erleichtert als enttäuscht, wenn sie feststellt, dass fundamentale Veränderungen ohnehin nur auf Bundesebene möglich sind und nicht in der Landespolitik. Sie setzt in der Grundsatz-Debatte auf die parteinahe Rosa-Luxemburg-Stiftung und auf die Fusion mit der westdeutsch geprägten WASG, in der es ein größeres Interesse gebe.

Gabi Mestan funktioniert in der heutigen Bundesrepublik, gewissermaßen unter Vorbehalt. Manchmal gingen ihr zwar die Kompromisse zu weit, die sie als kleinerer Koalitionspartner eingehen musste. Dann hakte es in der Regierung. Sie war in der SPD bekannt als manchmal störrische Unterhändlerin, und es waren Krisenmomente wie diese, die die Landespolitik bundesweit in die Schlagzeilen brachten. Aber am Ende klappte es doch immer wieder in der Koalition und mit der Mehrheitsbeschaffung im Parlament. »Ich habe meine Verantwortung als Parlamentarische Geschäftsführerin und die Aufgabe, den Parlamentsprozess ordentlich zu führen«, sagt sie staatstragend und ganz Funktionärin.

Gern hätte sie die Koalition fortgeführt. Am Tag nach der Landtagswahl war sie in die Offensive gegangen und hatte öffentlich erklärt: »Wenn die Sozialdemokratie es möchte, stehen wir ihnen als Partei zur Verfügung.«[14]

Es ruft zwei Sätze in Erinnerung. Es sind Sätze, mit denen sie ihre Karriere in der DDR kennzeichnete, aber er ist anwendbar auf ihr ganzes politisches Leben: »Ich war immer irgendwo mit an der Spitze. Das ist so.«

Matthias Platzeck, Ministerpräsident, SPD

»Ich weiß nicht, ob wir das in 20 Jahren alles toll hinbekommen haben werden«

Matthias Platzeck ist sich sicher, dass es mit der ostdeutschen Politik so nicht weitergehen kann. Er ist auf der Suche nach Antworten auf drängende Fragen: »Das Ende ist in Teilen offen.«

Es schwante ihm erstmals im Jahr 1996. Er amtierte als Umweltminister unter dem Ministerpräsidenten Manfred Stolpe, und in dieser Zeit wurde ihm klar, dass Brandenburg und der Osten überhaupt künftig mehr mit Schrumpfung und weniger mit Wachstum zu tun haben würden. Dass sehr schwierige Zeiten anbrechen würden, irgendwann. Es war die Zeit, in der Stolpes Regierung unverdrossen an das Größer, Weiter, Höher glaubte. Wirtschaftliche Großprojekte hatte sie aus der Taufe gehoben, die später zum steinernen Zeugnis gescheiterten Größenwahns werden sollten: eine Formel-1-Rennbahn ausgerechnet in der Lausitzer Provinz, eine nie zu Ende gebaute Chipfabrik in Frankfurt an der Oder, eine Werft für Luftschiffe im Spreewald. Das Geld hatten sie mit beiden Händen fröhlich ausgegeben. Und auch Kabinettsmitglied Matthias Platzeck hatte dabei mitgemacht, war er es doch, der unter anderem die vielen Großkläranlagen im Land förderte und genehmigte, die heute nur in Ansätzen gebraucht werden und horrende Kosten verursachen. Damals fragte niemand nach dem Sinn der hohen Investitionen.

Mitte der neunziger Jahre änderte sich an dieser Politik noch wenig, aber die Zahlen änderten sich schleichend. Brandenburg musste immer neue Schulden aufnehmen, um diese Politik fortzusetzen. Der Landeshaushalt wuchs nicht mehr in jedem Jahr mit großen Sprüngen, sondern stagnierte. Plötzlich musste Platzeck bei den Ausgaben seines Ministeriums genauer hinsehen. Als

Umweltminister war er auch für Raumordnung zuständig: So hatte er Einblick in düstere Zahlen der Demographie, für die sich damals noch kaum jemand interessierte. Die Randgebiete Brandenburgs würden, so war aus den Zahlen zu lesen, drastisch Einwohner verlieren. Vor allem an jungen Menschen und an Kindern würde es auf lange Sicht mangeln.

Die Annäherung des Matthias Platzeck an die Realität vollzog sich weiter in seiner Zeit als Potsdamer Oberbürgermeister von 1998 bis 2002. Da bemerkte er, dass die westdeutsche Partnerstadt Jahr für Jahr darüber stritt, wie die Zuwächse des städtischen Haushalts zu verteilen sind, während Potsdam darüber zu befinden hatte, wie das jährliche Streichen von Geld möglichst gerecht zu organisieren ist.

Seit 2002 ist Matthias Platzeck Ministerpräsident in Brandenburg. Allmählich konnte die Öffentlichkeit registrieren, dass mit dem neuen Regierungschef ein neuer Ton Einzug hielt. Er mahnt in Reden und Aufsätzen, dass in der Politik wegen der sich wandelnden Bedingungen des internationalen Wettbewerbs, der demographischen Lage und der Haushaltsmisere neue Antworten nötig seien. Selbst auf Versammlungen in Wahlkampfzeiten, die immer auch populistische Zeiten sind, scheut er nicht davor zurück, seine Mahnungen auszubreiten. Eine bemerkenswerte Szene spielte sich im Juni 2005 auf einem SPD-Fest unter freiem Himmel in Potsdam ab. Wenige Wochen vorher hatte Gerhard Schröder Neuwahlen angekündigt. Platzecks Vorgänger Stolpe sprach vor den Genossen seine übliche Wahlkampf-Rede: Die CDU betreibt eine Politik gegen die kleinen Leute, und Angela Merkel ist eine kalte Neoliberale. Dann trat Platzeck auf die Bühne am Potsdamer Stadtrand und hielt eine Art Brandrede über die Globalisierung: »Wir müssen akzeptieren, dass sich die Welt ändert. Wir können nicht so tun, als ob wir sie so bauen können, wie wir sie uns wünschen«, rief er seinen Genossen zu. Die Rezepte der siebziger Jahre taugten nichts mehr. Den Leuten, schob er nach, müsse man die Wahrheit sagen. Deutlicher konnte eine Distanzierung zu seinem Vorgänger nicht ausfallen. Wie erstarrt stand Stolpe daneben.

Anderthalb Jahre später sitzt ein aufgeräumter Matthias Platzeck in seinem Potsdamer Amtszimmer und sagt: »In Zuwachszeiten ist Politik doch fast entbehrlich, da muss nur noch ein bisschen geordnet werden. Die viel größere Herausforderung ist, wie ich eine Gesellschaft mit weniger Mitteln fit und frohgemut halte.« Und setzt zum Erschrecken seines danebensitzenden Pressesprechers fröhlich hinzu: »Das Ende ist in Teilen offen. Ich weiß nicht, ob wir das in 20 Jahren auch alles toll hinbekommen haben werden.«

Im Gespräch mit dem Mann, der als kurzzeitiger SPD-Vorsitzender einmal den ehrwürdigen Posten von August Bebel und Willy Brandt innehatte, schimmern seine politischen Wurzeln durch, die nicht in der Sozialdemokratie, sondern in Bürgerbewegungen liegen. In der späten DDR hatte Platzeck im Umweltnetzwerk »Grüne Liga« mitgemacht; nach der Wende war er, wenn auch als Parteiloser, unter dem Dach von Bündnis 90 politisch aktiv. Er ist überzeugt davon, dass der Mensch im 21. Jahrhundert – Platzeck spricht gern von größeren Zeiträumen – nur überleben kann, wenn er die Umwelt so akzeptiert, wie sie ist. »Im 20. Jahrhundert haben wir versucht, die Natur zu unterjochen und zu verändern. Dann haben wir festgestellt, dass das nicht mehr funktioniert. Unsere Intelligenz sollten wir dafür nutzen, uns anzupassen und nicht mehr so viel kaputt zu machen.«

Platzecks Sätze sind mehr als die ökologisch angehauchten Erkenntnisse eines gelernten Kybernetik-Ingenieurs und einstigen Umwelthygiene-Inspektors in der DDR, der die gewaltige Umweltzerstörung im SED-Staat hautnah und von Berufs wegen miterlebt hat. Sie bilden heute für ihn, abstrakt gesehen, seine politische Richtschnur. Das Beste aus dem Vorhandenen machen, Realitäten anerkennen, »nicht nach den Sternen greifen«, wie er sagt – das ist der ideelle Hintergrund seiner Schrumpfungspolitik.

Es hatte noch ein paar Jahre gedauert, bis die Mahnungen zu konkreter Politik gerannen. 2005 legte seine Landesregierung sogenannte Wachstumskerne im Land fest. Seit kurzem wird in Brandenburg nicht mehr alles gefördert, was Bedarf anmeldet. Stattdessen hat die Regierung 15 Gebiete im Land mit verschiedenen wirtschaftlichen und wissenschaftlichen Potenzialen benannt. Investitionen, die zum bereits Gewachsenen passen und es stärken könnten, werden bevorzugt behandelt. Die Philosophie, die dahintersteht, ist einleuchtend und eigentlich selbstverständlich, war es aber bis dahin in Brandenburg nicht.

Matthias Platzeck will die starken Regionen und Menschen im Land stützen, denn »wenn die nicht funktionieren, werden die Ränder immer größer«. Da liegt die Frage nahe, was denn mit den jetzt schon Abgehängten an diesen Rändern passiert, denjenigen, die in der DDR Berufe ausübten, die heute nicht mehr gebraucht werden und seit 10, 15 Jahren ohne Lohnarbeit sind.

Platzeck sagt, man werde es nicht mit jedem schaffen. Man müsse überhaupt über eine neue Definition von Wohlstand nachdenken, »denn die Frage ist, ob Wohlstand das dritte Auto vor der Tür ist«. Er hält viel von dem Satz der ehemaligen Brandenburger Sozialministerin und ostdeutschen SPD-Ikone Regine Hildebrandt, wonach der Lebenssinn im Miteinander liege. Seine Regierung fördert das Ehrenamt im Land durch Auszeichnungen und finanzielle Hilfen. Der Ministerpräsident ist überzeugt, dass das gemeinsame Tun in Vereinen »Lebensreichtum ausmacht« und Selbstbewusstsein spendet – und an die Stelle von materiellem Wohlstand treten kann. Das ist für ihn mit ein Beweggrund, das Ehrenamt im Land zu fördern, weil er das herkömmliche Wohlstandsversprechen nicht mehr geben kann und geben will. »Wir haben die Pflicht zu verhindern, dass die Leute ins Nirvana fallen. Wir müssen versuchen, trotzdem Lebenssinn zu stiften«, sagt er.

Miteinander, Lebenssinn, menschliche Wärme – gefühlige, schöne Begriffe sind das, die nur vage Perspektiven umschreiben. Tatsächlich werden Platzecks weiche Werte wenig dazu beitragen, die harten wirtschaftlichen Zahlen, von denen das Gedeihen eines Gemeinwesens am Ende eben doch abhängt, zu verbessern. In den vergangenen Jahren lag das Wirtschaftswachstum Brandenburgs deutlich unter dem Bundesdurchschnitt. Die Arbeitslosenquoten jenseits des Berliner Speckgürtels sehen trübe aus. Immerhin aber hat es Platzeck, der begnadete Optimist und einnehmende Mensch, geschafft, die Stimmung in Brandenburg zu heben, gerade ohne materielle Erwartungen auszulösen. Optimismus versprühen zu können ist wohl Platzecks größtes Kapital.

Dass materielle Versorgung nicht mehr das Primat der Politik sein kann – diese Überzeugung ist der Hintergrund für seinen einzigen nennenswerten inhaltlichen Vorstoß als SPD-Chef gewesen, der ihn auch nach seinem Rücktritt weiter beschäftigt: Platzeck hält den bundesdeutschen Sozialstaat alter Prägung für bedroht, wenn man ihn nicht grundlegend reformiert. Bloße Umverteilung reiche nicht mehr aus und sei in Teilen auch nicht länger finanzierbar; stattdessen komme es darauf an, den Sozialstaat als vorsorgendes System umzubauen. Das Problem der Armen im Land sei nicht die Höhe von Transferleistungen, sondern mangelnde Lebenschancen und verbaute Wege nach oben. Es werde in Deutschland zu wenig getan für die frühkindliche Förderung, und zu früh würden Kinder nach sozialer Herkunft sortiert.

In der Forschung sind diese Defizite schon lange bekannt und beschrieben, nur haben sie in der Politik lange keine Rolle gespielt. Platzeck hingegen spricht in Grundsatzreden über »Fehlernährung«, »Übergewicht und Diabetes«, zu wenig Sport und die sozialen Auswirkungen dessen. Diese Probleme zu benennen, ist in anderen europäischen Ländern längst selbstverständlich, in Deutschland aber eine wirkliche Neuerung, beschränkte sich doch hiesige Sozialpolitik lange, verkürzt gesagt, auf Kindergeldzahlungen, Tarifabschlüsse und Rentenerhöhungen.

Platzeck sympathisiert mit den skandinavischen Ländern und deren Sozialstaatskonzept. Ihm imponiert, wie der Staat in Nordeuropa eine starke Rolle spielt und seinen Bürgern ähnlich hohe Abgabenlasten wie in Deutschland aufbürdet, seine Ressourcen aber offensichtlich besser einsetzt. Er bereiste 2004 eine finnische Provinzstadt und kehrte beeindruckt zurück. Er registrierte, wie intensiv man sich im finnischen Schulsystem um jedes Kind kümmert und junge Eltern mit ihren Neugeborenen nicht alleingelassen werden, und er registrierte, welchen Stellenwert Bildung besitzt. Finnland gibt pro Kopf mehr Geld für Bildung aus als Deutschland.

Platzecks Sympathie für Skandinavien und speziell Finnland erklärt sein differenziertes Bild von der DDR. Dem im bürgerlich-behüteten Nischenmilieu Potsdams aufgewachsenen Arztsohn ist DDR-Nostalgie ohne Zweifel fremd. Recht früh hatte er, für den die SED als Karrieresprungbrett nie in Frage kam, den totalitären Charakter des Staates durchschaut. Er betreibt aber zugleich etwas, was lange in der ostdeutschen Politik außerhalb des PDS-Lagers ein Tabu war: Er versucht die Ideologie der DDR vom Alltag der DDR zu trennen, indem er etwa das Krippensystem, die Polikliniken und das gemeinsame Lernen in den Schulen lobt. In Skandinavien entdeckt er ebenjene ihm vertraute praktische Politik wieder, nur dass sie effizienter und besser organisiert ist und der Staat dort nicht so hässlich auftritt.

Der Zugang zu Skandinavien ist ein emotionaler, biographisch bedingter. Das Bauchgefühl sagte ihm, dass in Nordeuropa Lösungen für hiesige Probleme liegen könnten, erzählt er. Intellektuell herangeführt haben ihn aber andere. Sein enger Berater ist der Generalsekretär der Landespartei, Klaus Ness. Sein Referent für Grundsatzangelegenheiten in der Staatskanzlei ist der Politikwissenschaftler Tobias Dürr, der nebenbei die SPD-Reformer-Zeitschrift *Berliner Republik* verantwortet. Der Dritte im Bund heißt Thomas Kralinski. Kralinski, Jahrgang 1972, ebenfalls Politologe, ist der einzige Ostdeutsche von ihnen und arbeitet als SPD-Fraktionsgeschäftsführer im Brandenburger Landtag.

Platzeck und seine SPD profitieren natürlich intellektuell von der unmittelbaren Nähe zu Berlin. So können sie das Manko ausgleichen, dass sie – wie jeder ostdeutsche Parteiverband – personell schwach aufgestellt sind. Bei rund 6700 Mitgliedern ist das Potenzial an Talenten klein. Ein Potsdamer Regierungschef kann Mitarbeiter in die Provinz locken, ohne dass diese auf die Metropole verzichten müssen. Ein Schweriner oder Erfurter Ministerpräsident kann das nicht.

Kralinski, Ness und besonders Dürr versorgen Platzeck mit Argumenten und theoretischem Futter, und sie gehen dabei fröhlich eklektisch vor. Die Thesen über den neuen Sozialstaat stammen vom Berliner Historiker Paul Nolte, dem Mann, der den Begriff der Unterschicht wieder in die Debatte einführte. Die Gedanken über die begrenzte Wirkung von materiellem Wohlstand unterfüttern sie mit den Thesen des britischen Glücksforschers und Beraters der Labour-Partei Richard Layard, jene über den Wert von Bildung mit denen von skandinavischen Sozialwissenschaftlern.

Und wenn Platzeck und die Brandenburger SPD »Kein Kind darf zurückbleiben« proklamieren, dann hat das kein geringer vorgemacht als ausgerechnet George W. Bush, der einst einen *No child left behind act* initiierte. Bush dürfte in Brandenburg wohl mit Abstand der unbeliebteste Politiker sein – egal, denn welcher Brandenburger, von den Eliten nicht zu reden, kennt sich schon in der amerikanischen Innenpolitik aus. Platzeck profitiert von der Provinzialität Brandenburgs: Alles, was er und seine Berater zusammenmischen, klingt klug und irgendwie gut.

Finnland ist ein wichtiger Teil dieser Gemengelage. Das Land ist eine Art Vorbild für die brandenburgische SPD-Regierungspolitik. Platzeck und seine Berater waren auf der Suche nach einem Staat, das dem Publikum plastisch vor Augen führt, wie es gehen könnte, den Weg aus der Krise zu finden. Die Hinwendung zu Finnland vollzog sich indes keineswegs so eindeutig, wie es heute scheint. Zunächst galt in internen Strategie-Runden des Ministerpräsidenten Irland als das bevorzugte Land. Die Parallelen zwischen Irland und Brandenburg drängten sich auf. Irland war über Jahrhunderte ein armes, kaum industrialisiertes Land, aus dem die Leute abwanderten, ganz so wie Brandenburg. Seit 15 Jahren aber ändert sich die Lage. Hightech- und Dienstleistungsfirmen haben sich auf der grünen Insel angesiedelt. Inzwischen gehört die Arbeitslosenquote zu den niedrigsten in der Europäischen Union. Irland klang den Potsdamern wie ein Modell, das ihrem gebeutelten Brandenburg die Richtung weisen könnte.

Dann aber wies jemand in einer Runde darauf hin, dass sich Irland sein Wachstum durch radikale Deregulierung und geringe Steuern erkauft hatte – was das Land für deutsche Sozialdemokraten als Vorbild diskreditiert. So stieß man schließlich auf Finnland, das mehr in sozialdemokratische Vorstellungen passt. Das Land ist von vergleichbarer Größe, und es musste ähnlich wie Brandenburg einen Strukturwandel mit hoher Arbeitslosigkeit und schrumpfender Wirtschaft durchleben, nachdem seine Märkte durch den Zusammenbruch der Sowjetunion plötzlich weggefallen waren. Heute steht Finnland wirtschaftlich wieder gut da. Platzeck und seine Berater argumentieren, dass die wirtschaftliche Erholung nur möglich gewesen sei, weil die Regierung den finnischen Sozialstaat nie aufgegeben, sondern zusammen mit den Gewerkschaften in Richtung eines »vorsorgenden« Systems umgebaut habe. Unternehmen wie Nokia profitierten davon, denn sie könnten dadurch auf gut ausgebildete Fachkräfte zurückgreifen. Aus Finnland speist sich heute Platzecks ständig vorgebrachtes Credo, dass »wirtschaftliche Dynamik und sozialer Zusammenhalt« zusammengehörten.

Das gedankliche Hin und Her ist normal für strategische Runden, erzählt aber auch viel über die Suchbewegungen von Matthias Platzeck. Vieles ist bei ihm ist Improvisation, auch Zufall, noch unfertig und funktioniert nach dem Prinzip des *trial and error*. Er steht dazu und meint: »Ich habe nicht die Weisheit mit Löffeln gefressen.« Und: »Ich weiß nicht auf 100 Fragen 100 passende Antworten.« 80 Antworten könne man von ihm als Ministerpräsidenten erwarten, aber er habe auch Fehlstellen.

In einer Biographie, die in seiner Zeit als Bundesvorsitzender erschien, wird aus einem Zeitungsinterview mit ihm zitiert: »Es wäre anmaßend, die absolute Gewissheit zu haben. Wir können nur an verfügbaren Stellschrauben drehen. Niemand weiß hundertprozentig, ob es die richtigen sind. Und wir wissen auch nicht, wie sich die Welt ringsum entwickelt, mit der wir untrennbar vernetzt sind.«[15]

Platzeck erklärt seine Suchbewegungen und seine Zweifel darüber hinaus mit seiner DDR-Erfahrung. Die DDR hatte einen Unfehlbarkeitsanspruch und brach dann doch – und wohl gerade deswegen – zusammen. »Wenn da jetzt jemand kommt und sagt, so muss es gemacht werden, dann antworte ich: Weißt du das eigentlich genau? Guck dir doch mal die Welt an«, sagt er.

Der Preis ist eine sprunghafte Regierungsstrategie. Am Anfang seiner Amtszeit, 2002 und 2003, ging er rhetorisch forsch voran und zeichnete die Vision des »modernen Brandenburgs« und pries mehr Eigenverantwortung und Eigeninitiative. Man sei damals über das Ziel hinausgeschossen, weil die Begriffe Ängste ausgelöst hätten. »Deswegen haben wir den Begriff modern zurückgefahren«, sagt er. Als Reaktion haben er und sein Stab die Formel »Erneuerung aus eigener Kraft« eingeführt und auch Begriffe wie Heimat und Herkunft. In der Summe klingt es ein wenig synthetisch und wie aus dem Versuchslabor von Sozialwissenschaftlern, ist aber eben auch ein Spiegelbild von Platzecks Suche.

Wie befreit wirkt Platzeck, seitdem er nicht mehr Vorsitzender der Bundespartei ist. Das hat einerseits natürlich damit zu tun, dass die Last des großen, für ihn neuen und fremden Amtes vorbei ist, die seine Gesundheit gefährdet hatte. Andererseits besitzt er jetzt wieder die Freiheit, das Suchende, Unfertige bei sich eingestehen zu können. In Berlin war seine Erneuerungsrhetorik zwar positiv zur Kenntnis genommen worden, schnell war aber die Kritik zu hören, er sei wenig konkret und wackele, wenn es um eindeutige Positionen gehe. Er hatte mit seiner Rhetorik Erwartungen erzeugt, die er, der noch Suchende, nicht bedienen konnte. Und da waren schließlich die Bewahrer in der Partei, starke Bataillone und von anderem Kaliber als zu Hause in Brandenburg, die ihm Grenzen setzten.

Heute drückt er wieder unbefangener seine Sympathien für Positionen und Haltungen aus, die wenig mit herkömmlichen Parteizuordnungen zu tun haben. Eine der Lieblingsbeschäftigungen von ihm als Ministerpräsidenten ist es, Unternehmen in seinem Land zu besuchen. Er schwärmt vom Überlebenswillen der Firmen, die unter viel schwierigeren Bedingungen als in Westdeutschland wirtschaften, und berichtet davon, wie die Unternehmer von der Flexibilität der ostdeutschen Angestellten profitierten. Von starren Regeln und Arbeitszeiten rücke man notfalls ab, wenn die Lage es erfordere, erzählt er – um dann vorsorglich hinterherzuschieben: »Was ich als Sozialdemokrat gar nicht so sehr liebe.« Matthias Platzeck erwähnt auffallend oft, dass er Mitglied der SPD ist. So, als wenn er, der erst 1995 in die SPD eintrat, sich immer wieder in Erinnerung rufen muss, dass sich dadurch für ihn Tabus ergeben.

Über seinen Rücktritt trauert er nicht. »Es geht nur, was geht«, sagt er. Er lässt durchblicken, dass der Zeitpunkt für ihn der falsche war, als er plötzlich und unerwartet für den zurückgetretenen Franz Müntefering als SPD-Chef einspringen musste. Er kam zu früh. Hätte er erst 2009 oder 2010 vor der Entscheidung gestanden, sich aus gesundheitlichen Gründen für eines der beiden Ämter entscheiden zu müssen, so wie es ihm seine Ärzte 2006 nahegelegt hatten, wäre die Entscheidung anders ausgefallen. Dann wäre er SPD-Vorsitzender geblieben und hätte stattdessen das Amt des Ministerpräsidenten aufgegeben. Jetzt aber befinde sich Brandenburg mitten im Umbruch. Die Brandenburger wollte er mit einem vorzeitigen Abgang nicht enttäuschen.

Natürlich spielen auch persönlicher Ehrgeiz und Eitelkeit eine Rolle. »Ich gehe nicht aus diesem Land weg, ehe ich nicht durch die Dörfer gehen kann und die Leute meinen, wir sind vorangekommen«, sagt er. Er möchte die mögliche Ernte seiner Politik einfahren. 2004 erhielt seine Partei nach dem Hartz-IV-Protestsommer nur schwache 32 Prozent, auf die er 2009 wenigstens »zehn Prozentpunkte rauflegen« will.

Bis dahin wird er also in Brandenburg bleiben und dann wieder zur Landtagswahl antreten. Irgendwann in den Jahren nach 2009, so deutet er an, könnte er, wenn die Politik im Land »gut geordnet« und eine Nachfolge geregelt ist, in die Bundespolitik gehen. Der 53-Jährige scheint noch viel vorzuhaben: »Da wir alle älter werden, habe ich ja beruflich noch 20 Jahre vor mir.«

Vielleicht Zeit genug, um Antworten zu finden.

Alexander von Witzleben, Jenoptik-Chef

»Meine Aufgabe ist es, Geld zu verdienen«

Jenoptik galt früher als Prestigeobjekt der Politik unter der Führung von Lothar Späth. Heute schrumpft sein Nachfolger Alexander von Witzleben Jenoptik gesund. Sentimentalitäten und politische Rücksichtnahmen sind seine Sache nicht.

So warm kann einem gar nicht sein. Es ist Winter in Thüringen, eisiger Wind schlägt Schnee an die Fenster, aber Alexander von Witzleben trägt kein Jackett in seinem Büro. Das ist ungewöhnlich. Der Mann ist Vorstandsvorsitzender der Jenoptik AG: ein urdeutsches, traditionelles Unternehmen der Optikindustrie, das zu jener Welt gehört, in der dunkle Business-Anzüge in den Chefetagen selbstverständlich sind. Von Witzleben aber kümmert das nicht. Der Auftritt ist ein Statement. Von Witzleben, seit 2003 an der Spitze des Jenaer Konzerns, demonstriert Lockerheit und erinnert mehr an die Pioniere der New Economy Ende der neunziger Jahre. Vom Alter her würde es auch eher passen. Er ist Jahrgang 1963; damit ist er jung als Chef eines alteingesessenen Großunternehmens.

Das abgelegte Jackett ist nicht mehr als eine kleine Episode, aber es ist ein schönes Symbol. Alexander von Witzleben demonstriert den angelsächsischen, internationalen Manager-Stil: Ich habe hier einen Job zu erledigen, heißt das. »Meine Aufgabe ist es, Geld zu verdienen. Punkt. Ganz einfach«, sagt er. Eigentlich ist es ein normaler Satz für den Manager eines börsennotierten Unternehmens. Eigentlich – denn für die Jenoptik AG sind es gewöhnungsbedürftige, sensationelle Worte. Sie bedeuten einen radikalen Bruch.

Witzlebens langjähriger Vorgänger war Lothar Späth. Bis 2003 führte Späth das Unternehmen. Er war bald nach der Wende als

Politiker und ehemaliger Ministerpräsident Baden-Württembergs nach Jena gekommen, und eigentlich hatte er seine alte Rolle nie abgestreift. Es ging um das Sichern des Standorts, um das Wahren einer Traditionsmarke und um den Erhalt möglichst vieler Arbeitsplätze des ehemaligen DDR-Kombinats Carl Zeiss Jena mit einst fast 30000 Mitarbeitern.

Kein anderer Betrieb ist ein derart starkes Symbol für einstige industrielle Größe in Mitteldeutschland vor dem Zweiten Weltkrieg und stolzen Beharrungswillen danach. Wer einst in der DDR bei Carl Zeiss arbeitete, der konnte etwas auf sich halten. Carl Zeiss war eines der wenigen Markenunternehmen von Rang, das der Region nach dem Zweiten Weltkrieg erhalten blieb. Zwar gingen die Unternehmensführung und wichtige Ingenieure zusammen mit dem Know-how nach Oberkochen in Baden-Württemberg und gründeten ein neues Unternehmen der Marke Zeiss, der Stadt Jena aber blieb der Ursprungsbetrieb erhalten. Carl Zeiss Jena beziehungsweise Jenoptik sind Begriffe, die in Thüringen Emotionen auslösen. Sie sind Teil regionaler Identität.

Späth hatte nach der Wende einen politischen Auftrag, was nicht zuletzt daran lag, dass das Land Thüringen bis zum Börsengang 1998 größter Anteilseigner war. Viel öffentliches Geld floss in das Unternehmen. Jenoptik, dieses Prestigeobjekt, sollte möglichst weit strahlen.

Wenn Alexander von Witzleben über diese Zeit spricht, dann ist schnell klar, was er von ihr hält: »Ein Unternehmenskonzept, was heißt, möglichst viele Arbeitsplätze entstehen zu lassen, gibt es nicht auf der Welt.« Wieder so ein klarer, radikaler Satz, der seinem Vorgänger nie über die Lippen gekommen wäre. Und als wenn der Mann ohne Jackett seinen Bruch mit der Vergangenheit noch klarer zu untermauern sucht, schiebt er noch gleich ein Beispiel einer gescheiteren Ansiedlung hinterher: »Herr Späth hat mal eine Telefonfabrik aus Sachsen weggelockt, das Ganze ist mit Pauken und Trompeten in die Hose gegangen.« Wenn man wie er einen ziemlich starken hanseatisch-norddeutschen Akzent hat, kann so ein Satz, selbst wenn er freundlich vorgetragen ist, die Wirkung eines Giftpfeils entfalten.

Er ist ein Manager, ein Mann der Zahlen. Wegen der Zahlen und wegen nichts anderem ist er einst nach Jena gekommen. Sein erster Arbeitgeber nach dem Betriebswirtschaftsstudium war die große Wirtschaftsprüfungsgesellschaft KPMG in München. Für Firmen wie diese brachen bald nach der Wende goldene Zeiten an, denn die gesamte Volkswirtschaft der DDR sollte für die Marktwirtschaft gewogen und vermessen werden. So gab es für den jungen Betriebswirt die ersten Aufträge in Ostdeutschland. Er hatte ehemalige Volkseigene Betriebe zu bewerten, zu begutachten und für den Verkauf vorzubereiten. 1991 kam er zu Jenoptik als externer Buchprüfer und bekam so Zugang zu den Zahlen. »Kaum einer hatte einen besseren Einblick als der Prüfer«, sagt von Witzleben. Er lernte Lothar Späth kennen, der ihm bald darauf den Posten des Finanzchefs anbot. Er sagte zu.

Alexander von Witzleben gehört zu einer jüngeren, betriebswirtschaftlich geprägten Managergeneration, die im Prinzip in jeder Branche und überall auf der Welt einsetzbar ist. Es könnte auch in einer Schuhfabrik sein: Sie kommen zu einem Unternehmen, sanieren es und ziehen weiter. Von Witzleben blieb in Jena, was natürlich damit zusammenhing, dass eine Traditionsmarke der optisch-elektronischen Industrie mehr Potenzial als eine Schuhfabrik verspricht. Inzwischen hat er Wurzeln geschlagen. Seine Frau ist mitgezogen und arbeitet als Anwältin. Ihre zwei Kinder sind hier geboren.

Schon aufgrund seines Lebenslaufs unterscheidet sich der Jenoptik-Chef von älteren deutschen Unternehmensführern der Nachkriegsgeneration, die oft noch als Lehrling im Unternehmen anfingen. Zwar stammt er aus einer sehr deutschen, traditionsbewussten Familie mit adeligen Wurzeln. Sein Großonkel war der Wehrmachts-Generalfeldmarschall Erwin von Witzleben, der wegen seiner Kontakte zum Kreis der Putschisten vom 20. Juli 1944 hingerichtet wurde. Er sollte nach einem gelungenen Attentat auf Hitler Oberbefehlshaber der Wehrmacht werden. Militärtradition wird bis heute in der Familie groß geschrieben, und so ließ sich auch der junge Alexander von Witzleben nach dem Abitur im Eliteinternat Louisenlund in Schleswig – aus der Zeit stammt sein norddeutscher Dialekt – für zwei Jahre bei der Bundeswehr verpflichten. Internat und Offiziersausbildung, das sind die zwei klassischen Erziehungspfeiler gediegener konservativer Kreise.

Bis dahin jedoch hatte er den Großteil seiner Jugend im Ausland verbracht. Weil sein Vater für Siemens in aller Welt beschäftigt war, lebte die Familie jeweils für mehrere Jahre an verschiedenen Plätzen: in Finnland, den Niederlanden, Pakistan und zwischendurch immer wieder in Deutschland. Im Ausland besuchte er deutsche und amerikanische Schulen. In Karatschi in Pakistan waren es allein sechs Jahre auf einer amerikanischen Schule.

Alexander von Witzleben ist durch diese internationalen, angelsächsisch beeinflussten Jahre geprägt, was sich nicht nur darin äußert, dass er fließend Englisch beherrscht. Die Jahre hatten auch entscheidenden Einfluss auf seine Arbeit. Sentimentalitäten interessieren ihn nicht. Er betreibt keine lokalpatriotische Standortpolitik. Was ihn einzig interessiert, ist die globale Marktfähigkeit seines Unternehmens.

Um das zu erreichen, hat er viel vor. Lothar Späth, der Politiker auf dem Vorstandssessel, hatte die Jenoptik einst in eine Holding, ein lose zusammenhängendes Konglomerat aus verschiedenen Betriebsteilen verwandelt. Er hatte Beteiligungen erworben und Unternehmen zugekauft. Am Ende waren die neu erworbenen Betriebsteile mehr wert als das Ursprungsunternehmen, hatten mit diesem aber nur wenig zu tun. Kritiker mahnten, dass das Unternehmen seine Identität aufgegeben und sein eigentliches Kerngeschäft, wovon es etwas verstehe, vernachlässigt hätte. Außerdem hob die Einkaufsstrategie die Verschuldung gewaltig an. Späth aber hatte den erwünschten Nebeneffekt erreicht, dass unter dem Unternehmensdach stattliche 10 000 Menschen Beschäftigung fanden, was die Politik freute. Die Masse war es, die zählte.

Von Witzleben betreibt jetzt das Gegenteil. Er schneidet zurück, baut um und stößt ab. Spektakulär war im Jahr 2005 der Verkauf der Mehrheitsanteile an M+W Zander. Das Unternehmen, das Fabriken für die Halbleiterindustrie baut, steuerte von fast 2 Milliarden Euro Gesamtumsatz sage und schreibe 1,5 Milliarden Euro bei, außerdem arbeiteten bei ihm 7200 der 10 000 Mitarbeiter des Gesamtkonzerns. Die Tochtergesellschaft war zu groß, zu konjunkturanfällig und zu risikoreich geworden. Zuletzt bescherte sie dem Gesamtkonzern Verluste. Heute hält eine britische Investorengruppe die ehemaligen Anteile von Jenoptik.

Nur der Kern von Jenoptik, heute Photonics genannt, ist übriggeblieben mit seinen viel kleineren Ausmaßen, die sich im geschrumpften Umsatz von 450 Millionen Euro ausdrücken. Photonics steht für Licht, um das es bei Jenoptik-Produkten geht: Hochleistungslaser in der Chipproduktion, Militärtechnik, Blitzgeräte für die Verkehrsüberwachung.

Alexander von Witzleben will, dass in Jena ruhigere und solidere Zeiten anbrechen nach den Jahren der riskanten Expansion und der Großspurigkeit. »Wir besinnen uns auf unsere Wurzeln, auf die Felder, auf denen wir gut sind«, sagt er. Das hören die Aktionäre gern, die bislang von ausbleibenden Dividenden und niedrigen Kursen enttäuscht sind. Sie wollen irgendwann Erfolge sehen. Eine Jenoptik-Aktie hatte Anfang 2007 noch nicht einmal die Hälfte des Wertes zum Börsengang im Jahr 1998.

Die Herausforderung der nächsten Jahre liegt für ihn darin, dass die geschrumpfte Jenoptik einen festen Platz auf den Märkten erobert. Seine Vision ist eine Zukunft als deutscher Spitzenkonzern, der »in einem Atemzug mit den anderen Großunternehmen der Optikindustrie« genannt wird.

Die Öffentlichkeit aber muss sich einstweilen an bescheidenere Beschäftigtenzahlen gewöhnen. Die übriggebliebenen 2800 Mitarbeiter sind gemessen an der Geschichte des Unternehmens vor und nach der Wende wenige. Nur die Hälfte davon ist in Thüringen angesiedelt; in Jena selbst sind es 1000 Arbeitsplätze. Alexander von Witzleben weiß, dass diese Zahlen zu Hause in Thüringen Enttäuschungen, mindestens aber Verblüffung auslösen, verglichen mit den DDR-Zeiten und Lothar Späths Großkonzern-Träumen. Er setzt dagegen: »Wir sind ein stinknormaler Laden!«

Das Normale drückt sich im pragmatischen Verhältnis zur Region aus. Nur der unmittelbare Standort Jena ist für ihn wichtig. Auf sein Unternehmen sind in der Stadt Forschungsabteilungen der Universität und zahlreiche Zulieferbetriebe ausgerichtet. Beide Seiten, die Stadt und Jenoptik, brauchen sich und profitieren voneinander. Jenoptik und das Personal geben Steuern, Know-how und Kaufkraft, Jena und das benachbarte Weimar bieten Infrastruktur, Kultur und gute Freizeitmöglichkeiten.

Alexander von Witzleben sagt, dass die Jenaer verstehen, unter welchen Bedingungen sein Unternehmen heute arbeitet: dass es sich auf dem Markt behaupten muss, dass es die Aktionäre zufriedenstellen muss, dass es keine Standortpolitik betreiben kann und dass jeder Arbeitsplatz grundsätzlich hinterfragt werden muss, kurzum, dass es keine Besitzstände gibt.

Gewerkschaften haben im Unternehmen wenig Einfluss. Nur 10 bis 20 Prozent der Mitarbeiter sind nach Schätzungen des Betriebsratsvorsitzenden der IG Metall angeschlossen. Selbst im Betriebsrat sind es demnach nur 20 bis 25 Prozent. Umgekehrt ist Jenoptik kein Mitglied in tarifschließenden Arbeitgeberverbänden. Tarifverträge werden betriebsintern ausgehandelt. Man sei hier, sagt von Witzleben, weiter und moderner als im Westen und brauche Gewerkschaften und Verbände nicht. Wenn er von seinen Mitarbeitern und Jena insgesamt spricht, dann gerät er ins Schwärmen: Er erzählt von einer aufgeschlossenen, wirtschaftsfreundlichen Haltung.

Tatsächlich ist Jena ein eigener Kosmos. Die Arbeitslosigkeit liegt bei einer für ostdeutsche Verhältnisse sehr niedrigen Rate von 10 bis 11 Prozent. Die Bevölkerung ist wegen der Universität und der Hightech-Orientierung der Wirtschaft jünger als im Rest Thüringens. Der Stadt geht es gut. Wohnraum ist knapp und teuer. Inzwischen hat Jenoptik Probleme, qualifiziertes Personal für freie Stellen zu finden. Außerhalb aber, jenseits der Berge, die Jena umschließen, sieht es ganz anders aus. Dort, in Gera, Altenburg oder Artern, ist die wirtschaftliche Lage schwierig bis desolat und die Arbeitslosigkeit doppelt so hoch.

Alexander von Witzleben nimmt eine klare Grenzziehung zwischen diesen zwei Welten vor. Die Welt außerhalb seines Kosmos kümmert ihn nicht. Sie hat nichts mit seinem Unternehmen zu tun. Wichtig für ihn ist, dass es dem Standort gutgeht. Jenoptik gibt Geld für den Sportverein Carl Zeiss Jena und einzelne Theaterprojekte. Strategisch noch bedeutsamer für ihn aber ist, dass Jena nicht gleichgesetzt wird mit Ostdeutschland insgesamt. In München, Stuttgart oder im Ausland stößt er oft auf ein negatives Bild vom Osten – dass Jena anders ist, einer Insel gleich, möchte er betonen, damit der eigene Standort nicht unter dem negativen Gesamtbild leide.

Ob die unsichtbare Grenze nicht nur ein Wohlstandsgefälle zwischen wirtschaftlich unterschiedlich starken Regionen, sondern auch die Grenze zwischen zwei Teilgesellschaften markiert, zwischen der einen, die den Anschluss an die globalisierte, schnelle neue Wirtschaftswelt geschafft hat, und der anderen, die abgehängt ist? »Ja, das ist so«, sagt Alexander von Witzleben unumwunden.

Die Grenze zerschneidet Räume, aber auch Generationen und Familien. Diesseits der Grenze stehen die Jungen, jenseits ihre Eltern, die nicht mehr gebraucht werden. Von Witzleben braucht nur die Jungen: »Sie werden gefragt sein und gute Chancen haben, wenn sie gut ausgebildet sind.« Er ist davon überzeugt, dass die Älteren, Abgehängten in der ostdeutschen Provinz gar nicht mehr zugänglich seien für die heutigen Bedingungen der Unternehmen. »Den Altenburger erreiche ich nicht. Dem kann ich nichts mehr erklären.«

Die Sätze klingen zynisch, aber sie sind ehrlich. Sie umschreiben die Realität, in der sich die Jenoptik AG befindet, aber auch die Realität der ostdeutschen Gesellschaft 17 Jahre nach dem Zusammenbruch der DDR.

Für eine Stadt wie Jena sind es gute Sätze. Die Abgekoppelten in der Provinz erinnern die Sätze unerbittlich daran, dass sie die Verlierer sind.

Hans Eggert, Journalist

»Das bezeichne ich als Opportunismus-Tendenzen in mir«

Hans Eggert war ein loyaler Genosse der SED und Parteijournalist. Als seine Leser längst den Ku'damm stürmten, glaubte er noch an den Sozialismus der DDR. Heute glaubt er an Gott und liest die Bibel.

> »Die Mauer wegreißen? Auch wenn vorstellbar ist, daß sich die tristen Maueransichten – einschließlich mancher Behinderung für die Berliner – künftig Schritt für Schritt beseitigen lassen – eine gesicherte Grenze braucht es derzeit wohl weiter.«
>
> *Hans Eggert in der Berliner Zeitung, 13.11.89*

> »In der Flussmitte trieb ein Grenzerboot. Der Mann wusste plötzlich: Du musst noch auf diese Wiese oder auf diese Ufermauer, das kann nicht alles gewesen sein, was bisher war mit dir und dieser DDR. Als die Mauer fiel, hatte der Mann dafür nichts getan – ein paar schräge Debatten im kleinen Kreis eingerechnet. Er ließ sich über die Oberbaumbrücke schieben. Links die erste Kreuzberger Hausmauer. Darauf in roter Farbe: ›Es lebe der Kommunismus!‹ Da waren nur noch ein müdes Lächeln und erbärmliche Gefühle von Schuld und Scham.«
>
> *Hans Eggert in der Sächsischen Zeitung, 13.8.01*

Der Weg zurück nach Dresden begann mit Wodka und Tränen. Nachricht aus der Konzernzentrale in Hamburg: Tut uns leid, Herr Eggert, es geht nicht mehr mit Ihnen, es ist vorbei, sie müssen gehen. Ein Schock für den Chefredakteur. Er kann jetzt nicht allein sein und ruft zwei Vertraute aus der Redaktion zu sich. Sie trinken gemeinsam, und bei Eggert brechen sich die Emotionen Bahn an diesem Dezembertag 1995 im Chefredakteurszimmer der *Berliner Zeitung* hoch über dem Alexanderplatz.

Eggert hatte die Zeitung seit der Wende geleitet. In der DDR die einzige Abo-Tageszeitung für Ost-Berlin und im Besitz der SED, führte sie Eggert in die Marktwirtschaft und formte ein Kiezblatt aus ihr: eine normale deutsche Regionalzeitung, wie es sie in Münster gibt oder in Lübeck oder in Köln. Aber jetzt, Mitte der neunziger Jahre, ist die Zeit der hochfliegenden Metropolenträume: Wird der Großraum Berlin sieben oder doch nur sechs Millionen Einwohner haben im Jahr 2030?, fragen sich Stadtplaner und Politiker. Gruner+Jahr, der Verlag aus Hamburg, will da nicht abseitsstehen. Seine Zeitung in Berlin soll sich endlich zu einer richtigen Hauptstadtzeitung wandeln und mit der *Washington Post* messen können, mindestens. Hans Eggert ist den Hamburgern für diese Pläne zu provinziell und wird beiseite geschoben. Eggert trollt sich und geht in die Provinz.

Der Rausschmiss in Berlin habe ihn damals tief getroffen, sagt er. Aber mittlerweile sei ihm klar, dass es mit ihm und einer veränderten *Berliner Zeitung* nicht funktioniert hätte. Zur *Sächsischen Zeitung* in Dresden – mit stattlichen 280000 Exemplaren in der Auflage erheblich größer, aber in der Ausrichtung regionaler, »provinzieller«, wie er selbst sagt – passe er viel besser. Beim Dresdner Blatt, an dem Gruner+Jahr mehrheitlich beteiligt ist, war Hans Eggert seit über zehn Jahren in leitender Position: zunächst als Stellvertreter, von 2002 bis zum Frühjahr 2007 als Chefredakteur. Jetzt arbeitet er für das Blatt als Korrespondent und Autor. Das Ende als Chefredakteur vollzog sich ungleich sanfter und erwartbarer als einst in Berlin. Der Verlag wollte an der Spitze schlicht einen Generationswechsel.

Der Weg nach Dresden, der im Dezember 1995 mit Tränen und Wodka eingeläutet wurde, war für Hans Eggert mehr als ein beruflich erzwungener Weg in die Provinz. Es war eine Rückkehr. Dresden ist seine Geburtsstadt, die er 32 Jahre zuvor mit achtzehn Jahren verlassen hatte, und es mag ein augenfälliges Symbol dieser Rückkehr sein, dass er wieder genau in jenem kleinen Dresdner Ortsteil namens Meußlitz wohnt, in dem er aufwuchs. Der Weg zurück nach Dresden ist aber auch eine Rückkehr zu den Werten, die für Hans Eggert früher einmal wichtig waren, bevor er vor ihnen Reißaus nahm und entschied, Kommunist zu werden.

Bis zum Wendeherbst 1989 war Hans Eggert als stellvertretender Chefredakteur der *Berliner Zeitung* Teil des linientreuen Journalismus der DDR. Vor dem Wechsel zum Hauptstadtblatt 1986 verbrachte er viele Jahre innerhalb des Medienreichs der FDJ. Hier entwickelte sich seine Karriere: Er war Chefredakteur der Studentenzeitschrift *Forum,* Chefredakteur der FDJ-Funktionärszeitschrift *Junge Generation,* stellvertretender Chefredakteur der Tageszeitung *Junge Welt,* die als zentrales FDJ-Organ die größte Zeitung der DDR war. Zwischendurch arbeitete er im Zentralrat der DDR-Jugendorganisation, einmal als Referent in der Abteilung Studenten und ein weiteres Mal als rechte Hand und Redenschreiber des FDJ-Chefs Eberhard Aurich, der Egon Krenz auf dieser Position 1983 nachgefolgt war. Reden zu schreiben, das habe er aber nicht gekonnt, sagt er. Es blieb bei einem Intermezzo von wenigen Monaten.

Hans Eggert spricht nicht gern über diese Stationen seines Lebens, so, als wenn sie ihm peinlich wären. Wenn er zu öffentlichen Veranstaltungen eingeladen wird, lässt er sich, wenn es um seine berufliche Vergangenheit geht, lieber vage als »Journalist für DDR-Jugendzeitschriften« vorstellen. Dabei waren seine Stationen keineswegs Positionen für die Hundertfünfzigprozentigen in der DDR, die gingen dann doch lieber in die zentralen Ressorts des SED-Zentralorgans *Neues Deutschland* oder gleich in den Parteiapparat. Gleichwohl ist seine Vita eine klare Entscheidung für das SED-System gewesen.

Hans Eggert hat diesen Teil seines Lebens heute hingelegt, wie er es nennt. Er sagt nicht abgelegt, weil dieser Teil noch da ist, aber keine Rolle mehr spielt in seinem Leben. Die Dinge einfach ablegen, sagt er, das könne er nicht. Unter dem nunmehr Hingelegten verbarg sich die Jahre über noch etwas anderes, Altes, was ihn heute nicht nackt erscheinen lässt. Das einst Verdeckte ist wieder sichtbar. Heute sind für ihn die – wenn man so will: konservativen – Werte und Wurzeln seiner Dresdner Jugend wieder von Bedeutung. Er hat wieder Bindung gefunden an die evangelische Kirche. Den Stolz auf seine Dresdner Heimat betont er nunmehr offensiv. Ersteres war mit einer SED-konformen Laufbahn unvereinbar, letzteres zumindest offiziell nicht opportun.

Es ist eine Rückkehr, wie sie zu keinem anderen ostdeutschen Ort besser passt als zu Dresden. In der mythenbeladenen Stadt, die 30 Jahre vor Gründung der DDR noch Residenz einer Monarchie war, konnte sich das Alte, vermeintlich Vergangene besser erhalten als an anderen Orten. Dresden war eine sozialistische Bezirksstadt der DDR, aber unter der dünnen Oberfläche der Politik blieb das Erbe der besonderen, stolzen Vergangenheit erhalten. Es ging immer etwas altmodischer und bürgerlicher zu in der Stadt der Frauenkirchen-Ruine, der Weinberge, der Schlösser und königlichen Gemäldesammlungen.

In diese postmonarchische Welt wächst Hans Eggert hinein. Die Familie wohnt weit draußen im grünen Vorort an der Elbe. Am anderen Ufer liegt Schloss Pillnitz, die alte Sommerresidenz der sächsischen Könige. Die Eltern heiraten Anfang April 1945 in einem eilig genehmigten Fronturlaub des Vaters; neun Monate später wird Sohn Hans geboren. Das Inferno der Dresdner Bombennächte wenige Wochen vor der Hochzeit ist in den Innenstadtbezirken noch allgegenwärtig, die Toten sind noch längst nicht alle begraben, die sowjetischen Soldaten rücken auf die Stadt vor, aber Eggerts Eltern legen unbeirrt Wert auf eine formvollendete Hochzeit: Mit der weißen Kutsche geht es zur kirchlichen Trauung.

Sie sind Kleinbürger, wie es Marxisten nennen, mit enger Beziehung zur Kirche und einem eigenen kleinen Gewerbe. Sie betreiben eine Gärtnerei. Das Geschäft läuft gut und wirft so viel Ertrag ab, dass die Familie in den kargen und kriegswunden fünfziger Jahren als wohlhabend gilt. Am Ende des Jahrzehnts kommt der unvermeidliche Druck des Staates, in einer Genossenschaft aufzugehen. Die Eltern aber bleiben stur und geben am Ende, als Widerstand nichts mehr nützt, lieber ihren Betrieb auf als sich in eine Genossenschaft zwingen zu lassen. Danach verdingt sich der Vater als Transportarbeiter. Für ihn bedeutet es eine Demütigung, für den Sohn eröffnet es Karrierechancen im DDR-Sozialismus: Fortan wird er als Arbeiterkind geführt.

Zur SED halten die Eltern strikte Distanz. Selbstverständlich lassen sie Sohn Hans taufen und auch konfirmieren. Als Jugendlicher ist er Mitglied der evangelischen Jungen Gemeinde. Zu den staatlichen Jungen Pionieren lassen ihn die Eltern nicht.

»Ich hatte geweint, als ich nicht hindurfte«, erinnert sich Eggert. Später durfte er. Tabu bleibt die FDJ.

Er beginnt sich von den elterlichen Wurzeln zu lösen, nachdem er mit sechzehn Jahren die Schule verlässt. Es ist einerseits jugendlicher Abgrenzungswille, andererseits macht ihn die fremde Welt außerhalb der Familie, die so ganz anders ist als die heimische, neugierig. Wie in einem sozialistischen Erweckungsroman tritt eine Schlüsselfigur in sein Leben, die die Neugierde weckt. Als Dreher-Lehrling findet er Zutrauen zum stellvertretenden Parteisekretär des Betriebes, der als ehemaliger KZ-Häftling und überzeugter Kommunist über eine in der DDR antifaschistische Vorzeigebiographie verfügt. Hans Eggert bewundert diesen Mann noch heute, der zu ihm als jungem Lehrling eine fast väterliche Freundschaft eingeht. Sie sitzen häufig zusammen, und der Kommunist hat etwas dabei, was der jugendliche Eggert bislang nur oberflächlich kennengelernt hatte: Er bringt Marx-Lektüre mit.

Es ist weniger eine intellektuelle Annäherung an den Stoff. Eggert erschließt sich die herrschende Lehre der DDR vielmehr emotional. Da ist etwas Neues, was um ihn herum entsteht, ihm dargebracht von einem älteren Mann, zu dem er aufschauen kann. Hans Eggert möchte dabei sein. »Ein Theoretiker war ich nie«, sagt er.

Es würde auch nicht zu seiner äußeren Erscheinung passen. Er ist ein kräftiger, barocker Typ. Das Haar ist dicht und gewellt; einen Schnurrbart trägt er seit Jahrzehnten. Er bevorzugt rustikale und bodenständige Kleidung: Wildlederschuhe, Leinenweste oder Pullunder, aber bloß keine Anzüge. Hans Eggert könnte gut als alteingesessener sächsischer Feinkosthändler oder Winzer durchgehen. Emotionen treten bei ihm direkt und drastisch zutage. Ist er gut gelaunt, ist sein Blick offen und freundlich, ist er bewegt, spricht er leise, ist er wütend, ist seine Stimme furchteinflößend laut. Die Signale eines kühlen Theoretikers sendet er wahrlich nicht aus.

Der junge Hans Eggert geht nach der Lehre an die Leipziger Pädagogische Hochschule und schreibt sich in Geschichte und Deutsch ein. Lehrer will er nicht werden, aber die PH ist für ihn als Nicht-Abiturienten die einzige Möglichkeit zu studieren. Er möchte Journalist werden. Jetzt tritt er in die FDJ ein, denn unter dem Dach der Jugendorganisation kann er in einer örtlichen Studentenzeitung mitmachen. Unfreiwillig befördern die Eltern die Absetzungsbewegungen des Sohnes aus dem alten Milieu. Auf eine höhere Schulbildung hatten sie als Handwerker wenig Wert gelegt. Nun ermöglicht ausgerechnet der Arbeiter-und-Bauern-Staat dem Kleinbürgersohn Hans Eggert den Zutritt zu einem Studium und damit den sozialen Aufstieg.

Es gibt freilich nicht den einen klaren Schnitt, mit dem er sich von seinen familiären Wurzeln löst. Vielmehr ist es ein allmählicher, langsamer Prozess. Als Student tritt er nicht in die SED, sondern in die Blockpartei CDU ein, der Partei der systemloyalen Christen. Er versucht seine christliche Herkunft mit seiner Sympathie für den DDR-Sozialismus zu verbinden. Der Versuch scheitert. Nach zwei Jahren tritt er wieder aus. Die CDU erscheint ihm als Partei für diejenigen, die lediglich ihre Karriere absichern wollen und ansonsten »politisch absichtslos sind«, wie er es nennt.

Er hingegen hat zunehmend politische Absichten in der DDR. Bei der Zeitschrift *Forum* in Berlin ist für Hans Eggert endgültig klar, dass er sich zu diesem Staat und seiner Staatspartei bekennen will. *Forum* ist das offizielle, republikweit verkaufte Studentenmagazin. Herausgeber ist die FDJ. Es ist handwerklich gut gemacht und sein Ton vergleichsweise freigeistig. Gleichwohl verteidigt es, natürlich, den DDR-Sozialismus, und für seine Redakteure sind die USA der imperialistische Klassenfeind, und die Bundesrepublik ist der Vasallenstaat BRD.

Je älter Hans Eggert wird, desto wichtiger und staatstragender werden seine Aufgaben. Die FDJ, diese riesenhafte Organisation mit 2,3 Millionen Mitgliedern, hat immer Bedarf an aufstrebenden Kadern. Bald ist Eggert Mitglied in der SED, was nicht förmlich, aber de facto die Voraussetzung für eine Karriere in der FDJ ist. Die unmittelbare Nähe zur Macht, zum 1. FDJ-Sekretär Eberhard Aurich, scheut Eggert nicht. Beide schätzen sich und sind gar miteinander befreundet.

Es hätte immer so weitergehen können. 1989 war Hans Eggert mit seinen 43 Jahren im besten Alter eines Nachwuchskaders. Als sich im Oktober 1989 die Straßen mit Demonstranten füllten, absolvierte er als stellvertretender Chefredakteur der *Berliner Zeitung* gerade ein einjähriges Studium an der Berliner Parteihochschule »Karl Marx«. Er war zweifellos jemand, den die SED für weitere und höhere Aufgaben vorhielt.

Das alles hat Hans Eggert zügig und unsentimental hingelegt. Seit 1990 übt er in der Bundesrepublik wichtige Funktionen aus, in dem Land, auf das er einst als Kommunist das Negative, Dekadente, Schlechte der Welt projizierte. Er funktioniert ganz gut in dieser Bundesrepublik. Er ist leitender Angestellter beim Verlag Gruner+Jahr, einem durch und durch renditeorientierten, kapitalistischen Unternehmen. Fast nichts deutet auf eine einstmals parteijournalistische Karriere in der DDR hin. Nur wenige Äußerlichkeiten machen seine Sozialisation in SED und FDJ erkennbar: Unerbittlich duzt er nahezu jeden Kollegen in seiner Zeitung. Sein Führungsstil als Chefredakteur war, das räumt er selbst ein, ziemlich robust. Im Konfliktfall setzte er auf Einschüchterung statt Überzeugung. Er sei zuweilen autoritär und habe als Vorgesetzter wahrlich kein Idealbild abgegeben, bekennt er. Andere, subtilere Führungsstile haben in autoritären Strukturen selten eine Rolle gespielt, und die leninistisch geprägten Organisationen FDJ und SED machen da keine Ausnahme. »Menschliches war uns nicht fremd«, sagt Hans Eggert, und er meint auch die weniger angenehmen menschlichen Seiten.

Aber das, was er früher einmal seine sozialistischen Ideale nannte, ist fort. Aus der SED trat er im Dezember 1989 ohne Umschweife aus. Für seine Partei sah er keine Zukunft mehr. Neue Chancen taten sich auf. Als innerhalb weniger Monate die Wiedervereinigung zu einer realen Perspektive heranwuchs, stellte sich Eggert auf diese Situation ein. Da ist etwas unausweichlich, dem man sich stellen muss, dachte er sich. Spricht Hans Eggert heute über die Wendezeit, benutzt er immer wieder dieses Wort: neugierig. Er war neugierig auf das, was passieren würde. So wie er als junger Lehrling in den frühen sechziger Jahren neugierig auf das Geschehen um ihn herum gewesen war. In den rasanten Monaten zwischen Wende und Wiedervereinigung mochte er wieder, wie damals, nicht außen vor stehen. Die neue Zeit bot ihm in der

Berliner Zeitung auch ungeahnte Freiheiten. Der Noch-Eigentümer, die in PDS umbenannte SED, war tief verunsichert und hatte andere Sorgen, als ihrer Zeitung auf die Finger zu sehen.

In diesen Monaten war Hans Eggert keineswegs ein purer Opportunist, jemand, der seine Fahne bloß nach dem Wind hängt. In Wirklichkeit war er in dieser Zeit mehr bei sich selbst als in den letzten Jahren der DDR. Da hatte er sich voll und ganz angepasst. Am Anfang seines Berufslebens, so sagt er, als junger Mann, da habe er noch an das »große Ganze« geglaubt. Viele Details habe er als »Mist« empfunden, sei aber letztlich immer wieder Kompromisse eingegangen – denn am Ende stand ja das große Endziel Kommunismus. Später aber, als er bei Eberhard Aurich im Nebenzimmer der Macht saß und Einblick bekam in interne Papiere, die die desolate Lage der Wirtschaft, die Frustrationen der FDJ-Mitglieder und die Hilflosigkeit der Funktionäre beschrieben, begriff er zunehmend, dass vielleicht auch das große Ganze schiefgehen könnte, dass »wir es nicht schaffen«. Reg dich nicht auf, wisch die Probleme weg, lass es sein, ignoriere einfach die Desolatheit dieses Staates, war seine Antwort darauf in den letzten Jahren der DDR. »Das bezeichne ich als Opportunismus-Tendenzen in mir«, sagt er heute. Ab dem Spätsommer 1989, als Tausende DDR-Bürger in den bundesdeutschen Botschaften sitzen oder die offene Grenze Ungarns nach Österreich zur Flucht nutzen, ahnt Eggert, dass die Macht der SED zerbröseln könnte. Er funktioniert aber weiter und ist nach außen hin ein loyaler Genosse. Auf die Idee, die Absurdität einer Funktionärsschulung an der zentralen Parteihochschule der SED im Herbst 1989 zu erkennen, die Konsequenzen daraus zu ziehen und einfach hinzuwerfen, kommt er nicht.

Es ist eine bittere, ironische Episode in seinem beruflichen Leben, dass ihn ausgerechnet ein Spitzenfunktionär aus seinem Opportunismus herausreißt: Politbüro-Mitglied Günter Schabowski. Schabowski, im SED-Zentralkomitee zuständig für Medien, beruft Eggert unmittelbar vor dem Mauerfall vom Lehrgang an der Parteihochschule ab und setzt ihn als neuen Chefredakteur ein. Eggert soll retten, was zu retten ist. Die neue Rolle, die Schabowski ihm zuweist, setzt bei Eggert langsam einen Erkenntnisprozess in Gang. Schrittweise befreit er sich von alten Dogmen. Er gesteht am 6. November per Leitartikel Fehler ein, entschuldigt sich gar und verspricht den Lesern ein Ende der Lügen und Kampagnen.

Hans Eggert brauchte den äußeren Anstoß, um seinen Selbstbetrug zu beenden. Hätte ihn Schabowski nicht geholt, hätte der alte Zustand wohl noch länger angedauert. Es ging ihm nicht anders als Hunderttausenden anderen SED-Mitgliedern, die schon lange Zeit ahnten, dass es zu Ende gehen würde, selbst aber passiv blieben und einfach so weitermachten. Erst als es opportun erschien, ab Ende November 1989, ließen sie ihre Partei in Scharen, wie auf Kommando, hinter sich.

Heute empfindet Hans Eggert Scham über manches, was er früher dachte, sagte und schrieb. Dass er die Bundesrepublik von vor 1989, dieses brave, biedere, zivile Land, als imperialistischen Aggressorstaat deutete, das Land, dessen Soldaten sich jeden Freitag um halb zwölf Uhr mittags wie kommunale Katasterbeamte ins Wochenende verabschiedeten, gehört noch zu den amüsanteren Selbsttäuschungen, die er mit vielen seiner Generationsgefährten teilt – Ost- wie Westdeutschen. Auch, dass er einst Helmut Kohl als Imperator eines Großdeutschlands einschätzte und kommentierte – ausgerechnet Helmut Kohl, dem man vieles nachsagen kann, aber nicht, das ihm die europäische Versöhnung nicht am Herzen gelegen hätte.

Ebenso ist ihm klar, dass ein Erreichen des Kommunismus niemals ein Ende der Weltgeschichte bedeutet hätte; dass Geschichte immer im Fluss bleiben wird und nicht in ein wissenschaftlich festgelegtes Endziel münden kann, wie er es einst gelernt hatte. Man habe sich, sagt er, selbst etwas vorgemacht: »Selbst wenn du den Kommunismus erreichst, was denn dann? Da habe ich mich glatt geirrt.« Das ist die intellektuelle Erkenntnis. Richtiggehend Scham bereitet ihm bis heute die Mauer. Ja, sagt er, er schäme sich, dass er die Mauer mit ihren Toten auch in Artikeln verteidigt hat, bis zuletzt, bis zum November 1989. Dass er noch vier Tage nach dem Mauerfall ein »gut organisiertes Grenzregime« forderte, ist eine zweideutige, unglückliche Formulierung. Den Schießbefehl wollte er damit nicht wieder eingeführt wissen, wohl aber, dass man die DDR-Bürger vor dem Westen schützen müsse. Es war die Phase, in der die Dinge, auch die Machtfragen zwischen SED, der Straße und den Bürgerrechtlern, noch in der Schwebe waren. Hans Eggert klammerte sich in dieser Situation lieber an die vertraute, paranoide Argumentation der zumindest noch formal machthabenden SED-Führung. Just als er in der Redaktion am Alexanderplatz den Kommentar zur Grenze verfasste, inspizierten Zehntausende Ost-Berliner, seine Leser, zehn Kilometer weiter westlich den Kurfürstendamm – freiwillig. Auf den ideologischen Schutz vonseiten der SED wollten sie da schon längst verzichten.

Dabei war ihm ein Jahr zuvor, im Sommer 1988, die Absurdität und Unmenschlichkeit der Mauer gegenwärtig geworden. Er lag krank im Hochhaus der Charité. Schräg gegenüber, im Westen, auf der Wiese vor dem Reichstagsgebäude, war viel Betrieb: West-Berliner lagerten in der Sonne und spielten Fußball. Ganz normale Menschen sind das, dachte er, mit einem ganz normalen Leben. Ganz normale Menschen – Eggert brauchte diese konkrete Erfahrung, um es zu begreifen. Einen anderen, geheimen, nicht eingestandenen Gedanken hatte er noch im Krankenbett: dass es nicht alles gewesen sein kann, dass er irgendwann selbst auf diese Wiese gehen möchte.

Monate später konnte er. Nach der Maueröffnung lief er über die Oberbaumbrücke nach Kreuzberg. Gleich hinter der Mauer sah er ein Kreuzberger Abrisshaus mit der Aufschrift »Der Kommunismus siegt.« Er musste grinsen, aber das Grinsen verging ihm dann doch, erzählt er. Dass er die Mauer journalistisch bis zuletzt gerechtfertigt hat, verzeiht er sich bis heute nicht.

Er hat für sich journalistische Lehren gezogen. Toleranz und Offenheit sind nun für ihn die wichtigsten Prinzipien einer Tageszeitung, auch wenn er weiß, das er selbst »nicht immer tolerant« ist. In der DDR bedeutete Parteijournalismus das Gegenteil von Toleranz und Offenheit – natürlich, denn es war die ihm zugewiesene Aufgabe, für die SED zu agitieren. Heute hat sich Eggert auf den kleinsten gemeinsamen Nenner des Journalismus zurückgezogen. »Fragen stellen, versuchen, die Fragen zu beantworten, Lebensgefühle der Leser ausdrücken«, so definiert er seine Rolle.

Heikle, brisante politische Fragen delegierte er als Chefredakteur am liebsten an den Leser. Jeden Sonnabend druckt die *Sächsische Zeitung* bis heute im vorderen Teil eine ganze Seite ab, auf der Leser ihre Meinungen zu einem bestimmten Thema kundtun können – zusätzlich zur eigentlichen Leserbriefseite. Es wirkt bürgernah, ist aber letztlich nur ein unverbindliches »Pro und Kontra«. Der Leser wird alleingelassen, wo eigentlich Erklärung und Orientierung, zumindest aber Meinungsangebote nötig wären.

Parteipolitische Zuordnungen in einem Links-Rechts-Schema sind für ihn belanglos geworden. Nach seinen Erfahrungen mit den Abgründen leninistischer Parteidisziplin steht er heute der Politik insgesamt distanziert gegenüber. Dafür bekennt er sich wieder zu konservativen Werten, die die Werte seiner Herkunft sind. Konservativ sind sie nicht im parteipolitischen, wohl aber im ursprünglichen Sinne des Wortes. Eggert ist ein bekennender Lokalpatriot. Herkunft und Heimat empfindet er als Rückzugsgebiet, das immer wichtiger werde, je grenzenloser und globalisierter die Welt sich entwickele.

Für sein Heimatgefühl ist die Dresdner Frauenkirche von zentraler Bedeutung. Die neue alte Kirche im Stadtzentrum ist für ihn mehr als der Nachbau eines im Krieg zerstörten Gotteshauses; sie ist für ihn ein »Abschied vom Verlustgefühl«: Der alte, im Krieg verschwundene Glanz der Stadt kehrt ein bisschen zurück. Seine Empfindungen teilt Eggert mit dem Gros der Dresdner, und seine *Sächsische Zeitung* wusste die Emotionen, die mit der Kirche verbunden sind, über die Jahre zu spiegeln. Akribisch dokumentierte sie jeden kleinen Schritt des Wiederaufbaus.

Hans Eggert hat wieder zum Christentum gefunden, nachdem er das andere hingelegt hatte. Gottesdienste besucht er häufig. Die Bibel-Losungen liest er regelmäßig. Er legte als Chefredakteur in seiner Zeitung Wert darauf, dass Glaubens- und Kirchenthemen gebührend behandelt wurden. Das Blatt ist die einzige Regionalzeitung in Deutschland, der *Chrismon*, das Magazin der evangelischen Kirche, beigelegt ist. Kunden von *Chrismon* sind andere, bekanntere Blätter, *Die Zeit* etwa oder die *Süddeutsche Zeitung*. Ein schönes Symbol für die Wandlungen eines Journalisten: Sämtliche Zeitungen in viel stärker evangelisch geprägten

Gegenden in Deutschland zeigen kein Interesse am Magazin. Eggert aber war es wichtig, seinen Lesern dieses Angebot zu machen – in einer Region, in der sich die Kirche in der kulturellen Minderheit befindet.

Er bewundert das Alter und die Zähigkeit der Kirche. »Die christliche Religion hält seit Jahrhunderten durch!«, staunt er. Sie habe, so erkennt er, nie die Fähigkeit verloren, auf Menschen zuzugehen. Für ihn haben die Kirchen einen großen Anteil daran, dass Werte im Zeitalter von vermeintlicher Beliebigkeit heute überhaupt noch im Gespräch sind. Wenn Hans Eggert über die Kirche spricht, treten der Respekt und die Bewunderung für eine Organisation zutage, die den Marxismus überdauert hat. Die Ideologie seiner eigenen Jahre in der DDR hat sich als Irrtum erwiesen, aber die christlichen Kirchen sind immer noch da.

Persönliche Erfahrungen haben seine Rückkehr zum christlichen Glauben forciert. Vor einigen Jahren starb sein Vater; es war ein quälend langer Tod. Plötzlich sah er sich mit den grundlegenden Fragen des Lebens konfrontiert. Fragen, die mit dem Lebenswerten am Leben, mit dem Tod und der Sinnfrage zusammenhängen. Hans Eggert suchte Trost und Antworten. Er möchte nicht darüber sprechen, aber, so sagt er, er finde es erstaunlich, wie die Kirche es vermag, »Menschen und Seelen zu retten«.

Erstaunen ist bei Hans Eggert darüber zu spüren, dass er, der ehemalige FDJ-Funktionär und Parteijournalist, nach der Wende in der Bundesrepublik so lange wichtige Funktionen ausübte. Er wirkt heute zufrieden und mit sich im Reinen.

Manchmal indes wurde in der Vergangenheit sichtbar, wie brüchig das ist. Dann trat die Vergangenheit wieder hervor, unerwartet und heftig. Einmal hatte Eggert als Chefredakteur eine Auseinandersetzung mit der sächsischen PDS. Die PDS fühlte sich von der Zeitung nicht gebührend berücksichtigt, und sie nahm als agitationserfahrene Partei gezielt Rache: Per Presseerklärung veröffentlichte sie detailliert Eggerts Lebenslauf, hoffend, dass ein Skandal daraus würde. Vordergründig ging es um eine Meinungsverschiedenheit, in Wahrheit brach sich die Wut einer Partei über einen Abtrünnigen Bahn, der von ihr nichts mehr wissen will.

Ja, sagt er, das habe ihn getroffen. Magengeschwüre bekäme er davon zwar nicht mehr, aber so etwas trage man doch eine Weile mit sich herum. Für ein paar Tage war die Vergangenheit wieder präsent, die Redakteure tuschelten, die Öffentlichkeit vernahm es irritiert, aber dann verschwand sie auch wieder, die alte, hingelegte Vergangenheit.

Wolfgang Kenntemich, MDR-Chefredakteur

»Ich stand auf der anderen Seite der Barrikaden«

Wolfgang Kenntemich arbeitete für die Bild-Zeitung in Bonn und war ein erklärter Antikommunist. Der Fall der Mauer ermöglichte ihm eine zweite Karriere im ehemaligen Feindesland. Ein Rätsel sind ihm die Ostdeutschen bis heute geblieben.

Es ist diese Geschichte, dic Wolfgang Kenntemich gern erzählt. Er saß, so geht die Geschichte, eines Spätsommertages 1989 mit Hans-Dietrich Genscher in dessen Privatgarten in Bonn. Der Gastgeber nahm sich Zeit, und so gab es nach dem Kaffee noch Eis. Kenntemich war nicht danach, er fühlte sich wie auf heißen Kohlen, denn eigentlich hatte er als Bonner Büroleiter der *Bild*-Zeitung gerade Dienst. Dann endlich rückte der Außenminister mit der Nachricht heraus, wegen der er den Journalisten zu sich gebeten hatte. Ungarns Außenminister Gyula Horn hatte ihn an dem Tag angerufen und ihm signalisiert, dass es seine sozialistische Volksrepublik künftig mit dem KSZE-Abkommen ernstnehmen will, und damit auch mit der darin verbrieften Reisefreiheit.

Diese Neuigkeit, die im Westen normalerweise wohl nur als diplomatische Spitzfindigkeit oder als taktischer Winkelzug registriert worden wäre, barg in jenen Augusttagen 1989 politische Brisanz. Tausende DDR-Ausreisewillige saßen zu der Zeit in Ungarn fest. Nun, nach der Ankündigung Horns, konnten sie ungehindert in die Bundesrepublik ausreisen. Der Anfang vom Ende der DDR. Der Ostblock war endgültig keine intakte Einheit mehr, die bereit war, die DDR mit allen Mitteln zu halten. Der SED kam ihr wichtigstes Machtmittel abhanden: ihre Bürger per Zwang im Land halten zu können. Keine drei Monate später war die Mauer Geschichte.

Historische Zeiten, und Wolfgang Kenntemich war mittendrin. Es war kein Zufall, dass Genscher ihn und nicht andere mit der sensationellen Meldung aus Ungarn versorgte. Kohls Zehn-Punkte-Plan zur Wiedervereinigung später im November? Er wurde ihm diskret aus dem Kanzleramt zugesteckt, noch bevor Kohl ihn im Bundestag präsentierte. Kenntemich war als Abgesandter von *Bild* in Bonn wichtig für Kohls und Genschers Bundesregierung; ein natürlicher Verbündeter im Angesicht tendenziell SPD-freundlicher Medien wie dem öffentlich-rechtlichen Fernsehen, dem *Spiegel*, dem *Stern*, der *Süddeutschen Zeitung* oder der *Frankfurter Rundschau*, die die öffentlichen Debatten prägten.

Im Herbst 1989 war die Stunde der Journalisten des Axel-Springer-Verlags gekommen, die von den Kollegen immer belächelt worden waren, weil sie sich mit missionarischem Ernst um deutsch-deutsche Themen kümmerten. In den achtziger Jahren war in der Bundesrepublik Innerdeutsches in die Defensive gedrängt, galt doch die Mauer in weiten Teilen der Bevölkerung inzwischen als Normalität und eigentlich als ganz nützlich: Sie kapselte die Bundesrepublik von der lästigen und tristen ostdeutschen Realität ab. Sie schuf Biotope. In Zeiten vermeintlich ewig andauernder Blockkonfrontation und verlässlichen Wohlstands nahmen Themen wie Atomausstieg, Waldsterben, multikulturelle Gesellschaft und Dritte Welt in der Gesellschaft breiten Raum ein; Themen, die wohl nur unter den saturierten Bedingungen der achtziger Jahre der Bundesrepublik so gedeihen konnten. Nur wenige Journalisten hatten sich in diesem Klima weiter wacker um Fluchtdramen und Ausreisegeschichten gekümmert. Es waren meistens Journalisten des Springer-Verlags, die an ihrer Einschätzung der DDR als illegitimem Unrechtsstaat keinen Zweifel ließen: Bis kurz vor der Wende erschien das Akronym DDR in den Zeitungen des Konzerns nur in Anführungszeichen.

Es war die Zeit, als der saarländische Ministerpräsident Oskar Lafontaine die Anerkennung der DDR-Staatsbürgerschaft forderte und der SPD-Oppositionsführer in Niedersachsen, Gerhard Schröder, das Ende der Zentralen Erfassungsstelle in Salzgitter, einer Behörde, die die politische Verfolgung in der DDR dokumentierte. Für Aufregung sorgten diese Nachrichten in den Medien mehrheitlich kaum noch. Zu der Zeit, als Lafontaine, Schröder oder auch der Kieler Björn Engholm für ihre europäischen, betont antinationalen Haltungen von den linksliberal geerdeten Bonner Korrespondenten als irgendwie modern gefeiert wurden, hockte Wolfgang Kenntemich als Stammgast beim DDR-Flüchtlingsanwalt Wolfgang Vogel in Ost-Berlin auf dessen Couch vor eingelegten Gurken und Mettbrötchen, um sich mit neuen Details über Ausreise- und Freikaufgeschichten versorgen zu lassen. Es waren die Themen, mit denen Kenntemich bei der *Bild*-Zeitung schwerpunktmäßig beschäftigt war. Schlagzeilen machten diese Geschichten durchaus, aber anders als noch in den fünfziger oder sechziger Jahren bestimmten sie nicht mehr die Nachrichten.

Nicht nur was seine journalistischen Themen betraf, hatte Wolfgang Kenntemich bis zur Wende eher ein Berufsleben in der zweiten Reihe geführt. In den siebziger Jahren schrieb er in Bonn für die kleine Nachrichtenagentur ddp; 1979 avancierte er zu deren Chefredakteur. Die Agentur hatte in der Zeit einige Aufmerksamkeit erzielt durch exklusive Geschichten aus der Bundeshauptstadt, denen jedoch häufig der Makel anhaftete, nicht immer seriös recherchiert zu sein. 1983 musste das Unternehmen Konkurs anmelden. Kenntemich wechselte zum Springer-Verlag. Als Bonner Büroleiter der *Bild*-Zeitung war er wichtig, aber der Ruf seines Blattes war miserabel. Günter Wallraffs Enthüllungen über die Methoden der *Bild*-Journalisten lagen erst wenige Jahre zurück. Der harsche Antikommunismus hatte den Verlag überdies politisch isoliert. Viele gute Journalisten waren ihm abhanden gekommen, was heute selbst Springer-Vorstandschef Mathias Döpfner offen eingesteht. Die prestigeträchtigen Positionen waren im Journalismus Ende der achtziger Jahre woanders zu finden.

Im Herbst 1989 aber ist die Zeit der politischen Journalisten der Springer-Zeitungen gekommen. Die Randständigkeit ihrer Themen, was sie jahrelang ertrugen, ist schlagartig beendet. Jetzt, im Einheitstaumel, sind sie gefragt. Für Wolfgang Kenntemich bedeutet die Zeit nahezu eine Befreiung. Endlich profitiert er davon, dass er den deutsch-deutschen Themen immer die Treue gehalten hat. Als sich im Spätsommer 1989 die bundesdeutschen Botschaften in Warschau, Prag und Budapest mit DDR-Flüchtlingen füllen, kann Kenntemich seine Kontakte ausspielen. »Ich kannte alle Zahlen, alle Vorgänge, alle Umstände, alle Details in den Botschaften«, sagt Kenntemich heute, und nur durch die betont geschäftsmäßige Sprache scheint es ihm zu gelingen, viele Jahre danach seine Erregung bei dem Thema im Zaum zu halten. 1989 ist ein Triumphjahr im Berufsleben des Wolfgang Kenntemich.

Seine jahrelange Hinwendung zu Flucht- und Ausreisegeschichten, zur auch für Bundesdeutsche sichtbaren inhumanen Seite des DDR-Sozialismus, ist kein Zufall. Wolfgang Kenntemich ist 1946 in Köln zur Welt gekommen. Vom Alter könnte er ein typischer Vertreter der »68er«-Generation sein, doch er schlägt als junger Mann einen anderen Weg ein. Er studiert nicht wie viele seiner Generationsgefährten Soziologie oder Germanistik oder Politik, um sich durch marxistische Lektüre und Vorlesungen politisieren zu lassen, die damals en vogue waren. »Ich stand auf der anderen Seite der Barrikaden«, sagt Kenntemich heute.

Er schreibt sich nicht an der Universität ein, sondern verpflichtet sich nach dem Abitur für vier Jahre bei der Bundeswehr, um Pilot bei der Luftwaffe zu werden. Ein politisch starkes Bekenntnis im aufgeheizten politischen Klima der späten sechziger Jahre: Während die radikalen Gleichaltrigen den von ihnen verhassten Feindstaat »BRD« bekämpften und viele in seiner Generation mit der Bundesrepublik nichts zu tun haben wollen, bekennt sich Kenntemich zu diesem Staat und will ihn verteidigen. Eine Farbschwäche macht zwar seine Fliegerpläne zunichte, aber verteidigen kann er sein Land an anderer Stelle. Er wird Presse- und Jugendoffizier. Fortan besucht er Schulen und Universitäten und wirbt für die Bundeswehr. Es ist die Erfahrung des Außenseiters, die er dort macht. Als die einen die Bundeswehr wegen ihrer immer noch aktiven ehemaligen Wehrmachtsoffiziere für faschistisch halten und die anderen als »Handlanger der imperialistischen USA«, steht er für die Streitkräfte ein. In Zeiten des Kalten Krieges und des Vietnamkrieges streitet er für die Bundeswehr und verteidigt die Aufrüstung, weil er glaubt, dass sie nötig sei, auf diese Weise den Ostblock einzudämmen. Er habe, so erzählt er heute, eine stark konfrontative Haltung zum Kommunismus gehabt. Dass der Zeitgeist unter den politisch aktiven Jugendlichen Westeuropas nicht nur links, sondern oftmals linksradikal geprägt war, blieb ihm immer suspekt.

Heute sitzt Kenntemich in seinem gläsernen Büro im 5. Stock der MDR-Zentrale, blickt auf die Industriebrachen des Leipziger Südens und ist seit Ende 1991 MDR-Chefredakteur. Es ist ein bemerkenswerter Kontrast zu seinem alten Berufsleben in Bonn. Früher war sein Bild von der DDR und von den Ostdeutschen durch den Blick von außen, von der rheinischen Republik aus geprägt. Der Osten, das war für ihn eine abstrakte Folie des Kalten Krieges: Kommunismus, Aufmarschgebiet von SS-20-Raketen und Sowjetpanzern, SED-Regime, Bedrohung. Es ist nicht unwahrscheinlich, dass das Konkreteste von der DDR, das Kenntemich erfuhr, Wolfgang Vogels Mettbrötchen waren.

Jetzt ist er nicht mehr außen vor, sondern mittendrin und verantwortet als Chefredakteur das gesamte aktuelle und politische Fernsehprogramm des größten ostdeutschen Senders: Nachrichtensendungen, Magazine, Features, Dokumentationen, Ratgeber, schließlich Sport. Er macht Meinung und prägt Themen, Haltung und Ton für ein Publikum von über neun Millionen Thüringern, Sachsen und Sachsen-Anhaltinern.

Besonders prestigeträchtig sind seine Auftritte als Kommentator in den Tagesthemen und anderen aktuellen Sendungen, wenn es um den Osten geht. Dann ist es seine Aufgabe, vor gesamtdeutschem Millionenpublikum das Befinden der Ostdeutschen zu deuten, für sie zu sprechen oder die Bundespolitik auf Konsequenzen für die eigene Region hin zu prüfen. Er nutzt dann stets die seltsam gestelzte Wendung von den »Menschen im Osten«, ganz so, als ob ihm diese immer noch fremd sind. Oder weil er eine Vertraulichkeit betonen muss, die in Wahrheit nicht existiert.

Wie geht das, Herr Kenntemich, können Sie Fernsehen machen für Ostdeutsche?

Am Anfang, räumt der Chefredakteur ein, sei ihm die Lebenssituation der Leute verschlossen geblieben. Anfangs sei er stark vom Kalten Krieg geprägt gewesen und habe manche Ressentiments ablegen müssen. So sei er stark auf die staatlichen Strukturen der DDR, den Unterdrückungsapparat fixiert gewesen und weniger auf das Leben, das unterhalb dieser Ebene stattgefunden hat. Schwer sei es zu Beginn gewesen für ihn im Sender, und argwöhnisch hätten ihn manche Mitarbeiter beäugt.

Er bedauert es, in den ersten Jahren zu wenige ostdeutsche journalistische Talente gefördert zu haben, und auch sei sein Blick auf die Staatssicherheit im Lauf der Zeit differenzierter geworden. Am Anfang hätten jene Ostdeutsche, die ihren Wehrdienst im Stasi-Wachregiment geleistet hatten, im Sender keine Chance gehabt, obwohl man sie nicht mit Spitzeln vergleichen kann. Das habe sich inzwischen geändert. Heute betrachtet er den MDR als eine Art Labor der deutschen Einheit. Man könne nicht mehr erkennen, welcher Mitarbeiter aus dem Osten und welcher aus dem Westen stamme. Er schwärmt davon, dass er im Sender habe mithelfen können, neue, innovative Strukturen aufzubauen, die keine bloße Kopie westdeutscher Sender seien.

Es waren indes reine Zufälle, das Privatleben und die besondere, rasante Zeit der Wiedervereinigung, die Wolfgang Kenntemichs neuen Posten anbahnten. Das große patriotische Motiv war es nicht, das ihn zum Sender zog, sondern die recht banale Gelegenheit zum Karrieresprung, die sich bot.

1990 musste er *Bild* nach einem Zerwürfnis mit der neuen Chefredaktion verlassen. In diese Zeit fiel die Trennung von seiner Frau, mit der und den gemeinsamen fünf Kindern Kenntemich in Bonn gelebt hatte. Er fühlte sich nun nicht mehr an Bonn gebunden und orientierte sich beruflich außerhalb des Rheinlands. Plötzlich ging es Schlag auf Schlag: Zunächst half er, noch zu DDR-Zeiten, dem Hamburger Verlag Gruner+Jahr Boulevardzeitungen in Dresden und Ost-Berlin aufzubauen. Nach wenigen Monaten dort verließ er den Osten bereits wieder und ging zum Bayerischen Fernsehen als Chef des aktuellen Programms. Als der MDR-Fernsehdirektor, der Hamburger Henning Röhl, Ende 1991 in aller Eile einen Chefredakteur suchte, stieß er auf Wolfgang Kenntemich. Beide verband die konservative Grundeinstellung. Kenntemich kehrte wieder in den Osten zurück. Die Monate in Bayern hatten ihm das nötige Minimum an Fernseherfahrung für den MDR beschert, komplettierten aber Kenntemichs Image als »Schwarzer«, obwohl er, wie er sagt, nie CDU- oder CSU-

Mitglied war. Seine Kandidatur war deshalb umstritten, und so wählte ihn der Rundfunkrat lediglich mit einer Stimme Mehrheit zum Chefredakteur.

In den westlichen Bundesländern wäre es sehr schwer, wahrscheinlich sogar unmöglich gewesen für Kenntemich, diese Position zu erreichen. Es ist nicht nur das fehlende Hochschulstudium, das in etablierten West-Sendern ein Hindernis dargestellt hätte, sondern auch seine Laufbahn in Boulevard-Medien vor 1989.

Er habe im Lauf der Jahre in Ostdeutschland manches hinzugelernt, sagt Wolfgang Kenntemich heute. Von der PDS hätte er erwartet, dass sie viel stärker darauf konzentriert sein würde, die Bundesrepublik zu bekämpfen und rebellisch zu sein. »Sie bemüht sich aber, die Leute bei der Hand zu nehmen und ihnen Angebote zu machen, vom Ausfüllen der Rentenformulare bis hin zur Steuererklärung«, sagt er, und er klingt stolz dabei, wie jemand, dem es gelungen ist, eine Realität zu erkennen, wozu er wegen eines verengten Blicks lange nicht in der Lage war. Der einstige Antikommunist Kenntemich akzeptiert mittlerweile die Macht des Faktischen. Im MDR-Gebiet ist die PDS ein politischer Faktor, der 20 oder auch 25 Prozent der Wähler bindet und in Großstädten wie Halle, Magdeburg und Chemnitz die stärkste Partei ist.

Die PDS ist jedoch die einzige Abweichung, die Wolfgang Kenntemich in seinem Bild vom Osten zulässt. Dieses Bild zeigt einen Osten, wie er ihn haben möchte. Es ist ein Wunschbild: Demnach hat die 40-jährige DDR-Geschichte keine besonderen Prägungen hinterlassen, und die Unterschiede zwischen West und Ost sind nicht größer und nicht von anderer Qualität als diejenigen zwischen dem Emsland und dem Allgäu. »Mir kann heute keiner weismachen, dass vierzig Jahre DDR wirklich eine andere Gesellschaft hervorgebracht haben. Es gibt diese Trennungslinie nicht. Deutschland künstlich zu trennen ist damals schon nicht richtig gelungen, und es wird heute nicht gelingen«, sagt er.

In diesem Bild, das Wolfgang Kenntemich vom Osten zeichnet, gibt es eine breit verankerte bürgerliche Mentalität, ein Bürgertum, das sich in 40 Jahren DDR-Sozialismus gehalten und sich nie verbogen habe. Für ihn war die DDR-Gesellschaft zweigeteilt in die herrschende Nomenklatur und ein Volk, das sich nicht hat formen lassen. Heute wolle das Gros der Ostdeutschen mit einem Staat nichts mehr zu tun haben, weil es bittere Erfahrungen mit Apparaten gemacht hätte. »Sie haben gemerkt, was es bedeutet, wenn Apparatschiks bestimmen«, sagt er. Menschen, die am liebsten sofort loslegen würden, wenn man sie von den staatlichen Fesseln ließe, so möchte er sein Sendervolk sehen: »Wenn sie eine Chance hätten, würden sie sich eher selbständig machen als die Westdeutschen.«

Wolfgang Kenntemichs Wertesystem kreist um das Wort Bürgertum. Er benutzt es häufig im Zusammenhang mit der DDR und den neuen Ländern, aber auch im Zusammenhang mit seinem eigenen Leben. Er selbst stammt aus verblasstem Bürgertum. Seine Mutter ist Nachfahrin einer Kölnischen Mäzenatenfamilie, die im 19. Jahrhundert einmal eine wichtige Rolle beim Weiterbau des Kölner Doms spielte. Der Vater war der Sohn des ehemals größten Bauunternehmers von Köln, bevor dieser nach dem Zweiten Weltkrieg in Konkurs ging. Er fand nach Krieg und sechsjähriger Soldatenzeit eine Beschäftigung als Angestellter des Arbeitsamts erst im Rheinland, dann in Westfalen. Als Wolfgang Kenntemich aufwuchs, war vom früheren Glanz beider Familien nichts mehr übrig, doch blieb die Vergangenheit fester Bestandteil der Familienerzählung, auf die man sich immer noch berief.

Der Sohn versucht in Leipzig an die Familientraditionen, die einmal bürgerlich waren, anzuknüpfen. Sie sind ihm wichtig, und er erzählt gern von ihnen. Er bewegt sich in Kreisen, die Bürgerlichkeit für sich reklamieren. Er ist Mitglied in einem örtlichen Rotarier-Club und schwärmt von den Ärzten, Wissenschaftlern und Juristen im Verein, mit denen er privat Kontakt hat: Sie seien, was Werte anbelangt, unbeeindruckt vom jeweiligen politischen System geblieben: »Die lassen sich nicht verbiegen, die gehen teils unbeirrbar durch die Zeitläufte.«

Es sind apodiktische, dogmatische Sätze, die Wolfgang Kenntemich über den Osten sagt. Seine Vorstellungen von einem Deutschland, in dem es keine Unterschiede zwischen Osten und Westen gibt und in dem der DDR-Sozialismus keine Spuren hinterlassen hat, gleichen mehr Beschwörungen als Analysen, die keinen Raum zulassen für Variation und eine präzise Betrachtung. Der Osten als Projektionsfläche: Es soll so sein, wie er es sich wünscht.

Manchmal aber brechen aus Wolfgang Kenntemich ganz andere, nicht zurechtgelegte Meinungen über sein Sendegebiet hervor. Sie stehen seinem Wunschbild entgegen. Dann beklagt er sich über eine Obrigkeitsgläubigkeit im Osten, darüber, dass immer nach dem Staat gefragt werde, über »ein Anspruchsdenken, dass bestimmte Leistungen einfach gottgegeben sind und vom Staat erbracht werden müssen«. Er selbst tritt für ein Zurückfahren des Sozialstaates ein, dafür, dass der einzelne Bürger mehr Verantwortung trägt und dass der Staat seine Aufgaben einschränkt. In seinen Kommentaren im Fernsehen macht er keinen Hehl aus seinem persönlichen Wertesystem.

Wenn er aber abseits der Kamera von seinem vermeintlich staatsgläubigen MDR-Publikum spricht, klingt er enttäuscht, wie jemand, der seine Wunschbilder nicht erfüllt sieht. Oder wie jemand, der seinen Wunschbildern nicht traut, weil er ahnt, dass sie zu holzschnittartig sind, um die Realität zu beschreiben – wobei seine Rede von den obrigkeitsgläubigen Ostdeutschen genauso holzschnittartig ist. Es sind Stereotypen, mit denen der Chefredakteur den Osten zu fassen versucht. Es scheint für ihn nur zwei Varianten zu geben: Entweder sein Sendervolk passt in sein Raster von Bürgerlichkeit hinein, oder es ist obrigkeitsgläubig. Er übergeht die Zwischentöne und feinen Differenzen.

Dass Wolfgang Kenntemich seinem Wunschbild vom Deutschland der Regionen und den freien ostdeutschen Bürgern in Wirklichkeit nicht traut, zeigt das Programm des Mitteldeutschen Rundfunks, das er verantwortet. Nicht Regionen, nicht Mitteldeutschland, auch nicht Deutschland, sondern »der Osten« ist die wichtigste Bezugsgröße. Der MDR prägt Worte, die es paradoxerweise in Zeiten der deutschen Teilung nie gegeben hat: Ostrentner, Ostfrau, Ostbetriebe, Ostsport – selbst ein Kuriosum wie »Oststrom«. Sämtliche Begriffe werden auf den Osten heruntergebrochen, was zeigt, das »Ost« für Kenntemich doch eine nötige Kategorie ist, um Unterschiede zu erklären, die für ihn offensichtlich bestehen.

Mehr noch, der MDR formuliert eine ostdeutsche Sonderidentität, die sich mehr durch Schwäche als durch Stärke definiert. Egal ob »Hartz IV«, Mieten, das Abschaffen der Eigenheimzulage, das Kürzen der Pendlerpauschale, Fördermittelbestimmungen, Benzinpreise, Datschenpacht oder Nebenkostenabrechnungen: Diese Themen werden aus einer Opferperspektive verhandelt, aus der Perspektive eines notorischen »uns trifft es wieder am schlimmsten«. Der MDR reduziert die Bürger auf die Rolle von Tribut-Zahlern und Alimente-Empfängern, die dem Staat und dessen Gesetzen ausgeliefert sind. Sie sind passive Objekte, keine handelnden Subjekte. Ostdeutsche Hartz-IV-Empfänger sind »Betroffene« und die Arbeitsmarktreform ist ein »Schicksal«. Von Kenntemich verantwortete Sendungen über Hartz IV bildeten Ängste ab, die in der Bevölkerung zweifellos bestanden, zeichneten aber zugleich patriarchalische Muster. Kenntemichs Idee von freien Bürgern, die ihr Schicksal selbst in die Hand nehmen, die sich wehren und den Staat nicht brauchen, sähe anders aus.

Das Programm ignoriert, dass es sehr wohl Ostdeutsche gibt, die von »Hartz IV« oder anderen politischen Entscheidungen profitieren, und dass es umgekehrt viele Westdeutsche gibt, die Verlierer derartiger Politik sind. Der Chefredakteur des Programms markiert die Trennlinie zwischen Opfern und Gewinnern ausgerechnet da, wo er eigentlich nichts Trennendes mehr erkennen möchte: an der Stelle, an der früher die Mauer entlangführte.

Das Programm des MDR spiegelt Wolfgang Kenntemichs enttäuschte Erwartungen an den Osten wider. Der Osten, so wie er ihn nach vielen Jahren wahrnimmt, entspricht nicht seinen mitgebrachten Vorstellungen von Bürgerlichkeit und individueller Freiheit, die er sich wünscht und die ihm vertraut sind. Er bedient sich des Stereotyps des obrigkeitsgläubigen Ostdeutschen, um auf der vermeintlich sicheren Seite zu sein. Er möchte akzeptiert sein und passt sich den vermeintlichen Bedürfnissen seiner Zuschauer an: Der Staat muss für uns sorgen. Heraus kommt ein harmloses, orientierungsloses, populistisches, dem Boulevard-Stil entlehntes, selbstbezogenes Programm. Grundsätzliche, heikle wie drängende Fragen haben hier keinen Raum: Ob es in der ostdeutschen Gesellschaft jemals wieder Arbeit für alle geben wird und was die Alternativen sein könnten. Was der Staat künftig leisten kann und muss. Und was eigentlich passiert, wenn der Strom an Fördermitteln irgendwann versiegen wird.

Am Ende des vierten Gesprächs, es ist ein Freitagnachmittag, ist Wolfgang Kenntemich entspannt. Jetzt ist er frei von der fernsehüblichen flirrenden Hektik; sein Handy klingelt jetzt nur noch alle zehn und nicht mehr alle drei Minuten. Das Wochenende naht.

Herr Kenntemich, verzweifeln Sie manchmal am Widerspruch zwischen ihrem Wunsch und der Realität?

Nein, sagt er, so leicht verzweifele er nicht, und gelassen sieht er dabei aus. Pragmatisch gesehen, kann er es auch sein. Die Wiedervereinigung bot ihm einst eine zweite Chance. Vor dem Fall der Mauer war er ein entlassener Büroleiter der *Bild*-Zeitung gewesen und hatte sich in einer beruflichen Krise befunden. Nun ist er seit über 15 Jahren Chefredakteur eines großen ARD-Senders, was eine beachtliche Dauer ist.

Zwar könne er sich, bekennt er, durchaus eine Tätigkeit außerhalb des Senders vorstellen, und er zählt ein wenig eitel auf, für wie viele Positionen in der ARD und beim ZDF er schon im Gespräch war. Geklappt hat es aber nie. Wenn er davon spricht, klingt er für einen kurzen Moment enttäuscht. Aber er hat sich arrangiert mit dem Verbleib in Leipzig, ganz nüchtern und realistisch und wenig emotional. Seine pathetischen Bekundungen von der deutschen Einheit, die im Kleinen im MDR aufgebaut wird und seine Beschwörungen vom dynamischen Leipziger Sender sind auf einmal ziemlich weit weg.

Wolfgang Böhmer, Ministerpräsident, CDU

»Mir gelingt es relativ schwer, jemanden zu begeistern«

Sachsen-Anhalts Ministerpräsident war einst vom »Dritten Reich« angetan und erlebte dessen Ende. In der DDR ging es ihm gut, dann brach auch dieser Staat zusammen. Heute hält sich Wolfgang Böhmer lieber aus den Dingen heraus.

Im Sommer 1990, die DDR liegt in den letzten Zügen, suchen zwei CDU-Funktionäre den Wittenberger Arzt Wolfgang Böhmer auf. Böhmer ist Gynäkologe und Chefarzt, ein angesehener, bekannter Mann in der Stadt. Mitglied in einer Partei ist er nicht. Die Emissäre bieten ihm einen Wahlkreis für die Landtagswahlen in Sachsen-Anhalt an, die kurz nach der Wiedervereinigung im Oktober anstehen. Der denkt sich, warum nicht, so viel Arbeit wird es schon nicht sein. Er tritt in die CDU ein, kandidiert und wird ein unauffälliger Abgeordneter ohne besondere Funktion. Als Arzt praktiziert er weiter.

Ein Jahr später bekommt Böhmer wieder Besuch, diesmal von 14 CDU-Fraktionskollegen. Es geht um ein ungleich höheres Amt: Der amtierende Ministerpräsident war soeben gescheitert, und die CDU braucht Ersatz. Aber Böhmer lehnt ab. Er traue sich das Amt nicht zu, und wenigstens Minister wolle er einmal sein, bevor Weiteres zur Debatte stehe, sagt er seinen konsternierten Parteifreunden. Also macht ihn die Partei zum Finanzminister.

Ministerpräsident wird er schließlich doch noch. Im Jahr 2002 findet sich kein anderer Politiker der CDU, um für die Landtagswahlen zu kandidieren. Zu aussichtslos erscheint die Lage für die Partei, und hoffnungsvolle Nachwuchstalente sind nicht in Sicht. Böhmer ist in der Zeit Parteichef. Er sieht sich selbst als Mann des Übergangs ohne weitere Ambitionen. Böhmer ist schließlich bereit zu kandidieren. Die CDU gewinnt überraschend.

Zögerlich hat Sachsen-Anhalts Ministerpräsident seine Schritte in die Politik gesetzt. Er ist mehr hineingeraten als dass er sich systematisch darum bemüht hätte. Eine Berufung ist es nicht. Wolfgang Böhmer, Professor Doktor der Medizin, ist ein Fremdkörper in der bundesdeutschen Politik. Sein kantiger Habitus irritiert den westdeutsch geprägten Politik- und Medienbetrieb, denn Böhmers Vita will nicht in westdeutsche Muster passen: Ein Chefarzt, auch noch mit Professorentitel, ist demnach gehobenes Bürgertum, eine geschmeidige, auch schneidige Gestalt, ein Alpha-Mann, der jedes Patientenzimmer, das er mit seinen Assistenzärzten hinter ihm im Laufschritt betritt, sofort dominiert, jemand, der sich seiner Bedeutung bewusst ist und dies auch zeigt.

Wolfgang Böhmer macht das komplette Gegenteil aus. Er ist von der Statur gedrungen, von der Größe klein; seine Bewegungen sind langsam. Während andere Ministerpräsidenten Parteitage oder wichtige Kongresse mindestens im Fünfertross durchmessen, steht Böhmer zusammen mit seiner Pressesprecherin unbeobachtet beim Mittagessen am Stehtisch bei einer Erbsensuppe. Er fällt nicht weiter auf, und das gefällt ihm. Er spricht den schwerfälligen Dialekt der Oberlausitz und blickt auf die Politik mit den staunenden, neugierigen Augen eines Außenseiters.

Wolfgang Böhmer ist sperrig. Er macht sich nicht gemein mit den Konventionen bundesdeutscher Politik. Er sagt seine Meinung, egal ob sie auf der Linie der eigenen Partei liegt oder nicht. Er liefert den Journalisten die Sätze, die sie lieben, weil es Sätze sind, die Aufmerksamkeit versprechen: Es geht mir um mein Land, nicht um die CDU; die Gesundheitspläne der Bundesregierung sind undurchdacht; die Steuerpolitik ist falsch. Es ist ein andauerndes Missverständnis. Böhmer sagt die Sätze nicht aus Lust an der Provokation oder weil er das Spiel mit den Medien schätzt. Die Journalisten bekommen die Sätze, weil Böhmer nicht in den Kategorien des bundesdeutschen Parteienstaates denkt. Was bei Journalisten für schlagzeilenträchtige Aufregung sorgt, ist für ihn eine Selbstverständlichkeit. Wenn man als ostdeutscher Parteiloser nach 30 Jahren Berufstätigkeit in die Politik einsteigt, lernt man keine Parteidisziplin mehr.

Wolfgang Böhmer passt nicht in das etablierte Raster, aber ein unkonventioneller Freigeist ist er deswegen ganz und gar nicht. Er sagt diesen ratlosen, resignierten Satz: »Wir wissen besser, was nicht geht, als das, was geht.« Er sagt »wir« und spricht von der ostdeutschen Politik allgemein, aber natürlich meint er in erster Linie sich selbst. Es liege an seiner Erfahrung in der DDR und der Erfahrung, wie ein politisches System und damit verbundene Gewissheiten plötzlich verschwinden. »Mir gelingt es relativ leicht, jemanden nachdenklich zu machen, aber mir gelingt es relativ schwer, jemanden zu begeistern«, ist ein anderer, ehrlicher Satz.

Im Grunde fehlt ihm das, was sein Sachsen-Anhalt braucht, dieses gebeutelte Land mit hoher Dauerarbeitslosigkeit und ohne rechte Identität. Er verkörpert Solidität, Verlässlichkeit und Vertrauen. Hoffnung machen und Zukunftsperspektiven vermitteln kann er hingegen nicht. Wolfgang Böhmer ist nicht wagemutig, er ist ein Skeptiker, immer ein Zweifler, der die Distanz zu den Dingen hält.

So wie es im Grunde während seines ganzen Lebens in der DDR war.

Als das SED-System im Herbst 1989 in sich zusammenfällt, ist Wolfgang Böhmer ein vielbeschäftigter Mediziner am kirchlichen Paul-Gerhardt-Stift in Wittenberg. Er ist ein Mann von 53 Jahren, also im besten Chefarztalter, der noch lange nicht am Ende seiner Laufbahn angekommen ist, aber bereits auf viel Geleistetes in seinem Beruf zurückblicken kann. Seine Geburtshilfeabteilung ist hoch angesehen, und die Patientenzahlen sind im Laufe der Jahre kontinuierlich gestiegen. Ende der achtziger Jahre dauert es drei Monate, um einen Termin für seine Sprechstunde zu bekommen. Obwohl er Kirchenangestellter ist, gelangt er zu akademischer Anerkennung und kann sich an einer staatlichen Hochschule in Halle habilitieren. Sein fachlicher Ruf und gute Beziehungen in die Universität hinein machen es möglich. Zwar erhält er keine Lehrbefugnis, doch bieten die besonderen Möglichkeiten der Kirche einen Ausweg: Über die ökumenischen Dienstreisen, in die die SED nicht hineinreden kann, darf er ins westliche Ausland reisen. Seine erste Vorlesung hält er in Zürich.

Wolfgang Böhmer ist doppelt privilegiert. Als leitender Arzt wird er gut bezahlt, er genießt standesübliches Prestige – und er profitiert davon, dass die Kirche als Arbeitgeber mehr Freiraum bietet als staatliche Krankenhäuser. Politik spielt in seinem Leben keine Rolle. Die DDR-CDU, die Partei der systemloyalen Christen, ist für Böhmer zu abhängig von der SED. In die Blockpartei würde er nur eintreten, um sich dem Werben der SED zu entziehen, aber dieses Szenario ist reine Theorie – für Kirchenangestellte interessiert sich die SED nicht. Böhmer ist gefeit vor parteilichen Bedrängungen.

Engagement in einer Partei hat er auch gar nicht nötig. Er lebt in einem staatsfernen Raum, in dem er sich beruflich voll entfalten kann, und das ist mehr als eine Nische, es ist ein eigenes kleines Reich. Hier, im Krankenhaus, ist er Chef, angestellt von der Kirche. Der Staat liegt weit weg. Ebenso weit weg liegt die kirchennahe Opposition. Er braucht sie nicht, denn wogegen sollte er opponieren? Böhmer leidet nicht am Staat DDR, er kann sich heraushalten, sich in seine Arztwelt zurückziehen und aus der skeptischen Distanz die Politik beobachten: die offizielle, aber auch die in Gemeinderäumen und Dissidentenwohnungen verhandelte.

Es geht ihm gut, und so gibt es für ihn im Herbst 1989 keinen Grund, diesen Zustand zu beenden und auf der Straße das Ende des SED-Staates zu fordern. Den politischen Umbruch und die Monate danach lässt Böhmer an sich vorbeiziehen. Erst als die CDU-Funktionäre im Sommer 1990 vor seiner Tür stehen, dringen die neuen politischen Verhältnisse in das geordnete, private Leben von Wolfgang Böhmer ein. Das Ende der DDR und die Wiedervereinigung sind zu dem Zeitpunkt schon längst besiegelt.

Es ist über 60 Jahre her, da stand Wolfgang Böhmer das erste und letzte Mal in seinem Leben der Politik nicht skeptisch, sondern begeistert gegenüber.

Adolf Hitler ist noch »der Führer«, und die Nationalsozialisten haben es in Böhmers Heimat besonders leicht. In Dürrhennersdorf kommt er 1936 zur Welt, einem Dorf in der Oberlausitz südlich von Bautzen, dicht an der Grenze zu Tschechien. Das ländliche Grenzgebiet war vor 1933 besonders deutschnational geprägt, fühlt man sich doch den Sudetendeutschen auf der anderen Seite der Grenze besonders verbunden.

Der Junge wächst auf in der Welt der Uniformen, des Marschierens und der theatralischen Fanfarenklänge, die er im Volksempfänger hört. »Mich hat das fasziniert«, sagt er heute, und damit dürfte er für die Mehrzahl seines Jahrgangs sprechen. Kurz vor Kriegsende möchte er unbedingt ins Jungvolk der Nationalsozialisten. Doch man lässt ihn nicht, denn mit seinen neun Jahren ist er ein Jahr zu jung. Auch der Vater, ein Kleinbauer, hatte, bevor er in die Wehrmacht einrücken musste, von einer Uniform geträumt und wäre gern in die SA eingetreten. Die Mutter, eine fromme evangelische Frau, widersprach und setzte sich durch.

Plötzlich ist die Welt, von der der Junge fasziniert ist, weg. Die Autoritäten von gestern sind verschwunden, und das Alte gilt nicht mehr. Im Radio verfolgt der verunsicherte junge Wolfgang Böhmer Peter von Zahns aufrüttelnde Kommentare und hört zum ersten Mal von den nationalsozialistischen Verbrechen. Neue Herren haben das Sagen. Im heimischen Dorf wurde das Wort Kommunist immer als Schimpfwort benutzt, und jetzt sind ebendiese Kommunisten zu den neuen Autoritäten aufgestiegen. Ein Mann, der im Dorf früher als Querulant und Kommunist galt, was im Dorf dasselbe war, kontrolliert nun streng die Bauern, ob sie illegal Butter herstellen. Es passt der Dorfbevölkerung ins geringschätzende Bild, das sie von Kommunisten hat.

Für den Jungen wird das Jahr 1945 zu einem Schlüsseljahr. Zwar ist er zu jung, um wirklich der »skeptischen Generation« anzugehören, jener Generation, die im »Dritten Reich« aufwuchs, früh als Pubertierende an den »Führer« glaubte und sich später, desillusioniert und sich betrogen fühlend, umso schwerer mit Ideologien tat. Doch prägend ist für Böhmer, wie kindliche Begeisterung für den untergegangenen Staat plötzlich getadelt wird und die neuen Mächtigen im Dorf auf Ablehnung stoßen. Wolfgang Böhmer wird nicht zum Antikommunisten, aber er lernt von der neuen dörflichen Lehre des Sich-Heraushaltens: Wir sind einer falschen Ideologie gefolgt, und der neuen trauen wir nicht. Wir lassen uns so schnell auf nichts mehr ein.

Als junger Mann wird sich Wolfgang Böhmer fortan ganz ähnlich verhalten. Er exponiert sich nicht im neuen Staat DDR, opponiert aber auch nicht. Er ist Mitglied in der Pionierorganisation und in der FDJ – später an der Universität auch als Sekretär seiner Seminargruppe – und zugleich in der Jungen Gemeinde der evangelischen Kirche. Er schließt sich damit Gruppen an, die eigentlich konträr zueinander stehen, und relativiert dadurch seine Zugehörigkeit zur jeweiligen Organisation. Der Jungen Gemeinde schließt er sich nicht aus betont religiösen Gründen an, sondern weil er das offene Diskussionsklima dort schätzt. Distanz wahrt er auch hier. »Zu einem gesunden Glauben gehört immer auch Zweifel«, sagt er.

Für seine beruflichen Pläne braucht Böhmer keine besondere Nähe zum Staat. Mehr noch, als Kleinbauernsohn erfährt er nach dem Krieg Aufstiegsmöglichkeiten, die von der SED politisch gewollt sind. Weil die Gymnasien in der Sowjetischen Besatzungszone kein Schulgeld mehr kosten, ist das Abitur für ihn möglich. Für die Schule zu bezahlen, hätten seine Eltern entweder nicht gekonnt oder nicht gewollt. Böhmer will Arzt werden und beginnt 1954 sein Studium in Leipzig. Schnelle Karriereschritte folgen: Mit 23 Jahren Promotion, mit 24 Jahren erste Stelle in Görlitz, Facharztausbildung. 1967, mit 31 Jahren, ist Wolfgang Böhmer erster Oberarzt der Städtischen Frauenklinik.

Es sind goldene Zeiten für junge Mediziner. Sämtliche Karrierewege stehen für sie offen, denn die DDR hat katastrophal wenig Ärzte. Ende der fünfziger Jahre praktizieren gerade einmal rund 14000 Ärzte im Land, aber jedes Jahr ziehen über 500 Mediziner in den Westen. 1958 ist jeder achte Akademiker, der in den Westen geht, Arzt. Junge Aufsteiger wie Böhmer müssen in den sechziger Jahren die großen Lücken füllen, die vor dem Mauerbau entstanden sind und noch über Jahre bestehen bleiben.

Ende der sechziger Jahre, er ist noch keine 35, bietet ihm ein städtisches Krankenhaus bereits eine Chefarztstelle an. Böhmer lehnt ab, weil er sich noch nicht reif genug fühlt. Mitglied der SED ist er nicht. Das spielt bei Führungspositionen in der Ärzteschaft auch noch keine Rolle, denn Ärzte werden einfach zu dringend benötigt. Im Gegenteil, das Krankenhaus hatte bewusst nach einem

Nicht-SED-Mitglied gesucht. Die Ärzteschaft ist in den sechziger Jahren eines der letzten Milieus der DDR, das noch nicht vollständig von der Staatspartei kontrolliert wird. Die standesbewussten, bürgerlichen Traditionen der Ärzteschaft wirken nach.

Später ändert sich das. In den siebziger Jahren ist eine SED-Mitgliedschaft, zumindest aber eine Mitgliedschaft in einer Blockpartei die Bedingung dafür, um Karriere als Arzt zu machen. Erstmals stößt Böhmer an Grenzen, als eine Bewerbung für eine Chefarztstelle an seiner Parteilosigkeit scheitert. 1973 aber stellt ihn das Wittenberger Stift ein. Gezielt gesucht hatte er nicht nach einem kirchlichen Arbeitgeber, doch bietet ihm die Kirche einen Ausweg aus der beruflichen Sackgasse, in die Böhmer kurzzeitig geraten war. Wolfgang Böhmer ist 37 Jahre alt, als er zum Chefarzt aufsteigt. Als Mediziner konnte er bis dahin eine rasante Karriere einschlagen, ohne sich auf die offizielle Politik einzulassen. Es ging auch so.

16 Jahre später können Böhmer die Wende und der Zusammenbruch der DDR kaum erschüttern. Weder verbinden sich damit für ihn besondere Hoffnungen, noch brechen für ihn eigene Gewissheiten und Ideale zusammen. Es verschwindet etwas, das mit ihm selbst nur wenig zu tun gehabt hat. Der Herbst 1989 erscheint ihm wie die Bestätigung der eigenen Lebenserfahrung, denn wieder bricht ein Staat zusammen, wieder verschwinden von heute auf morgen offizielle Regeln und Leitsätze. Es ist richtig, sich nicht einzulassen, Distanz zu halten, lernt Böhmer aus dieser Zeit. Ein Staat kann schnell untergehen. Nichts ist gewiss.

Es ist eine Lebenserfahrung, die ihn heute als Ministerpräsidenten prägt. Seine Zweifel sind stärker als eine mögliche Vorstellung davon, wie es mit einer Gesellschaft weitergehen könnte. »Wenn Sie wissen, was nicht geht, und eine Lösung suchen, dann sind Sie zurückhaltender und reden nicht so drauflos«, sagt er. In der Öffentlichkeit macht er sich gern den Satz des ausgewiesenen Pragmatikers und Altkanzlers Helmut Schmidt zu eigen, dass derjenige, der Visionen habe, zum Arzt gehen solle, also nicht ganz gesund sein könne. Der flott dahergesagte Satz ist für Böhmer in Wirklichkeit nur eine Ausflucht. Jenseits der Mikrofone sagt Böhmer anderes, Nachdenklicheres: »Ich weiß, dass es richtig ist, dass eine Gesellschaft am Ende auch Visionen braucht.« Er fügt aber schnell an: »Diese Visionen haben nur dann einen Wert, wenn Sie sich weder als Luftblase noch als hohle Versprechungen erweisen, sondern als realistisch.«

Sachsen-Anhalts Ministerpräsident hat keine rechte Vorstellung von den Zielen und Perspektiven einer Gesellschaft. Sein Blick in die Zukunft ist unsicher. Sicher ist er sich vielmehr darüber, was nicht mehr geht. Für ihn ist es eine zentrale Lehre aus der DDR, dass eine Leistungsgesellschaft einer Verteilungsgesellschaft überlegen sei. Leistung müsse sich lohnen, und damit müsse man auch Ungleichheit akzeptieren. »Ungleichheit ist einer der Entwicklungsimpulse der Menschen«, sagt er. Es ist eine präzise Analyse davon, warum die DDR wirtschaftlich gescheitert ist. Heute stört ihn, dass es bei vielen Ostdeutschen, bedingt durch die DDR-Erfahrung, noch das überstarke Bedürfnis nach Gleichheit und dem Verwischen von Unterschieden gebe. Seine Meinung vom bundesdeutschen Sozialstaat ist äußerst kritisch. Eine Anspruchsmentalität gegenüber dem Staat macht Wolfgang Böhmer aus. Grenzen müssten gesetzt werden, um ein Ausufern zu verhindern, sagt er, und betrachtet die Kürzungen in der Sozialpolitik als erste Schritte einer aus seiner Sicht notwendigen Strecke des Zurückstutzens. Das ist sein Befund – in der Theorie.

Die eher wirtschaftsliberal orientierte Analyse der Gesellschaft findet sich in seiner Politik so gut wie nicht wieder. Er meidet die öffentliche Auseinandersetzung um diese Fragen, die er für wichtig hält. Es gibt von ihm keine bedeutende Rede, Aussage oder Schrift, in der sich sein Befund in dieser Klarheit widerspiegelt. Er ahnt, dass er ihn nicht vermitteln, aber auch nicht begründen kann. »Manchmal würde ich das Überzeugen gern besser können«, sagt Böhmer. Ratlosigkeit ist bei ihm darüber zu spüren, wie er Zustimmung für seine Analyse der Gesellschaft erreichen kann. Als Mediziner musste Wolfgang Böhmer nicht überzeugen. Als Chefarzt stand er einer streng hierarchischen Welt vor, deren Geschäftsgrundlage die klare Anweisung und nicht die Überzeugung ist.

In der Politik ist es anders, denn Überzeugung ist die Basis für Führungsstärke und Autorität. Politik kann nicht Verzicht und

Beschränkung anweisen. Vertrauen kann sie nur gewinnen, wenn sie unbeliebte Schritte mit einer Zukunftsidee, zumindest einer Alternative oder einem Konzept verbindet. Böhmer, der Skeptiker, kann dies nicht bieten.

Es kann auch gar nicht anders sein: In der DDR hatte sich Böhmer in einem politikfreiem Raum eingerichtet. Sich zurückhalten, keine Risiken eingehen, keine Festlegungen treffen, der Politik nicht zu nahe kommen, egal wo und egal auf welcher Seite, waren seine biographischen Konstanten. Er war ganz Privatier. Er konnte viel nachdenken, musste aber nie vordenken.

Dabei hätte sein Land gerade Vordenker nötig. Sachsen-Anhalt zeigt drastisch, womit besonders ostdeutsche Politik konfrontiert ist. Das Land hat einen radikalen Strukturwandel hinter sich, weil es seit 1990 einige Hunderttausend seiner Industriearbeitsplätze verloren hat. Die Arbeitslosigkeit ist konstant hoch. 1950 lebten in Sachsen-Anhalt 3,6 Millionen Menschen; heute zählt das Land noch knapp unter 2,5 Millionen. Eine halbe Million Menschen hat das Land allein seit der Wende verloren. In 20 Jahren rechnen die Bevölkerungsstatistiker mit 2 Millionen. Die Politik müsste sich gerade hier mit der Frage auseinandersetzen, was eine Gesellschaft eigentlich noch zusammenhält, wenn sie fast nur noch mit dem Weniger konfrontiert ist: weniger Arbeit, weniger Menschen, weniger Kinder, weniger Geld.

Böhmer, der sich kein Bild von der Zukunft zu machen vermag, bleibt nichts anderes übrig, als sich auf das bloße Verharren in alten Gewohnheiten zu beschränken. Nur durch das Weitermachen vermag er den Konsens und den gesellschaftlichen Frieden im Land mühsam zu wahren. Weiterzumachen wie gehabt bedeutet vor allem, für einen zuverlässigen Fluss an Fördermitteln zu sorgen. Am Sinn bestimmter Fördertöpfe zweifelt auch Böhmer, doch würde er dies öffentlich nie tun. Ein Ministerpräsident könnte neue Maßstäbe setzen: Er könnte, als Beispiel, in Frage stellen, ob es wirklich noch sinnvoll ist, weiter flächendeckend Dörfer mit aufwendigen Straßenlaternen oder gepflasterten Fußwegen zu versorgen, während das Geld für Schulen und Universitäten fehlt.

Über EU-Fördermittel, mit denen Sachsen-Anhalt weiterhin Landstraßen, Radwanderwege und Elbe-Uferpromenaden baut, sagt Böhmer offen: »Wenn ich sie nicht ausgebe, gibt sie jemand anderes aus. Wenn wir sagen, wir verzichten darauf, helfen wir dem Land auch nicht.« Er offenbart damit ein Politikverständnis, das glauben machen will, dass andere die Rechnung bezahlen. Dass EU-Geld nicht vom Himmel fällt, sondern von den europäischen Steuerbürgern erwirtschaftet wird und damit auch von den sachsen-anhaltinischen, spielt in seinen Überlegungen keine Rolle.

Von Ratlosigkeit ist seine Haltung zum Rechtsextremismus geprägt. Sachsen-Anhalt ist in Deutschland der gefährlichste Ort für Ausländer. Hier werden relativ zur Einwohnerzahl gesehen die meisten Gewalttaten verübt. Dahinter steht der nicht schlagzeilenträchtige Skandal, dass es Gebiete im Land gibt, in denen ein angstfreies Leben für Ausländer nicht möglich ist. Böhmer sagt, dass es leider immer wieder »Zwischenfälle« und »Vorfälle« gebe.[16] Er beschönigt, was aber nicht daran liegt, dass er etwa mit Rechtsextremismus sympathisiert. Er weiß vielmehr nicht, wie die Antwort auf diese Herausforderung sein könnte, was die Konzepte und Alternativen sind, mit denen er ihr begegnen könnte. Er zieht sich zurück auf ein vages, butterweiches *Laisser-faire:* Rechtsextremistische Einstellungen ließen sich in einem Rechtsstaat nicht verhindern, sagt Böhmer. Man könne nicht jeden einsperren, der eine andere Meinung habe, und mit neuen Gesetzen ließe sich das Problem nicht aus der Welt schaffen. Dabei geht es gar nicht um neue Gesetze. Es ginge zuerst darum, klare Worte zu finden. Als Ministerpräsident könnte er sich ohne Zweifel Gehör verschaffen. Aber Böhmer könnte sich dann nicht länger heraushalten. Er müsste Position beziehen. Allein, er kann es nicht.

Wolfgang Böhmer wäre ein guter Ministerpräsident gewesen in der Anfangszeit nach 1990. Mit seiner unpolitischen DDR-Biographie wäre er für die Wähler, für den ehemaligen SED-Funktionär wie für den Bürgerrechtler, die perfekte Integrationsfigur in dieser Zeit gewesen. Weder DDR-linientreu noch Oppositioneller, hatte er einen milden Blick zurück auf die DDR, aber einen unbefangenen Blick nach vorn auf die Bundesrepublik. Er hätte eine natürliche Autorität verkörpern können in einer Zeit, als einer Gesellschaft plötzlich ihre Gewissheiten und Identitäten abhanden kamen und sie sich nach Stabilität und Verlässlichkeit in bewegten Zeiten sehnte. Der Übergang von einem Gesellschaftssystem in ein anderes musste organisiert werden. Es wäre die Zeit gewesen für Wolfgang Böhmer.

Ob es ein Fehler gewesen war, 1991 das Angebot auszuschlagen, Ministerpräsident zu werden? Böhmer macht eine Pause und sagt dann: »Diese Frage werde ich nie beantworten, beantworte ich mir auch selber nicht. Irgendwann sagt man zu sich, quäle dich nicht mit solchen Gedankenspielen.«

Wolfgang Böhmer ahnt, dass er zu spät gekommen ist.

Till Backhaus, Agrar- und Umweltminister, SPD

»Wir dürfen das Land nicht schlechtreden«

Till Backhaus ahnt, dass die Lage in Mecklenburg-Vorpommern in Teilen desolat ist. Bislang konnte er viel Geld verteilen und dadurch das Volk ruhigstellen. Das Geld wird ihm bald ausgehen.

Es ist schwer, einen Termin bei Till Backhaus zu bekommen. Das Verhandeln und das Bitten um ein wenig Zeit ziehen sich über Wochen hin. Schließlich sagt die Stimme am anderen Ende der Leitung: Nein, keine Chance, es geht nicht, der Minister ist ausgebucht. Irritationen. Antwort: Völlig klar, der Minister hat bestimmt viel zu tun, Vogelgrippe, wichtiges Amt, 14-Stunden-Tag, der Wahlkampf, und dann die Doppelbelastung als Minister und SPD-Landesvorsitzender, aber eines ist doch auch richtig – ihr Chef ist nicht der Papst und auch nicht US-Präsident, jedenfalls noch nicht? Da klingt die Sprecherin des Ministers hörbar beleidigt. Dafür folgt zwei Tage später ein verschwörerischer Anruf. Eine andere, unbekannte Stimme gibt genaue Anweisungen: Halten sie sich übernächsten Dienstag um 14 Uhr in Hagenow bereit, Ecke Heideweg und Friedensweg, der Minister hat Zeit für sie!

Zwei Wochen später in Hagenow wird deutlich, warum Till Backhaus, 48 Jahre alt, Agrar- und Umweltminister Mecklenburg-Vorpommerns, möglicher Nachfolger von Harald Ringstorff als Ministerpräsident und zu dem Zeitpunkt SPD-Landeschef – Backhaus wollte dieses Amt im Frühjahr 2007 abgeben –, so wenig Zeit hat. Heute will der Minister eine Straße einweihen. Es ist freilich keine Durchfahrtsstraße, sondern ein normaler Anliegerweg am Rande der Kleinstadt. Backhaus bevorzugt den direkten Kontakt zum Volk, und der Termin heute ist keine Ausnahme. Der Blick später auf seinen Terminkalender zeigt, dass er im Takt von wenigen Tagen eine Rede in einem Bierzelt hält, ein Grußwort an einen Verein richtet oder eine Straße einweiht. So auch in Hagenow in Westmecklenburg. Die lokalen Honoratioren nebst Bewohnern sammeln sich auf der neuen geteerten Straße. Die Ministerlimousine rauscht heran. Auftritt der örtlichen Kindergartenkinder – und schön in Reihe halten!, ruft die Kindergärtnerin. Sie tragen das alte, in der DDR gesungene Kinderlied vor:

> Ich bin die Frau Hummel und bitt dich, Kathrinchen
> komm mit mir zum Bummeln du fleißiges Bienchen
> Ich geh nicht mit Bummeln zum Gucken und Gaffen
> Grad will ich mich Tummeln zum Sammeln und Schaffen
> Summ summ-se-ru, summ, summ, summ, summ, summ,
> summ, summ.

Es folgt ein Lob der Kinder auf die fleißigen Arbeiter, die die Straße errichtet haben. Beifall der Erwachsenen, der Korb Bonbons wird gereicht – »Aber erst mal nur für jeden einen!« Ministerhände tätscheln Kinderköpfe. Szenen wie bei Honecker, als dieser seinen Untertanen neue Wohnblocks gewährte, oder wie einst bei Kaiser Wilhelm II., wenn in Kiel ein neues Kriegsschiff vom Stapel lief und kleine Jungs im Matrosenzwirn danebenstanden.

Das Protokoll nimmt seinen Lauf. Erstbegehung des neuen Asphalts durch Till Backhaus und das Volk. Und dann das: Stämmige Frauen treten seitwärts an den Minister heran und tragen Sorgen vor. Satzfetzen: Könnten Sie nicht, es gibt da ein Problem, Fördermittel. Alte, von Schnaps und Wetter gezeichnete Mecklenburger Landmänner reichen dem Minister kleine gefaltete Zettel: Ob sie nicht …? Der Minister hat für jeden Zeit, hört zu und diskutiert wie ein Ortsbürgermeister mit seinen Nachbarn: Sie wollen Ihr Land als Bauland ausweisen? Ich kümmere mich!

Es sind Szenen von scheinbar unverkrampfter Nähe des Mächtigen zum Volk, aber in Wahrheit sind es patriarchalische Szenen. Der Minister ist derjenige, der die Gunst erweist, sie aber auch abschlagen kann. Politik als Gnadenakt, wo eigentlich das Recht für Klarheit sorgen sollte. Bemerkenswert klarer Versprecher in seiner Rede auf dem neuen Asphalt: »… freue ich mich, ihnen

Geld von mir habe zuweisen können …« – der Minister stutzt – »… natürlich das Geld des Steuerzahlers …«

Wieder Gedanken an verblasst geglaubte Geschichte. Das Prinzip gab es nicht nur in der DDR mit seinen Eingaben an den Herrn Staatsratsvorsitzenden. In Mecklenburg ist das Prinzip viel älter. Bis zur Revolution 1918 hielt sich hier das letzte Stück Feudalherrschaft in Deutschland. Bis zuletzt war die Landbevölkerung von der Gnade der Gutsherrn und Ritter abhängig, die das Land besaßen und zugleich im Besitz der Staatsgewalt waren. Nur wenige Generationen ist das her. Freiheit und Recht haben die Mecklenburger erst eine bescheidene Anzahl von Jahren erfahren, insgesamt knapp über 30 Jahre: von 1918 bis 1933 und wieder seit 1990. Eine zu kurze Zeit vielleicht.

Backhaus bemüht sich redlich, Herrschaftsverhältnisse zu kaschieren. Er ist vom Wesen bäuerlich-volkstümlich, ein Profi-Duzer, ein jovialer, quirliger Mann, der jedes ihm dargebotene Schwein auf Dorffesten anschneidet, jemand, der die derbe, ungekünstelte Sprache der Mecklenburger beherrscht, gern auch Platt. In Wirklichkeit aber ist Till Backhaus keiner »von uns«. Er ist es nie gewesen.

Er ist kein Intellektueller, aber immerhin ein Studierter, das ist auf dem armen Mecklenburger Land etwas Besonderes. Seit einigen Jahren ist er gar ein Doktor. 2001 promovierte der Agraringenieur an der Berliner Humboldt-Universität mit seinen »Betrachtungen zur Getreideproduktion in Mecklenburg-Vorpommern zwischen 1900 und 2000«.[17] Ein übersichtliches Werk mit 78 Seiten Inhalt abzüglich des Quellenapparats und des Anhangs, das mehr Zustände beschreibt als dass es den Anspruch erhebt, neue wissenschaftliche Erkenntnisse aufzubieten. Aber darum geht es natürlich auch nicht, wenn ein mitten im Leben stehender Vollzeitpolitiker den Doktorgrad erlangt. Till Backhaus will definitiv nicht mehr Wissenschaftler werden. Der Zugewinn an Status und sozialer Distinktion war entscheidend, und welcher Wähler macht sich schon die Mühe, Backhaus' Betrachtungen zu lesen. Jetzt ist er der Herr Doktor Backhaus. Das war, was zählte.

Der Doktortitel ist auch die demonstrative Anknüpfung an die Bürgerlichkeit seiner eigenen Herkunftsfamilie. Till Backhaus stammt aus privilegiertem Haus. Sein Vater arbeitete als Chefarzt und Chirurg in einer Poliklinik und besaß zusätzlich das in der DDR seltene Recht, eine Privatpraxis führen zu dürfen; seine Mutter stammt als Vertriebene von einem ostpreußischen Gutshof.

Die Familie lebte in Amt Neuhaus, jenem Landstrich an der Elbe, der eigentlich nie zu Mecklenburg gehört hatte. Weil der aber östlich der Elbe lag und nach dem Krieg das Praktische vor historischen Feinheiten ging, wurde er prompt den Sowjets und damit später der DDR zugeschlagen. Nach der Wiedervereinigung ging das Gebiet wieder zurück an Niedersachsen.

In dem abgelegenen, ländlichen Stück DDR war Chefarzt Doktor Backhaus etwas Besonderes; ein wichtiger Mann, ausgestattet mit mehr natürlicher Autorität als jeder örtliche Parteifunktionär. Er war vor dem Zweiten Weltkrieg aus Schleswig-Holstein zugezogen, weil er hier seine erste Stelle fand. In der DDR war er weder Mitglied in der SED noch in einer Blockpartei. Die politischen Bezugspunkte der Familie lagen jenseits der nahen innerdeutschen Grenze, dort, wo viele Verwandte lebten. Man schwärmte für die SPD und besonders für Willy Brandt und Herbert Wehner.

Der Sohn hielt es so wie der Vater und blieb in der DDR parteilos. Aufstieg war in seinem Beruf auch so in Grenzen möglich. Der Agraringenieur arbeitete als Abteilungsleiter in einer LPG in Neuhaus. Als es dort mit der Parteilosigkeit nicht mehr ging – der Chef drängte ihn, in die Bauernpartei einzutreten –, wechselte er in einen Betrieb in der Umgebung. Der LPG-Vorsitzende dort nahm es weniger genau.

Backhaus führte ein politisch unauffälliges, zurückgezogenes Leben in der Provinz, weder als Teil des SED-Systems noch als aktiver Bürgerrechtler. Erst nach dem Zusammenbruch der SED endete seine Zurückgezogenheit. Im Januar 1990 – der revolutionäre Herbst war bereits Geschichte, die Macht der SED gebrochen und freie Wahlen angekündigt – gründete er bei sich zu Hause einen sozialdemokratischen Ortsverband. Auch die ehemaligen Blockparteien hatten ihn massiv umworben. Till Backhaus als Angehöriger der »technischen Intelligenz« gehörte schon von Berufs wegen auf dem platten Land automatisch zu denen, die das entstandene Machtvakuum auszufüllen hatten. Er wollte indes politisch etwas Neues machen, und wegen der familiären Sympathie für die bundesdeutsche SPD lag die Entscheidung nahe. Die SPD war seit 1933 bis auf wenige Monate nach 1945 politisch tot gewesen in Ostdeutschland. Ein Diasporagebiet, in dem den wenigen Neubegründern viele Chancen zufielen. Im April zog Till Backhaus als Abgeordneter in die demokratisch gewählte Volkskammer in Ost-Berlin ein. Ein Berufspolitikerleben begann.

Ganz oben in der Landespolitik ist Till Backhaus seit 1998, als er Agrarminister der SPD-geführten Landesregierung wurde. Im ländlich geprägten Mecklenburg-Vorpommern ist dies ein wichtiges und auch prestigeträchtiges Ressort. Die Landwirtschaft ist jener Wirtschaftszweig im Nordosten, der den wirtschaftlichen Umbruch am besten verkraftet hat. Heute dominieren im Land effiziente Agrarbetriebe, die für ihre großen Anbauflächen viel Geld aus den Töpfen der Europäischen Union bekommen. Und damit nicht genug: Mecklenburg-Vorpommern profitiert von diversen EU-Fördermitteln, die den ländlichen Raum entwickeln helfen sollen. Die Straße in Hagenow, die Backhaus einweihte, wurde zum Großteil von der EU bezahlt.

Till Backhaus ist Herr über viel Geld in einem armen Land. Das macht seine Macht aus. Sein Ministerium entscheidet über die Förderanträge und kann damit ein Dorf glücklich machen oder auch nicht. Backhaus weiß um seine Macht. In Hagenow, in seiner kleinen Rede, vergisst er nicht zu sagen, dass die Realisierung solcher Bauten immer an konkreten Personen hänge. Es klingt wie eine Drohung: Ich könnte auch anders und den Geldhahn zudrehen!

Im großen kühlen Ministerzimmer in Schwerin, raus aus der flirrenden Augusthitze, ist Zeit für eine drängende Frage an Till Backhaus. Wo sieht er das arme Mecklenburg-Vorpommern in ein paar Jahren, wenn das viele Fördergeld aus Brüssel und aus Berlin weniger wird und teilweise ganz versiegt?

Backhaus gibt zunächst eine nachdenkliche Antwort. Mecklenburg-Vorpommern müsse seine Rolle noch finden zwischen den drei großen Städten Hamburg, Berlin und dem nahen Stettin in Polen. Er fügt energischer an: »Wir müssen Schwerpunkte setzen. Wir können uns nicht mehr alles leisten. Wir verzetteln uns sonst.« Die Schulden seien, so sagt er, ein ernstes Problem, weil sie die Existenz des Landes bedrohten. Man müsse den Leuten reinen Wein einschenken.

Darauf folgen zwei seltsame Sätze: »Das Land hat riesige Chancen.« Und: »Die Ehrlichkeit gebietet es zu sagen, dass wir jeden in der Gesellschaft brauchen.« Die zwei Sätze sind Postulate und Ziele, aber keine ehrlichen Zustandsanalysen als Folge von eingeschenktem reinem Wein.

Ehrlich wäre es, die Lage so zu beschreiben, wie sie ist, bevor über Chancen zu reden wäre. Die hiesige Wirtschaft ist schwach. Das Land erwirtschaftet lediglich 1,4 Prozent des deutschen Bruttoinlandsprodukts. Im Landesteil Vorpommern liegt die Arbeitslosigkeit bei über 20, teilweise bei bis zu 30 Prozent. In Mecklenburg-Vorpommern spielen breite Schichten der Gesellschaft keine Rolle mehr, weil sie wirtschaftlich überflüssig und abgehängt sind. Besonders betroffen sind einerseits vor allem die entlassenen Arbeiter der einst unrentablen DDR-Werften und der Landwirtschafts-Genossenschaften, die heute mit weit weniger Personal auskommen. Sie sind 50 oder 55 Jahre alt und haben keine Chance auf Arbeit mehr. Andererseits sind es junge Männer ohne qualifizierte oder ganz ohne Ausbildung, die schlicht übriggeblieben sind, nachdem ihre Generationsgefährten – überdurchschnittlich oft Frauen – nach Westdeutschland oder woandershin gezogen sind. In den Gemeinden um das vorpommersche Anklam oder Eggesin sind Verwahrlosung und Apathie zu besichtigen. Alkohol war hier schon zu DDR-Zeiten ein ernstes Problem, heute hat es sich verfestigt als Fluchtmittel aus einer hoffnungslosen Gegenwart.

Till Backhaus weiß natürlich um die Lage. Er reist viel im Land umher. Vielleicht erscheint ihm die Lage so desolat, dass er davor zurückscheut, sie zu beschreiben und zur Kenntnis zu nehmen. »Wir dürfen das Land nicht schlechtreden« ist eine oft benutzte Formel von ihm, und so sagt er es auch in seinem Ministerbüro. Der Satz erinnert an Helmut Kohl, der am Ende seiner Kanzlerschaft in den späten neunziger Jahren über die Lage in Deutschland ähnlich sprach, als der politische Stillstand auch für die

Wohlmeinenden bereits augenfällig wurde. Wenn Politiker mahnen, ein Land nicht schlechtzureden, gestehen sie genau damit indirekt ein, dass es sehr wohl einen Anlass zur Sorge gibt.

In der politischen Praxis betreibt Backhaus das Gegenteil von Konzentration und Schwerpunktsetzung. Die Liste der Punkte, in denen er die Zukunft und die Stärken des Landes sieht, ist lang.

Er nennt die klassischen Wirtschaftszweige des Landes – Landwirtschaft, Nahrungsmittelindustrie, Werften, Tourismus. Darüber hinaus möchte er das Land zu einem führenden Standort der Biotechnologie ausbauen. Ihm schwebt ein energieautarkes Mecklenburg-Vorpommern vor, das seinen Energiebedarf durch Biomasse und Biorohstoffe selbst deckt. Daran arbeite die Landesregierung mit Hochdruck, sagt er.

Die alternde Gesellschaft sieht Backhaus als weitere Chance. Das Land soll zum »Gesundheitsland Nummer eins« in Deutschland werden. Die intakte Natur und die geringe Industriedichte seien ideale Voraussetzungen für Kur-, Wellness- und Reha-Standorte. Nicht nur das, seine Vision ist ein Land als Altersruhesitz für Großstädter, die sich nach der »familiären Gemeinschaft intakter und funktionierender Dörfer sehnen« – was eine schmeichelhafte Umschreibung vieler Landstriche ist, fehlt ihnen doch angesichts der Abwanderung und der Dauerarbeitslosigkeit genau diese Intaktheit.

Backhaus hofft, dass durch die Altersruhe-Vision im ländlichen Raum Nachfrage entsteht nach arbeitsintensiven Dienstleistungen wie etwa in der Gesundheitsbranche. Weiter setzt er viel Hoffnung auf Berufe, die nur kurze Einarbeitung und wenig Qualifikation erfordern, Arbeit in Callcentern etwa und in der Gastronomie.

Gleichzeitig betont er den Wert von Bildung in Schulen und Universitäten. Letztere hat die Regierung zuletzt allerdings stiefmütterlich behandelt: 600 Stellen müssen sie einsparen. Die Universität in Rostock hat mit einem Budget von 94 Millionen Euro jährlich auszukommen, was eine geringe Summe ist im Verhältnis zu vergleichbaren Hochschulen. Ein weiteres Plus, setzt er seine Liste fort, sei das dichte Netz an Kinderbetreuungseinrichtungen im Land – wobei es die Frage provoziert, ob eine Kita allein ein

Standortvorteil ist, wenn im Extremfall eine Kindertagesstätte die einzig übriggebliebene öffentliche Einrichtung in den Dörfern ist.

Und die Ostsee vor der Nase, ist sie nicht ein beachtlicher Standortvorteil des Landes, weit mehr als ein bloßer Badeplatz, sondern eine natürliche Brücke nach Skandinavien für den Austausch für Waren, Menschen und Wissen?

Natürlich, antwortet der Minister, der Ostseeraum sei wichtig, er freue sich über jeden, der aus der Region nach Mecklenburg-Vorpommern komme, und außerdem habe man in Litauen und Estland die Verwaltung mit aufgebaut, aber man müsse sich erst einmal auf das Land konzentrieren. Backhaus demonstriert eine erstaunliche Binnenfixiertheit und Provinzialität, die man oft in Mecklenburg-Vorpommern antrifft. Das Land will führender Tourismusstandort werden, Ministerpräsident Harald Ringstorff spricht gar vom »Florida des Nordens«, aber offen gegenüber Auswärtigen und erst recht gegenüber Ausländern ist es noch nicht richtig. Der Weg dahin ist noch lang.

Und dann, schließt Till Backhaus seine Liste ab, müsse weiter an der Infrastruktur gearbeitet werden. Die Menschen in den abgelegenen ländlichen Regionen hätten Anspruch auf gleichwertige Lebensbedingungen. Straßen müssen weiter gebaut werden, wo es nötig ist.

Ob sich das Land diese wirklich noch leisten kann angesichts des Kürzens und Sparens, ob nicht andere Dinge wie Schulen und Universitäten jetzt erst einmal wichtiger sind? Natürlich, antwortet der Minister, sei das ein Konflikt: »Man muss diese Zielkonflikte austragen.« Eine merkwürdige Formulierung – Backhaus und seine Regierung tragen diesen Konflikt gerade nicht aus, sondern sie umgehen den Konflikt und vermeiden eine Entscheidung für das eine oder das andere, indem sie alle Interessen gleichzeitig zu bedienen versuchen. Sie fürchten den Unmut in den abgelegenen, armen Landstrichen.

Till Backhaus' Konzepte wirken ziellos und auch ein wenig oberflächlich. Die Lage schätzt er realistisch ein, wenn er sagt und in den Grundsatzprogrammen der SPD auch schreibt, dass sich das Land konzentrieren müsse angesichts schmaler werdender Mittel. Am Ende aber will er doch alles Mögliche für sein Land und betreibt jenseits der Mahnungen viel Gefälligkeitspolitik. Heraus kommt ein dickes Bündel an Wünschen, was ziemlich viel ist für ein kleines Land.

Einige Teile des Bündels bergen überdies Risiken. Einfache Tätigkeiten in der Industrie und wenig qualifizierte Jobs laufen in Zeiten der Globalisierung Gefahr, jederzeit gestrichen zu werden, weil die Produktion im nahen Osteuropa viel billiger ist. Ein Gesundheits- und Altersruhesitz-Land steht im Wettbewerb zu unüberschaubarer und schlagkräftiger Konkurrenz in Europa, von der Toskana bis Bayern. Man müsse sich, sagt Backhaus tapfer, dieser Konkurrenz stellen.

Ob es jemals wieder genug Arbeit für alle geben wird oder ob man sich von dieser Vorstellung lösen müsse? Er und seine Partei, antwortet Backhaus, hätten Vollbeschäftigung weiter zum Ziel.

Und was ist mit dem 50-jährigen arbeitslosen ehemaligen Agrotechniker einer LPG? Hat er noch eine Perspektive? Einige werden Chancen haben, sagt er, andere müssen es eben woanders probieren: »Es hat noch nie jemandem geschadet, auch mal rauszugehen.« Ein 50-jähriger ehemaliger Landarbeiter, womöglich mit einem Alkoholproblem, soll aus Vorpommern wegziehen und woanders sein Glück versuchen?

»Wenn Menschen eine Perspektive bekommen wollen, dann muss man sie auch zwingen, Laster abzulegen. Wir haben solche Probleme, und deshalb ist es umso wichtiger, dass der Staat Rahmenbedingungen setzt. Und wer nicht will, muss fühlen.«

Der Satz lässt einen zusammenzucken, da kommen schon die nächsten: »Derjenige, der Hilfe braucht, dem müssen wir helfen. Und wer nicht will, dem muss man die Daumenschrauben ein Stückchen weiter andrehen.«

Rüde Töne, die suggerieren, dass das Problem mangelnder Druck sei. Oder sie sollen Führungsstärke und Durchsetzungsvermögen suggerieren, wo in Wirklichkeit Hilflosigkeit herrscht angesichts eines Landes, das auf der Kippe steht. Und ein wenig erinnert Agrarminister Till Backhaus an einen Besitzer eines maroden mecklenburgischen Gutshofs im 19. Jahrhundert, dem das Geld ausgegangen ist und dem nur noch Machtworte und Kraftmeierei bleiben als Demonstration vergangener Stärke.

Hans Deppe, Geschäftsführer von AMD in Dresden

»Ich stehe in einem ständigen Zeitkonflikt«

Hans Deppe leitet eine Traumfabrik. Er ist ein begehrter Gesprächspartner und ein Idol in Dresden, aber Zeit hat er fast nie. Er lebt in einer eigenen Welt.

Das Raumschiff ist 24 Stunden in Betrieb, und der Kommandant geht nur ungern von Bord. Sein Raumschiff ist ein komplexes Konstrukt und muss ständig überprüft werden. Um acht Uhr morgens bereits ruft das *operations meeting*. Gab es in den vergangenen 24 Stunden Probleme im Betrieb? Wenn ja, was muss getan werden? Dann, im Laufe des Tages, folgen diverse andere *meetings*. Wenn Zeit ist, sucht der Kommandant später am Tag einen seiner leitenden Mitarbeiter auf, um bei einem *one-to-one*, also einem Vier-Augen-Gespräch, eine aktuelle *performance review*, eine Bilanz der Arbeit des Mitarbeiters zu machen. Doch häufig wird es nichts mit diesen Terminen: »Wenn es brennt, wenn mein Eingreifen erforderlich ist, wird mein Kalender sofort freigeräumt«, sagt der Kommandant. Dann steigt er von seiner Kommandobrücke herab in die Tiefen seines Reichs und eilt zu einer der zahlreichen unteren Schaltzentralen, vielleicht in die Abteilung *operations* oder zur *process integration*.

Manchmal sogar verlässt er das Raumschiff und begibt sich zu Außenkontakten, wie er es tatsächlich nennt, und trifft sich mit irdischen Entscheidungsträgern: dem Bürgermeister der nahegelegenen Stadt oder dem Ministerpräsidenten des gastgebenden Bundeslandes. Doch am liebsten bleibt der Kommandant in seinem Raumschiff, denn um 17 Uhr folgt ein weiterer wichtiger Termin. Es öffnet sich das Zeitfenster zum kalifornischen Mutterschiff: Acht Uhr morgens ist es dann an der Westküste der USA. Jetzt erst kann mit Kalifornien Kontakt aufgenommen werden. Die Zentrale will täglich wissen, wie es dem Raumschiff geht, da draußen im fernen Sachsen in Deutschland.

Das Raumschiff, das seit 1998 am Dresdner Stadtrand hoch oberhalb des Elbtals steht, ist die Fabrik des Mikroprozessorenherstellers AMD – *Advanced Micro Devices*. Hans Deppe ist der deutsche Chef, der *General Manager* in Dresden. Seine Fabrik ist eine andere, eine abgeschlossene Welt, amerikanischer und vielleicht auch moderner als die Umgebung. Von außen sieht das Werk aus wie ein wohlhabendes College. Ein Rasen in sattem Grün liegt vor dem Eingang, auf dem junge Bäume sorgfältig platziert sind. Der Bürokomplex ist schneeweiß gestrichen. Die grün verglasten Fenster ziehen sich elegant als geschlossenes Band um das Gebäude, und wie Schiffsdecks sind die Etagen versetzt aufeinandergeschichtet. Nur die dünnen weißen Schornsteine weit hinter den Büros verraten, dass hier auch produziert wird.

Vor den Gebäuden breitet sich der Parkplatz für die Mitarbeiter aus, der so riesenhaft ist wie die Parkplätze von Einkaufszentren in Chicago oder Los Angeles. Er liegt da wie ein ur-amerikanisches, optimistisches Statement: Fläche gibt es doch genug hier oben auf der Wiese, und man kann ja nie wissen, wieviel Platz für Autos man noch braucht.

Die Mitarbeiter tragen wie ihre kalifornischen Kollegen Namensschilder. Anonymität will die Firma vermeiden, man soll sich ohne Barriere ansprechen können, und vor allem: einen Teamgeist will AMD schöpfen. Hierarchien hält man demonstrativ flach. Eine Zufallsbegegnung am Fahrstuhl zwischen dem Chef und einem Ingenieur: »Hans, meine Skizze bekommst du noch nächste Woche.« »Prima, ich danke dir, Peter.« Für die Menschen der sächsischen Außenwelt, die Kommunalpolitiker und Ministerialbeamten, ist Deppe immer noch der Herr Dr. Hans Deppe, das sei wohl die Gewohnheit da draußen, sagt der Chef. Hier drinnen, in seiner Welt, ist er einfach nur »Hans«.

»Hans« geht in seinem Reich vollständig auf. Kongenial passt er, bodenständig und hemdsärmlig, zum Unternehmen. Allüren liegen dem Physiker nicht. Wenn er über neue Chipgenerationen, über Nanometermaße und 16-Bit-Prozessoren redet, wirkt seine

Begeisterung authentisch. Dann spricht ganz der Naturwissenschaftler, der die Technologie seines Unternehmens unmittelbar nachempfinden kann; er muss sie sich nicht abstrakt aneignen wie ein Betriebswirt. Vermutlich könnte er im direkten Gespräch jeden beliebigen Laien für sich einnehmen und davon überzeugen, den nächsten Computer mit einem Prozessor von AMD und nicht vom großen Konkurrenten Intel zu kaufen.

Zweifellos liebt Hans Deppe seine Arbeit, und die Mitarbeiter danken es ihm. Egal mit wem man spricht, sie alle scheinen angesteckt zu sein von einer Mission. Die Mitarbeiter in den weißen Ganzkörperanzügen, die mit sprichwörtlich stolzgeschwellter Brust aus den Reinräumen, den staubfreien Produktionsräumen kommen, signalisieren: Industrieproduktion war früher einmal mit Schmutz und schweren Maschinen verbunden – wir aber machen es anders, denn wir bauen Zukunftsprodukte. Eine Zufriedenheit liegt in den Fluren, Cafeterias und Bürotrakten. Der Stolz der Mitarbeiter, hier einen Arbeitsplatz bekommen zu haben, ist allerorten zu spüren. Der Stolz ist wohl auch deshalb so groß, weil nur 10 oder 15 Kilometer weiter die Folgen der Deindustrialisierung in den Ostdeutschland besonders drastisch zu besichtigen sind. In der Lausitz zum Beispiel oder im Süden in Richtung Tschechien liegt die Arbeitslosigkeit bei konstant knapp 20 Prozent. Es ist dieses Kontrastprogramm zu Bautzen, Sebnitz oder Freital, das einen Arbeitsplatz bei *AMD Saxony* besonders exotisch, rar und wertvoll macht.

Wenn Dresden einer der vielbeschworenen Leuchttürme der ostdeutschen Wirtschaft sein soll, dann ist AMD zweifellos so etwas wie die wattstarke Halogenlampe dieses Leuchtturms. Das Werk gab am Anfang zunächst 1700 Menschen Arbeit. Inzwischen sind es 3100 Beschäftigte; dazu kommen 4000 bis 4500 Beschäftigte von Firmen, die sich in der Nähe angesiedelt haben und von Aufträgen von AMD leben. 2006 wurde die zweite Fabrik hochgefahren, die *fab 36*. Sie gehört zu den weltweit modernsten Produktionsstätten von Mikroprozessoren, die das Herzstück eines jeden Computers sind. Es ist aber die eine Zahl, die den Erfolg besonders kenntlich macht: Rund jeder fünfte weltweit produzierte Mikroprozessor stammt heute aus den Dresdner

AMD-Werken. Die Firma mit einem Weltmarktanteil von 20 Prozent hat mittlerweile ihre Produktion dieser Chips auf Dresden konzentriert.

Lange Zeit war es unvorstellbar, dass der Standort einmal eine derartige Dimension annehmen würde, in den bisher 4,5 Milliarden Dollar geflossen sind und weitere 4 Milliarden fließen werden. Keiner aus der Führungsspitze in der Konzernzentrale in Sunnyvale im sogenannten Silicon Valley unweit San Franciscos habe sich 1997 diese Entwicklung auch nur vorstellen können, sagt Hans Deppe. Zumal die Ansiedlung im deutschen Osten zuvor lange umstritten gewesen war: Die Unternehmensleitung hatte auch den US-Bundesstaat New York und Irland als mögliche Standorte ins Auge gefasst. Dass sich AMD für einen Platz außerhalb der englischen Sprachwelt entschied und dann auch noch für einen ostdeutschen, war ungewöhnlich für ein amerikanisches Halbleiterunternehmen. Heute ist AMD der größte amerikanische Investor in den neuen Ländern.

Natürlich sind die Fördermittel ein wichtiges Kriterium bei der Ansiedlung gewesen, das räumt Deppe ein. Sein Werk profitiert aber auch von der Dresdner Technik- und Halbleitertradition. In Dresden war zu DDR-Zeiten ein Forschungsinstitut – das ZMD, ein Teil des Rechner-Kombinats Robotron – angesiedelt, das die Chips für den osteuropäischen Markt entwickelte. Die Technologie war der westlichen hoffnungslos unterlegen, aber die Fähigkeiten der Forscher, die bei AMD einstiegen, kommen dem Unternehmen bis heute zugute.

Es macht Hans Deppe erkennbar stolz, dass der Aufbau in großen Teilen sein Werk ist. Anfangs war er für AMD der deutsche Aufbauhelfer eines Projekts mit unsicherem Ausgang, heute ist er innerhalb des Konzerns der Mann, der für eine erfolgreiche, moderne Fabrik steht. Für Deppe bedeutet die Expansion auf dem Dresdner Hügel aber auch einen ganz persönlichen Triumph. Als sich der Kontakt mit AMD 1997 anbahnte, war er ein 51-jähriger Siemens-Mitarbeiter, dessen berufliche Zukunft ungewiss war. 22 Jahre lang hatte er in der Halbleitersparte des deutschen Konzerns in leitenden Positionen gearbeitet. Es war die Zeit, als Siemens ältere Mitarbeiter, auch Führungskräfte, mit hohen Abfindungen aus dem Unternehmen herauszudrängen suchte. Geldsorgen mussten die ehemaligen Ingenieure, Betriebswirte und Naturwissenschaftler bis zur Rente danach keine befürchten, aber sie hatten als Mittfünfziger ihre Arbeit verloren.

Hans Deppe wollte sein Berufsleben, als Manager allemal, nicht derart sang- und klanglos beenden. AMD bot ihm eine zweite Chance. Das Unternehmen suchte einen erfahrenen Deutschen für seine Pläne in Dresden, und es kannte Deppes Qualifikationen bei Siemens. In seinem Alter, so sagt der 61-jährige Deppe heute, seien seine ehemaligen Kollegen von Siemens schon seit fünf Jahren in Rente.

Ehrgeizig war Hans Deppe immer gewesen. Geboren im Dezember 1945 und aufgewachsen in der Nähe von Gütersloh, stammt er aus kleinbürgerlichem Milieu. Der Vater arbeitete als Dorfschullehrer. Sohn Hans hatte vier jüngere Geschwister. Das Geld war knapp. Früh hatte sich beim ältesten Sohn eingeprägt, das sich die Dinge, die man anpackt, lohnen müssten, auch finanziell. Sein Physikstudium in Münster brachte er mit Promotion möglichst schnell hinter sich, um Geld verdienen zu können. 1974 war er mit einem Diplom in angewandter Physik und einem Doktortitel in Halbleiterphysik ideal gerüstet für die Praxis in der Industrie. Ein Theoretiker, so erklärt er, sei er nie gewesen.

Seinem Hang zum Praktischen, zum konkreten Tun blieb er bei Siemens treu. Nach wenigen Jahren drängte es ihn aus der Forschungsabteilung – in der die Angestellten ein lockeres, druckloses Leben führen konnten – in die Halbleiterfertigung bei Siemens. Eine Industriekarriere begann. Stationen in Werken in München und in Regensburg, wo er zuletzt als Qualitätsleiter arbeitete, und in Taiwan folgten.

Hans Deppes Biographie ist eine Aufsteigergeschichte der westdeutschen Nachkriegszeit. Er hat die prägende Erfahrung gemacht, dass sich die dominierenden Werte jener Jahre – Ehrgeiz, Disziplin, Leistungsbereitschaft – sprichwörtlich bezahlt machen können: In den sechziger Jahren herrschte fast immer Vollbeschäftigung, und die Wirtschaft wuchs verlässlich. Jeder kann was werden, aber man muss sich anstrengen, war die Formel, die für Deppe zum roten Faden wurde.

Bis heute führt er ein Berufsleben unter Hochspannung. Er ist ein kräftiger, hochtouriger Typ, der im Laufe eines dreistündigen Interviews zehn kleine Mineralwasserflaschen und ungezählte Tassen Kaffee leert. Die Anstrengung, die ihm sein Beruf abverlangt, ist jederzeit zu spüren, aber auch die Befriedigung, die ihm die Arbeit gibt. Nüchtern seine Arbeit zu erledigen, ist seine Sache nicht. Er könne sich nie zurücklehnen, sagt er. Diese Haltung erklärt die Genugtuung, die er durch seine Rolle als Dresdner AMD-Chef erfährt. Hier kann er noch einmal Leistung zeigen und etwas schaffen, was bei Siemens für eine Führungskraft seines Alters wohl niemals möglich gewesen wäre: »Ich hatte hier eine Chance, etwas aufzubauen, die ich im Westen nie gehabt hätte.«

Es schmeichelt Deppe, dass seine Fabrik für Sachsen und für Ostdeutschland von überragender Bedeutung ist. Er staunt bis heute, welchen hohen Stellenwert er persönlich in der Öffentlichkeit genießt. In Baden-Württemberg oder Hamburg wäre er der Vertreter einer mittelgroßen Fabrik unter vielen. Hier aber, im Land der wenigen industriellen Leuchttürme, ist er ein Idol. Die Politiker und Behörden lesen dem Werkschef sprichwörtlich jeden Wunsch von den Lippen ab. Bei Bauanträgen oder anderen Pflichtkontakten mit staatlichen Behörden kann Deppe sichergehen, das seine Anliegen schnell erfüllt werden. Stehen wichtige Entscheidungen an, macht der sächsische Ministerpräsident Georg Milbradt sofort einen Termin frei. Die Zugänge zum Regierungschef und zu maßgeblichen Ministerien verschaffen ihm die Möglichkeit, direkten Einfluss auszuüben, etwa wenn Sachsen und die Industrie ein neues Forschungsinstitut aus der Taufe heben wollen und es Deppe darum geht, die Schwerpunkte des neuen Instituts mit zu beeinflussen. Es gebe, so bemerkt er vielsagend, in Sachsen viele Möglichkeiten, auf Entscheidungen hinzuwirken.

Nüchtern betrachtet ist AMD Dresden der bloße Produktionsstandort einer in den USA beheimateten Chipfirma, und Hans Deppe ist der Leiter dieser Dependance. Es ist die Zentrale in Kalifornien, die die wichtigen, strategischen Unternehmensentscheidungen trifft. Zwar ist Dresden inzwischen mehr als eine bloße verlängerte Werkbank: AMD-Ingenieure arbeiten in Dresden daran, durch viel Detailarbeit die Leistungsfähigkeit der Chips zu verbessern. Sie arbeiten am »Design«, wie es in der Halbleitersprache heißt. Grundlegende Forschungsarbeit wird im Dresdner AMD-Werk aber nicht betrieben, und neue Generationen von Mikroprozessoren werden hier auch nicht entwickelt. Dies bleibt den Standorten in den USA vorbehalten. Dennoch ist Hans Deppe einer der wichtigsten Manager für Sachsen. Die Öffentlichkeit blickt auf ihn, erhofft sie sich doch Ansprache, Kontakt und Zuspruch von der Wunderfabrik im Dresdner Norden, denn dergleichen gibt es nicht viele in Sachsen, zumindest nicht in der Dimension des AMD-Werks. Die Beziehung zwischen Sachsen und Hans Deppe ist eine ungleiche. Für die Region ist er mehr als ein Geschäftsführer, er ist, einem Heilsbringer gleich, ein Symbol für Fortschritt, Hoffnung und Zukunft. Für Deppe ist das Verhältnis zu Dresden und Sachsen hingegen rein funktional: Die Arbeitsbedingungen seines Unternehmen in Sachsen sind optimal. Allein das ist entscheidend.

Die Erwartungen, die an ihn gerichtet werden, überfordern seine tatsächlichen Möglichkeiten. Die Kluft führt zwangsläufig zu Enttäuschungen, weil Deppe die Bedürfnisse und Hoffnungen weder befriedigen kann noch will. Was für ihn zählt, ist seine Konzernzentrale. Nur ihr gegenüber ist er Rechenschaft schuldig. Deppe ist ein angestellter Manager eines amerikanischen Unternehmens, dem seine ganze Aufmerksamkeit gilt. Wenn etwa der Wirtschaftsressortchef der Lokalzeitung in einem Interview mit Deppe bemängelt, dass das Unternehmen sich kaum in das Dresdner Stadtgeschehen einbringe und Deppe kühl antwortet, dass es nicht zum Stil des Unternehmens passe und er außerdem gar nicht die Zeit dafür habe, dann drückt dieser Dialog exakt die Ungleichheit der Beziehung aus.

Wo Deppes Prioritäten liegen, machen die Abendstunden in Dresden klar. Dann treffen sich die Honoratioren der Stadt aus Politik, Medien und Wirtschaft. Deppe ist dort ein umworbener Gesprächspartner, und die Veranstalter buhlen um seine Gunst. Doch fast immer muss der Mann von AMD absagen. »Wenn um 18 Uhr eine Veranstaltung beginnt, öffnet sich für mich gerade das Fenster in die USA. Ich stehe in einem ständigen Zeitkonflikt«, sagt der Werkschef. In seinem Unternehmen stehen ständig und oft kurzfristig Entscheidungen an, auf die er per Videokonferenz Einfluss zu nehmen versucht.

Es ist nicht nur die Zeitverschiebung von stattlichen neun Stunden, die Hans Deppe in einer anderen Welt leben lässt. Es sind vor allem die anderen Bedingungen seines Arbeitslebens. Seine Welt ist eine internationale, komplett globalisierte Branche, deren Management von Zeitmangel, ständigen Konferenzschaltungen und der englischen Sprache geprägt ist und die globalen Märkte im Blick haben muss. Die Dresdner Fabrik arbeitet in drei Schichten, und 24 Stunden am Tag passiert irgendwo auf der Welt immer etwas Wichtiges, das seine Branche betrifft. In vielen traditionellen Unternehmen in Sachsen geht es inzwischen auch international zu, aber letztlich gediegener, sesshafter und oft auch langsamer. Es sind zwei unterschiedliche Sphären, die sich kaum berühren.

Hans Deppe fühlt sich wohl in Dresden, und er fühlt sich auch heimisch – fast. Zwar wird er auf jeden Fall noch die jüngste Großinvestition im Werk begleiten, die bis 2008 andauert. Danach könnte er sich aber durchaus noch einen Einsatz für AMD außerhalb Europas vorstellen, etwa in den USA. In der kalifornischen Unternehmenszentrale schätzt man seine Fähigkeiten und seine Erfahrung. Deppe würde es reizen, seine Jahre bis zur Pensionierung noch für etwas Neues zu nutzen, wenn er das Gefühl hat, dass der Dresdner Standort »gut abgesichert« ist. Seine Frau würde überdies nicht ungern fortziehen, denn sie hat in Sachsen nur wenige Wurzeln geschlagen.

Sollte irgendwann ein neuer Geschäftsführer Hans Deppe nachfolgen, würde sich bei AMD in Dresden nicht viel ändern. Die Übergabe zum neuen Chef dürfte nur wenig Geräusch verursachen. Auch der Neue wird vielleicht von den Sachsen bewundert werden, aber auch er wird für sie weit weg sein da draußen in seinem strahlenden, weißen Raumschiff.

Christina Emmrich, Bezirksbürgermeisterin, PDS

»Manchmal komme ich mir vor wie die Stütze des Systems«

Die ehemalige SED-Spitzengenossin Christina Emmrich empfindet die Bundesrepublik nicht als ihren Staat, und dennoch funktioniert sie in diesem Land. Sie ist ehrgeizig und kann sich anpassen, wie schon in der DDR.

»Nicht, dass man keine Verwendung für uns hatte. Chancen gab es genug. Aufstieg war möglich. Die Türen standen weit offen. Aber warum, wenn wir durch diese offenen Türen gehen wollten, so viel hinter uns lassen von allen diesen Eigenschaften, die dieser Gesellschaft, wie wir mit eigenen Augen sahen, doch so angemessen waren? Warum wollte man uns so reduziert, so dressiert? (...) Warum wurde das honoriert? Drängende Frage.«

Sigrid Damm, 1987

Christina Emmrich mag die Fahne nicht, aber sie muss es tun. Wenn in Deutschland nationaler Feiertag ist, muss sie vor ihrem Rathaus Schwarzrotgold hissen lassen. So will es die Vorschrift. Als ihre Fahne betrachtet sie sie nicht, genauso wenig, wie sie die Bundesrepublik als ihr Land betrachtet. Gern würde sie, PDS-Mitglied und Bürgermeisterin des Berliner Bezirks Lichtenberg, die Bundesrepublik BRD nennen, um ihre Distanz zu zeigen zu diesem Staat. Doch mittlerweile hat sie sich angewöhnt, Bundesrepublik zu sagen – aus Rücksicht gegenüber anderen ostdeutschen Politikern in Berlin. »Weil die hier angekommen sind«, sagt sie.

Der Bezirk Lichtenberg, an dessen nördlichem Ende das Plattenbaugebiet Hohenschönhausen liegt und an dessen südlichem Ende das alte Villenviertel Karlshorst, ist mit seinen 255 000 Einwohnern einer von vier reinen Ost-Bezirken und eine Hochburg der PDS. Als Bürgermeisterin und Verwaltungschefin ist Christina Emmrich eine Amtsperson der Bundesrepublik Deutschland, aber das Institutionengerüst, in dem sie arbeitet, empfindet sie als fremd, die Gesetze, die sie ausführen muss, nicht als ihre. Ob sie den Frieden mit diesem Deutschland gemacht habe, nach mehr als 16 Jahren? »Nein, so weit will ich für mich wirklich nicht gehen«, sagt sie.

In der DDR saß Christina Emmrich im achtköpfigen Sekretariat des FDGB, dem höchsten Gremium des Freien Deutschen Gewerkschaftsbundes. Anders als der Name nahelegt, war der FDGB – mit 9,5 Millionen Mitgliedern die größte Massenorganisation der DDR – weder frei noch ein loser Bund selbständiger Gewerkschaften, sondern die zentrale Instanz, die über die machtlosen Einzelgewerkschaften bestimmte. Als »Sekretär für Frauenfragen« verantwortete sie kein Thema, dass für den FDGB von zentraler, strategisch wichtiger Bedeutung war. Sie übte aber viel konkrete Macht über die Lebensumstände von Millionen Frauen aus. Egal ob es um Schichtzeiten, Sozialversicherungsfragen, Frauenförderpläne oder die Gewerkschaftsmitarbeit in den Betrieben ging – zuständig war sie.

Natürlich hatte sich der FDGB der SED unterzuordnen. Die Gewerkschaft wollte vor allem die Politik der SED bei den Belegschaften verankern. Und es oblag Emmrich, sich dabei um die Frauen zu kümmern. Über die Betriebe sollten mehr Frauen für das gesellschaftliche Engagement, wie es hieß, also für den Sozialismus gewonnen werden. »Frauen sind Multiplikatoren unserer guten Politik«, notierte Christina Emmrich 1988 für eine Rede.[18]

Harry Tisch, ihr direkter Vorgesetzter, starb 1995 als kranker Mann mit 68 Jahren. Nach der Wende hatte er in Untersuchungshaft gesessen, zunächst wegen vermuteten Amtsmissbrauchs als FDGB-Vorsitzender, dann, in seiner Funktion als Mitglied des Politbüros, wegen des Schießbefehls an der Mauer. Johanna Töpfer, die Nummer zwei in der Gewerkschaft, hatte sich im Januar 1990 das Leben genommen. Sie war wohl mit dem plötzlichen Verlust ihrer Macht nicht zurechtgekommen. Ein anderer Kollege ist vorzeitig in Rente gegangen, ein weiterer arbeitet heute in einem Reisebüro.

Auch ihr eigener Mann war Funktionär. Er arbeitete in der SED-Kreisleitung Hohenschönhausen. Nach der Wende fand er Arbeit bei einer Wachschutzfirma. Es folgten Arbeitslosigkeit und schließlich Ruhestand. Christina Emmrich hingegen hat auch im neuen System Erfolg: Aus der Genossin Emmrich ist eine Amtsperson in der Bundesrepublik Deutschland geworden.

Wie schafft es Christina Emmrich heute, nicht zu zerreißen? Sie lehnt die Bundesrepublik ab, und dennoch funktioniert sie in diesem Staat und macht als ehemalige Kommunistin Karriere.

Die Bürgermeisterin sitzt in ihrem großen Büro im ersten Stock des backsteinernen wilhelminischen Rathausbaus und überlegt.

»Als Kommunistin habe ich mich schon gefühlt, ja.«

Als Hundertprozentige, wie man so schön sagt?

Christina Emmrich schüttelt den Kopf und gibt eine für eine ehemalige Spitzenfunktionärin zunächst erstaunliche Antwort: »Das denke ich eher nicht. Ich bin ein pragmatischer Typ.« Und fügt an: »Die Hundertprozentigen, das sind doch die, die heute Frührentner sind.«

Sie meint jenen Teil der ehemaligen Funktionäre von Staat und Partei, die einen Neuanfang nach der Wende nicht geschafft haben: Weil sie hundertprozentig waren und sich dieser Bundesrepublik nicht anpassen konnten oder wollten. Sie gehörten einst zu den Tausenden von DDR-Bürgern, die als junge Leute in die Hauptstadt zogen, um den immer größer werdenden Menschenbedarf des DDR-Apparats zu stillen. Sie leben immer noch in jenen Plattenbauwohnungen, die ihnen in den siebziger und achtziger Jahren zugewiesen wurden, am Alexanderplatz, in Hellersdorf, in Marzahn – und eben in Lichtenberg und Hohenschönhausen, wo Christina Emmrich selbst seit 1986 wohnt. Es sind die treuesten Wähler der Bürgermeisterin.

Auch Christina Emmrich fiel 1990 zunächst ungebremst. Das Spitzenfunktionärsleben war plötzlich gekappt. Keine Citroën-Limousine als Dienstwagen mehr, die jedem Passanten signalisierte, dass hier kein gewöhnlicher Provinzfunktionär vorbeikommt; kein eigener Fahrer und auch kein persönlicher Referent mehr, stattdessen Arbeitslosigkeit ab März 1990. Noch schwerer aber wog der Verlust des Staates DDR. »Es war mein Land, und ich habe dieses Land gemocht«, sagt sie. Sie erhielt Angebote von bundesdeutschen Versicherungen und Krankenkassen, die in jenen Monaten gern auf die Erfahrung organisationserprobter DDR-Funktionäre zurückgriffen, um ihr Filialnetz im Osten aufzubauen. Emmrich lehnte ab. Versicherungen zu verkaufen, nein, das habe sie wohl nicht gekonnt.

Sie fing sich alsbald und lernte, die Spielregeln der Bundesrepublik für sich zu nutzen. Sie ließ sich vom Arbeitsamt weiterbilden und gründete zusammen mit Gleichgesinnten in Hohenschönhausen einen Verein, der sich um Arbeitslose kümmert, Kindertagesstätten betreibt und Freizeitangebote für alte Menschen schafft. Der Verein, staatlich gefördert, expandierte schnell. Sie habe, so erzählt sie, mit diesem Verein die Lücke schließen wollen, die die Wende aus ihrer Sicht in die ostdeutsche Gesellschaft gerissen hat. Natürlich bedeutet der Verein aber auch handfeste Milieupflege für die Partei, der sie nach der Wende die Treue hielt. Die PDS dominiert das soziale Leben in Lichtenberg durch derartige Vereine, mit denen sie stark verflochten ist. Als Christina Emmrich ihren Verein gründete, hat sie ein bisschen auch ihr eigenes altes Milieu bewahren wollen.

Seit 1995 sitzt sie im Bezirksparlament. 2001 wählte sie das Parlament zur hauptamtlichen Stadträtin, ein Jahr später zur Bürgermeisterin. »Ich wollte mit mir noch was anfangen nach der Wende«, sagt Christina Emmrich. Kaum vorstellbar, dass sie sich nach der Niederlage von 1989 grübelnd in ihr Privatleben verkrochen oder einen abgeschiedenen Bürojob angenommen hätte. Sie ist von robuster, unkomplizierter Natur: kurze, hennarot gefärbte Haare, energisches Auftreten, eine kräftige, vor Publikum mühelos ins Laute übergehende Stimme. Sie ist ein Chefinnen-Typ. Sitzungen oder Bürgertreffs in ihrem Bezirk dirigiert sie mit sicherer Hand. Sie ist unverkennbar jemand, der sich unentwegt einbringen muss, die Dinge bewegen will, »etwas tun« muss. Sie ist nicht der Typ Mensch, dem durch zu viel Nachdenken Zweifel kommen. Ehrgeiz, nicht Ideologie, ist das Schlüsselwort, das ihre zwei Karrieren in zwei Systemen erklärt.

In der Familie, in der sie 1948 im Leipziger Industrievorort Böhlitz-Ehrenberg als Christina Gemerek zur Welt kommt, spielt

Politik im Sinne der SED keine Rolle. Ihre Mutter ist 21 Jahre alt und verdingt sich als ungelernte Arbeiterin in einer Holzfabrik. Natürlich ordnet die SED die soziale Herkunft der Tochter später der richtigen Klasse, also der Arbeiterklasse zu, aber aus einer klassenbewussten Familie stammt sie ganz und gar nicht. Als sie zur Welt kommt, leben ihre Mutter und ihre Großeltern erst seit zwei Jahren in Sachsen. 1946 hatten sie als Bauern Oberschlesien verlassen müssen. Der Großvater besaß einen kleinen Hof. Es ist das Milieu entwurzelter Vertriebener, der Barackensiedlungen und des bitterarmen Provisoriums, in dem die Gemereks zunächst unterkommen. Ihren Vater, den die Mutter 1947 trifft, kennt die Tochter bis heute nicht. Bald nach der Geburt lernt die Mutter einen neuen Mann, ebenfalls einen Vertriebenen, kennen. Sie heiraten und bekommen drei Kinder.

Die Familie geht weiter in den evangelischen Gottesdienst, so wie sie es in Schlesien gemacht hat. Aber im Laufe der Jahre kann oder will sie sich des Drucks der neuen politischen Verhältnisse nicht erwehren. Großeltern und Mutter haben nicht das Ziel oder die Kraft, die Tochter betont antistaatlich und christlich zu erziehen. Sie sind nach Flucht und Vertreibung folgsame und unauffällige Bürger im neuen Staat DDR. Zwar lässt die Mutter das Kind taufen, und auch der Vorname ist mit Bedacht gewählt. Die heranwachsende Christina Gemerek indes geht ihren eigenen Weg. Sie besucht noch den Konfirmandenunterricht, aber sie lässt sich nicht mehr konfirmieren. Sie geht lieber zur staatlichen Jugendweihe, weil dies der allergrößte Teil der Klasse so macht.

Es ist die Zeit der frühen sechziger Jahre. Nachdem die Kirche in den fünfziger Jahren noch große Teile der Jugend hat ansprechen können, geht ihr Einfluss jetzt stark zurück. Der Staat konsolidiert sich und gewinnt die Oberhand – und er fördert Schüler wie Christina Gemerek nach Kräften. Als Arbeiterkind mit guten Noten kommt sie problemlos auf die Oberschule und kann das Abitur machen.

Ihr Leben in der DDR ist zunächst überhaupt nicht ehrgeizig. 1966 macht sie ihr Abitur und fängt im gleichen Jahr in einem Leipziger Kombinat als Messtechnikerin an. Sie will studieren, denkt an Medizin oder Sprachen, doch dann lernt sie ihren Mann kennen. Sie verliert die Lust an ihren Studienplänen und bleibt im Kombinat. Sie könnte ein Ingenieurstudium aufnehmen, aber sie lehnt ab, weil sie dafür Leipzig verlassen müsste.

Ihr Leben ändert sich 1971. Die FDJ-Leitung des Kombinats fragt sie, ob sie die ehrenamtliche FDJ-Führung ihrer Abteilung übernehmen will. Die junge Frau will und tritt dafür, was obligatorisch ist, in die SED ein. Keine zwei Jahre später fragen die Genossen wieder. Christina Emmrich soll den hauptamtlichen Posten des Kombinats-FDJ-Sekretärs übernehmen. Sie sagt zu und verlässt die Werkbank. Die ehemalige Schichtarbeiterin und Tochter einer Hilfsarbeiterin erfährt plötzlich sozialen Aufstieg. Sie verfügt nunmehr über ein eigenes Büro; sie kann ihren Tag frei gestalten; sie entdeckt organisatorisches Geschick bei sich und verantwortet das FDJ-Leben von hunderten jungen Arbeitern, Ingenieuren und Wissenschaftlern: politische Schulungen, Freizeit, Kultur. Es ist eine durchaus typische Funktionärskarriere, die ihren Anfang nimmt. Der DDR-Jugendverband hat zeit seines Bestehens Schwierigkeiten, seine Funktionärsposten zu besetzen. Die Fluktuation ist hoch; Kader, die sich bewähren, holt sich die SED; Kader, mit denen der Apparat unzufrieden ist, werden schnell wieder abgelöst. Besonders schwierig ist es für die FDJ, Frauen zu gewinnen. Frauen, deren Engagement nur leicht über das Nötigste hinausgeht, werden massiv von der FDJ umworben.

»Es gab für mich keinen Grund zu sagen, was geht mich dieser Staat an«, sagt sie heute. »Es ist so gelaufen, wie es gelaufen ist«, ist ein anderer Satz. Es sind denkbar einfache und fatalistische Erklärungen einer Funktionärskarriere, führen aber zum Kern. Christina Emmrich ist in der DDR mehr Objekt als Subjekt, und sie lässt es geschehen. Die Umstände sind eben so, und es ist doch allemal besser als vorher, ist ihr Motto in jenen Jahren.

Die Weichen sind gestellt. Erst wenige Monate auf ihrem FDJ-Posten, wird die SED auf die junge Frau aufmerksam. Die Partei schickt sie auf die Bezirksparteischule, anschließend arbeitet sie in einer SED-Kreisleitung bei Leipzig. Die nächsten Stationen folgen im Takt weniger Jahre: ab 1978 dreijähriges Studium an der Parteihochschule des Zentralkomitees in Berlin; 1981 Mitarbeiterin in der Leipziger SED-Bezirksleitung, verantwortlich für Frauenfragen; ab 1986 im Führungsgremium des FDGB in Berlin. Christina Emmrich ist zu dem Zeitpunkt 38 Jahre alt. Sie akzeptiert die führende Rolle der Partei gegenüber dem FDGB und definiert Frauenpolitik in deren Sinne. Frauenpolitik heißt demnach, zu verhindern, dass Frauen zu sehr ins Privatleben verschwinden. Emmrich soll dafür sorgen, dass Teilzeitarbeit – der jede vierte Frau in der DDR der achtziger Jahre nachgeht – eingedämmt wird. Die weibliche Arbeitskraft soll möglichst effektiv ausgeschöpft werden; aber natürlich geht es auch darum, die Frauen über die Gewerkschaften in das SED-konforme »gesellschaftliche Leben« zu integrieren. »Auch im Sozialismus kann es keine maßgeschneiderte Arbeitszeit für jeden einzelnen geben!«, sagt Emmrich streng in einer Rede 1988 in der Stadt Forst.[19]

Sie steht zwischen den Dogmen der SED, gegenüber denen sie sich loyal verhält, und eigenen Gedanken, die sie vorsichtig äußert. So formuliert sie nach dem Reaktorunglück von Tschernobyl und den umfangreichen Berichten im Westfernsehen ganz SED-offiziell, »dass der Gegner mit seiner antisowjetischen Hetzkampagne auch bei einigen Bürgern von uns Einbrüche erzielte«. Sie sagt in der Rede aber auch Sätze, die in keiner DDR-Zeitung stehen: »Eines zeigt sich dennoch: Dieses Unglück hat viele Menschen darüber nachdenken lassen, welche Auswirkungen bereits die friedliche Nutzung der Nuklearkraft haben kann.«[20]

Die Genossin Christina Emmrich funktioniert im Rahmen der SED-Ideologie. Sie will den Rahmen weder abschaffen noch verstärken; sie setzt ihn als gegeben voraus. Sie steht für einen neuen Typ von DDR-Nachwuchsfunktionär, den ihr Jahrgang erstmals hervorgebracht hat. Als 1948 Geborene gehört sie zur ersten Generation, die in einer sich etablierenden DDR aufwuchs. Funktionärin wurde sie auf anderem Wege als die älteren. Es war nicht mehr das feierliche, pathetische Bekenntnis, einen anderen, besseren deutschen Staat aufbauen zu wollen. Die Erzählung von Antifaschismus und Widerstand, die viele nach dem Zweiten Weltkrieg in die SED führte, kannte sie nur noch aus den Formeln der Parteipropaganda. Sie gehörte zu den ersten Kindern der DDR, hineingeboren in ein Land, das einfach da war.

Alternativen liegen außerhalb ihrer Vorstellungswelt und werden in Sphären diskutiert, die für Christina Emmrich aufgrund ihrer Herkunft keine Rolle spielen: in bürgerlichen Restmilieus, in Kirchen- und Künstlerkreisen. Der Staat bot ihr Aufstiegsmöglichkeiten und forderte Anpassung ein, die ihr leichtfiel. Heute beziffert sie den Grad der Anpassung sogar mit einer Prozentzahl. Ihr Aufstieg in den DDR-Apparaten habe zu 40 Prozent auf Anpassung beruht.

Auf die Realitäten in der DDR blickt sie im Laufe der Jahre zunehmend selektiv, denn als Funktionärin lebt sie in einer eigenen Welt. Den dramatischen Verfall der DDR-Wirtschaft in den letzten Jahren nimmt sie nicht wahr. Morgens wird sie aus ihrer Neubauwohnung abgeholt und in den gewaltigen, frisch bezogenen Gewerkschaftsbau am Spreeufer in Berlin-Mitte gebracht. Ihre Besuche in Betrieben werden sorgfältig vorbereitet und Wochen vorher nach langem Briefwechsel zwischen ihrem Büro und den Gastgebern organisiert. Mit jedem Karriereschritt nimmt sie ein wenig mehr den scheuklappenverhangenen Blickwinkel des Apparats an. Die sich merklich verschlechternde Stimmung am Ende der DDR kann sie nicht wahrnehmen oder verdrängt sie. Sie nimmt die Lügen, die realitätsblinden Phrasen hin, die in Funktionärssitzungen gedroschen werden. Sie nimmt hin, dass in ihrem Wohngebiet über sie, die Funktionärin, hin und wieder gelästert wird, die sich mit einer devisenteuren West-Limousine abholen lässt. Sie nimmt auch hin, dass manche Nachbarn über ihr sächsisches Idiom frotzeln. Seit Walter Ulbrichts Zeiten gelten in Berlin zugezogene Sachsen als Prototyp des Funktionärs.

Die Wende fegt ihre Pläne weg. Sie hatte sich vorgestellt, noch einige Jahre auf ihrem Sekretärsposten zu bleiben, und träumte davon, vielleicht irgendwann ganz oben anzukommen, als Nachfolgerin von Harry Tisch an der Spitze des FDGB. Die anschwellenden Proteste auf der Straße und die Massenausreisen überraschen sie völlig, und die Forderungen der Bürgerbewegungen nach freien Wahlen wollen ihr nicht einleuchten. Unvorstellbar für sie, dass dies die Macht der SED beenden würde. Sie glaubt, dass die SED auch ohne die in der Verfassung verankerte Macht in der Bevölkerung weiter eine führende Rolle, so wie die Partei es nennt, einnehmen kann. Von 60 oder 70 Prozent geht sie aus, die die SED bei freien Wahlen erhalten wird. Sie hofft auf eine personell erneuerte SED, die ihre Rolle wahren kann. »Ich hatte geglaubt, dass wir natürlicherweise diejenigen sind, die in der Gesellschaft voranschreiten«, sagt sie.

Ihre Kritik an der DDR ist heute punktuell, nicht fundamental. Das harte Durchgreifen der SED an jeder Stelle der Gesellschaft habe unnötige Probleme geschaffen. Die Funktionäre hätten früher zu wissen geglaubt, was für die Menschen gut ist, ohne nach deren Meinung zu fragen. Dass sich die Partei in »viele Sachen reinhängte«, wie sie es nennt, habe sie damals als normal empfunden. Ähnlich punktuell ist heute ihre Kritik an der Staatssicherheit. »Es hat Menschen- und Bürgerrechtsverletzungen durch das Ministerium für Staatssicherheit gegeben. Das muss man zugeben«,[21] sagt sie. Als verbrecherischen Apparat per se deutet sie die Staatssicherheit damit aber nicht.

Gleichwohl zieht Christina Emmrich aus ihrer zögerlichen DDR-Kritik persönliche Lehren. Sie bereut es heute, am Allmachtsanspruch der SED mitgebaut zu haben. Als sich in den späten achtziger Jahren freie Frauengruppen gründeten, reagierte die FDGB-Sekretärin für Frauenfragen als loyale Funktionärin, brachte das Thema in den Gremien zur Sprache und beobachtete die Gruppen fortan »mit Argusaugen«. Heute hingegen betont sie als Bürgermeisterin den Wert von direkter Demokratie. In ihrem Bezirk hat sie dem Projekt eines »Bürgerhaushalts« den Weg geebnet. Die Lichtenberger können über einen Teil des Bezirkshaushalts mitbestimmen. Wenn Christina Emmrich vehement für mehr Bürgerbeteiligung plädiert, klingt sie dabei glaubwürdig. Sie ist gleich dem gebrannten Kind, das als ehemaliger kommunistischer Kader seine Lektion in Sachen Demokratie gelernt hat.

Gesellschaftliche Veränderungen werde es nur noch geben, wenn die Mehrheit es so wolle, ist sie sich heute sicher. Sie akzeptiert die Mehrheitsverhältnisse in Deutschland so, wie sie sind. Zu Hause in dieser Bundesrepublik fühlt sie sich gleichwohl nicht. Sie sieht sich als Sozialistin, der dieser Staat aufgezwungen wurde. Als Bezirksbürgermeisterin muss Christina Emmrich einen täglichen Spagat vollziehen. Sie muss die Bundespolitik und Landespolitik umsetzen, die sie als ungerecht und kapitalistisch deutet. Sie versucht Akzente dagegen zu setzen, etwa, indem sie ein paar ABM-Stellen mehr schafft als in anderen Bezirken Berlins.

Sie versucht ein kleines bisschen Sozialismus im Kapitalismus zu verwirklichen. Sie will dem System etwas abtrotzen durch Umverteilung von oben nach unten. Norbert Blüm, der ehemalige CDU-Arbeitsminister und Sozialkatholik, würde das nicht Sozialismus nennen, wohl aber soziale Gerechtigkeit, aber mit der Politik von Christina Emmrich wäre er durchaus einverstanden. Und wenn Franz Müntefering in den achtziger oder neunziger Jahren Kommunalpolitiker gewesen wäre, hätte er für seine Stadt vermutlich exakt die gleiche Politik betrieben. Gerechtigkeit herzustellen durch Versorgung war lange Zeit ein gesamtdeutscher Grundkonsens.

Der Unterschied ist ein anderer. Die Lichtenberger Bürgermeisterin muss sich dabei winden. »Manchmal denke ich, lass es einfach laufen, lass es schleifen, dann sind die Leute vielleicht eher bereit, sich gegen die Gesetze aufzulehnen. Manchmal komme ich mir vor wie die Stütze des Systems«, sagt sie. Sie befindet sich in einem Dilemma. Sozialpolitik in der Bundesrepublik bedeutet für sie, den Kapitalismus unfreiwillig zu stabilisieren. »Hartz IV« etwa interpretiert sie als ungerecht und als eine Zumutung, worauf man mit Boykott und Widerstand antworten müsse – eigentlich.

Andererseits muss sie die Gesetze vor Ort umsetzen und dafür sorgen, dass die Dinge funktionieren und das Geld fließt. Sie tut es letztlich anstandslos. Sie will beweisen, dass sie es kann und auch in der kapitalistischen Bundesrepublik zu funktionieren vermag: »Man hatte eine ordentliche Ausbildung, man hatte ordentlich gearbeitet, und man macht es jetzt halt auch, sicher unter anderen Vorzeichen.« Sie passt sich an die jeweils aktuellen Strukturen an, angetrieben vom Ehrgeiz, zu zeigen, dass es mit ihr klappt.

»Die Leute wollen versorgt sein, sie können nicht ständig aufgerieben und zum Aufstand aufgerufen werden«, beschreibt sie die Stimmungslage ihrer Lichtenberger Wählerklientel recht präzise. Dem ehemaligen, älter gewordenen SED-Personal ist nicht nach Revolution. Sie treibt vielmehr die Sorge um, dass ihre Rente pünktlich ausbezahlt wird; dass die Krankenkasse die Kur finanziert; oder dass das von Christina Emmrich verantwortete »Jobcenter Lichtenberg« die nächste ABM oder Fortbildung finanziert. Die Bezirksbürgermeisterin stellt Ruhe her bei einer Wählerklientel, die, wie sie, die Bundesrepublik nicht als ihr Land betrachtet, sich aber den Umständen fügt. »Sie wollen einfach ihr Leben leben«, sagt sie.

Nur manchmal tritt ihre Gespaltenheit deutlich und in aller Öffentlichkeit zutage. Es sind die Momente, in denen sie als Kommunalpolitikerin mit mehr als Sozialpolitik konfrontiert ist, nämlich mit der Vergangenheit der DDR, die wohl in keiner anderen Gegend wuchtiger präsent ist als in ihrem Bezirk. In Lichtenberg liegt das ehemalige Hauptquartier der Stasi, in Hohenschönhausen deren Untersuchungsgefängnis. Gewöhnlich hat sie wenig mit den Gebäuden zu tun. Die Aufarbeitungs- und Erinnerungsarbeit obliegt nicht dem Bezirk, und darüber ist sie wohl auch ganz froh. Manchmal aber kann sie die Konfrontation mit der Vergangenheit nicht vermeiden. Im Frühjahr 2006 ging es im Bezirk darum, wie das Areal um das ehemalige Gefängnis gestaltet werden soll. Gedenktafeln und Ähnliches wurden diskutiert. Die Bürgermeisterin lud zu einer Veranstaltung, auf der Stasi-Opfer unerwartet auf Dutzende von ehemaligen Offizieren der Staatssicherheit stießen. Das Stasi-Personal kaperte den Abend, verhöhnte die Opfer, verdrehte Tatsachen. Auf dem Podium saßen der damalige Berliner Kultursenator von der PDS und Emmrich. Der Senator wand sich und vermied ein klares Wort gegen die Stasi-Leute. Christina Emmrich aber schwieg, und ihr Schweigen sagte mehr als das Lavieren ihres Tischnachbarn. Schweigen war das einzige, was sie tun konnte. Die, die an jenem Abend aufstanden und die ehemaligen Häftlinge demütigten, waren nicht nur ihre Wähler, sondern auch die ehemaligen Mitarbeiter des »Sicherheitsorgans« ihres Staates – des Staates, dem sie bis heute emotional verhaftet ist. Mit jedem klaren Statement gegen die Offiziere hätte sie sich verleugnet.

Es passiert nur selten wie an jenem Abend in Hohenschönhausen, dass ihr Schweigen so beredt ist und ihre Zerissenheit von

Fernsehkameras ausgeleuchtet und vor Hunderten Zuschauern sichtbar wird. Normalerweise bleiben ihre Gedanken ganz bei ihr. Es sind stille, leise Momente, von der Umwelt unbemerkt, in denen sie durch ihren Kopf gehen. Etwa, wenn in Deutschland wieder Feiertag ist und der Hausmeister ihres Rathauses Schwarzrotgold hisst. Dann fragt sie sich, was sie in dieser Bundesrepublik eigentlich macht und ob 1990 eine Chance verpasst wurde für einen besseren Sozialismus. Und ob die Verhältnisse heute nicht wieder grundlegend geändert werden müssten. Einen Plan hat sie nicht im Kopf und auch kein ausgefeiltes Programm. Es ist mehr ein unbestimmtes Gefühl, dass es anders sein sollte. Es sind nur kurze Momente. Die Fahne ist nie länger als einen Tag gehisst, und danach fügt sich Christina Emmrich wieder und funktioniert weiter in der ihr fremden Bundesrepublik.

Sergej Lochthofen, Chefredakteur

»Ich war wohl robust genug«

Sergej Lochthofen ist in Sibirien geboren, konnte früher kein Deutsch und wurde als »Russenkind« gehänselt. Heute ist er der mächtigste Journalist in Thüringen, denn er ist Chefredakteur und Zeitungsbesitzer zugleich. Es ist dieser Triumph, der ihn in der Provinz hält.

Es war Ende der sechziger Jahre eine der Zugfahrten in Richtung Eisenach, die Sergej Lochthofen wieder einmal bewusst machte, dass er anders ist. Er nutzte diese Strecke oft, und jedes Mal beobachtete er, wie die Schaffner die Mitreisenden argwöhnisch kontrollierten, denn der Zug fuhr in Richtung innerdeutsche Grenze: Ihren Ausweis bitte, wie weit fahren Sie, wohin wollen Sie. Nur ihn, ausgerechnet den jungen Mann in Jeans und mit den langen Haaren, fragte man nie. Er zeigte seinen sowjetischen Pass, und damit war es gut. DDR-Kontrolleure stellten Sowjetbürgern keine Fragen.

Oder kurze Zeit später, 1970: Mit 17 Jahren reiste er allein auf die Krim, um Kunst zu studieren. Nach kurzer Zeit musste er überstürzt zurückkehren in die DDR, denn die Rote Armee wollte ihn mustern. Trotz seines Passes galt er dort als Deutscher, also als irgendwie verdächtig, und die schickte man lieber an die chinesische Grenze als in den europäischen Teil. So blieb ihm am Ende die Armeezeit sowohl in der Roten Armee als auch in der NVA der DDR erspart, anders als allen seinen deutschen und russischen Freunden.

Sergej Lochthofen, geboren 1953, hat den größten Teil seines Lebens in der DDR verbracht, aber DDR-Bürger war er nie. Bis zur Wende hatte er einen sowjetischen Pass, denn er ist in der Sowjetunion geboren als Kind einer Russin und eines Deutschen. Als Sowjetbürger brauchte, durfte er gar nicht in die SED eintreten, obwohl er sich als junger Mann für das staatsnahe Journalistikstudium in Leipzig einschrieb und später gar Außenpolitikredakteur bei *Das Volk* wurde, wie die *Thüringer Allgemeine* zu DDR-Zeiten hieß. *Das Volk* war die Erfurter Bezirkszeitung und damit eine Parteizeitung der SED. Als Parteiloser bei einem Parteiorgan war Sergej Lochthofen eine kuriose Ausnahme. Ein Privilegierter außerhalb der Mechanik des Opportunismus in der DDR: keine Parteiversammlungen, zu denen er gehen musste, keine Ermahnungen vom Parteisekretär: Genosse, ich erwarte dein Erscheinen auf der Kundgebung, Genosse, bring doch bitte dein Privatleben in Ordnung, denn gerade jetzt, vor dem XI. Parteitag, dürfen wir dem Gegner keine Schwäche zeigen. Lochthofen hatte damit nichts zu tun. Auf diese Weise anders zu sein, das bedeutete in der DDR, dass man sich als Journalist damit abfinden musste, sein ganzes Berufsleben ein normaler, unauffälliger Redakteur zu bleiben. Aufstieg war unmöglich.

Inzwischen hat Sergej Lochthofen einen deutschen Pass, aber anders als die anderen ist er noch immer. Jetzt untermalt das Anderssein demonstrativ seine Chef-Rolle: An den Wänden seines Büros hängen von ihm selbst gestaltete Collagen. Die grauen Haare trägt er raspelkurz, dafür aber einen sorgfältig geschnittenen schwarzen Schnurrbart. Die Kleidung: blütenweißes Hemd, Krawatte, Manschettenknöpfe, teure Lederschuhe – ungewöhnlich dandyhaft im biederen deutschen Regionalzeitungsbetrieb. Die Redakteure sehen ihn im Haus nie anders. Auf dem Schreibtisch liegt sein auffälliger Füllfederhalter. Lochthofen unterschreibt nicht einfach, er paraphiert. Wie ein Diplomat setzt er sein Kürzel auf Schriftstücke. Lochthofens Habitus kontrastiert merklich mit der Umwelt: dem lieblosen Zweckbau der Zeitung am Rande Erfurts mit den engen Fluren, dem PVC-Boden, den dünnen Wänden. Hier wird kein Cent unnötig ausgegeben, hier herrscht Normalmaß. Der Chef setzt den persönlichen Kontrapunkt dazu.

Lochthofen spricht hochdeutsch, was ungewöhnlich ist mitten in Thüringen. Wenn er Worte oder Sätze betont, tritt ein leichter russischer Akzent hervor. Er ist schlagfertig und formuliert schnell und geschliffen. So macht sich kaum bemerkbar, dass ihm ab und an die deutsche Grammatik Probleme bereitet. Dann verwechselt er einen Artikel oder eine Endung.

Er ist kein Kumpeltyp; er legt Wert auf Distinktion und betont den Abstand. Mit fremden Besuchern, selbst bei Vorstellungsgesprächen, spricht er an seinem Schreibtisch, hinter dem er sich verschanzt. Erst beim zweiten oder dritten Mal, wenn er Vertrauen gefasst hat, geht es in die lederne Sitzgruppe. Ich bin Chefredakteur, so liest sich sein Auftritt, und einer von euch will ich nicht sein. Ich bin anders.

Bei seiner Familiengeschichte kann es wohl auch gar nicht anders sein.

Sergej Lochthofen ist fünf, als seine Eltern Ende 1958 aus der Sowjetunion nach Thüringen ziehen. Da sieht der Vater Deutschland zum ersten Mal nach 28 Jahren wieder. 1930 war der knapp 23-jährige Schlosser Lorenz Lochthofen aus der Nähe von Dortmund in die Sowjetunion gegangen, um als sogenannter Spezialist in den ukrainischen Bergwerken zu arbeiten. In Deutschland war er Mitglied und lokaler Funktionär der kommunistischen Jugend. Nicht wenige junge Kommunisten aus dem Ruhrgebiet zog es in diesen Jahren in die UdSSR. Deutschland befand sich in der Wirtschaftskrise, die politischen Kämpfe nahmen zu, und für jene mit dem nötigen politischen Idealismus stellte sich die Sowjetunion noch als das Gelobte Land dar. In der Sowjetunion trat Lorenz Lochthofen in die Kommunistische Partei ein und begann 1931 in Moskau Journalistik an der Universität der Kommunistischen Internationale zu studieren. Nach dem Examen ging er als Feuilletonredakteur zu einer deutschsprachigen Zeitung in Engels, das damals Hauptstadt der deutsch besiedelten Wolgarepublik war.

1937, an seinem dreißigsten Geburtstag, holt ihn der Geheimdienst NKWD aus seiner Wohnung und verhaftet ihn. Es ist das Jahr des Großen Terrors, als Stalin Hunderttausende verhaften und erschießen lässt. Der Vorwurf gegen den Deutschen: Agitation für die Bourgeoisie und Verbindung mit dem Ausland. Lochthofen unterschreibt nichts, was ihm an fingierten Geständnissen zugeschoben wird. Das bedeutet 14 Tage Todeszelle – jeden Abend lesen ihm NKWD-Leute die Namen derjenigen Gefangenen vor, die in der Nacht sterben sollen. Lochthofens Name ist nie dabei.

Erschossen werden soll er auch nicht: Man will ihn foltern, um ihn gefügig zu machen. Lochthofen aber bleibt hart. Am Ende, natürlich ohne Beweise, verurteilen ihn die NKWD-Richter zu fünf Jahren Arbeitslager im Gulag Workuta, dem wichtigen Kohlerevier des Landes. Ein zeittypisches Willkürurteil nach einem stalinistischen politischen Prozess.

Sergej Lochthofens Vater sollte die kommenden 21 Jahre seines Lebens in Workuta verbringen. Erst werden aus den fünf Jahren neun Jahre Haft. Inzwischen hat die Wehrmacht die Sowjetunion überfallen, und gegen einen Deutschen findet der NKWD jetzt erst recht immer etwas Verwendbares. 1946 kommt er frei, muss aber als Verbannter in Workuta bleiben. Er lernt eine Russin kennen, die Tochter eines ebenfalls im Lager sitzenden kommunistischen Parteikommissars, und heiratet sie. Das Paar bekommt zwei Söhne, Sergej und Pawel, und zieht in eine Wohnung am Rande des Lagers. Beruflich macht Lorenz Lochthofen das Bestmögliche aus der Situation: Er absolviert ein Abendstudium in Bergbautechnik und arbeitet am Ende als Oberingenieur.

Der Mann, der als Kommunist in die Sowjetunion gegangen war, von den Sowjets als deutscher Faschist betrachtet, in ein Lager gesteckt und der besten Jahre beraubt wurde, hatte nicht aufgegeben. Am Ende war er nicht mehr Arbeitssklave, sondern ein geachteter Mann, ein unentbehrlicher Techniker, ein Spezialist, den die Sowjets gut behandelten, weil sie ihn brauchten.

Der Sohn bewundert ihn dafür, dass er in diesen Jahren nicht zerbrach. Der Vater habe viel positive Energie gehabt, sagt er, und habe als pragmatischer Mensch versucht, sich mit der Lage möglichst gut zu arrangieren. Sergej Lochthofen redet viel über seinen Vater und kaum über seine Mutter. Der Vater, der zum Zeitpunkt seiner Geburt immerhin schon 46 Jahre war, ist eine dominante Gestalt, ein zentraler Bezugspunkt in seinem Leben.

Als die Familie schließlich 1958 nach Genehmigung durch die SED-Führung nach Thüringen ausreisen kann, gelangt der fünfjährige Sergej Lochthofen in eine fremde Welt. Er war bis dahin in Sibirien aufgewachsen, sprach nur Russisch, die Sprache seiner Mutter, und hatte die Tundra, die Kälte, die riesigen Halden des Bergwerks und die Wachtürme des Lagers als selbstverständliche Heimat empfunden. Die Sprache und die liebliche Thüringer Landschaft sind ihm fremd, und sogar die kleinen Hunde, die er nun sieht, sind ihm unbekannt. Er hatte bis dahin nur große Hunde gesehen. Es waren die Hunde der sowjetischen Wachen.

Auch die Eltern müssen sich 1958 neu zurechtfinden. Obwohl die Großmutter noch im Ruhrgebiet lebt und die Familie ohne weiteres in den Westen hätte gehen können, will Lorenz Lochthofen in die ihm unbekannte DDR. Er will den historischen Fehler des Stalinismus, so nennt er es, in der DDR korrigieren helfen, gerade weil er zu Unrecht gesessen hat. Er sieht sich als Linker, als Antifaschist, und diese Haltung hat sich nach den Jahren des »Dritte Reichs« noch verfestigt. Die DDR ist für ihn, nach dem Krieg, der bessere deutsche Staat. Nach Thüringen ziehen sie schließlich, weil der Vater die Region von der Wanderschaft als junger Schlosser kannte.

Der Sohn ist ein Außenseiter in Thüringen, wo immer er sich bewegt. Er irritiert seine Umgebung. Auf der russischen Garnisonsschule, auf die er bis zum russischen Abitur mit 17 Jahren geht, ist er der einzige Deutsche, noch dazu das einzige Kind eines Zivilisten. Der seltsame Deutsche, dessen Muttersprache Russisch ist, gilt manchen Offizierskindern einfach als »Faschist«. Vielleicht irritiert die akkuraten Offizierskinder auch nur dessen Auftreten: Ende der sechziger, Anfang der siebziger Jahre gehören Schlaghose und lange Haare für Sergej Lochthofen zum Standardrepertoire. Die Großmutter aus dem Ruhrgebiet versorgt das Enkelkind mit den gewünschten Levi's-Jeansanzügen. Das führt auch in der deutschen Welt, außerhalb der Schule, zu Irritationen unter Altersgenossen. Er ist das »Russenkind«, das inzwischen merkwürdigerweise die deutsche Sprache beherrscht und sich westlich kleidet. Auch hier gehört er nie richtig dazu. Als junger Sowjetbürger ist er bei den sowjetischen Lenin-Pionieren, nicht bei den deutschen Thälmann-Pionieren.

Sergej Lochthofen sagt, er habe unter dem Außenseiterdasein nicht gelitten: »Ich war wohl robust genug.« Es ist aber auch die Familie, die ihm das nötige Selbstbewusstsein mitgibt. Die Lochthofens genießen Sonderstatus. Schließlich war es die SED, die sie ins Land ließ, nachdem ein sowjetisches Gericht Lorenz

Lochthofen kurz nach der Entlassung aus der Verbannung vollständig rehabilitiert hatte. Außerdem sind Lochthofens berufliche Talente für die DDR interessant. Kurz nach der Ankunft wird er Technischer Direktor eines Waggonbauwerks in Gotha, ein Jahr später macht ihn die SED zum Werkleiter des größten Betriebs in Sömmerda, eines Büromaschinenwerks. 1963 gar lässt sich Lochthofen in das Zentralkomitee der SED wählen. Kein anderes Säuberungsopfer des Stalinismus ist in der DDR in ein vergleichbar hohes Amt gelangt.

Lorenz Lochthofen ist in der DDR Funktionär, aber die Familie führt kein Funktionärsleben. Man lebt bürgerlich: Die Familie musiziert. Die Bibliothek ist bestückt mit amerikanischer und französischer Literatur; die deutschen und russischen Klassiker liegen doppelt, in zwei Sprachen, im Regal. Goethe liest Sohn Sergej auf Deutsch, Puschkins Gedichte auf Russisch. Um die Erziehung kümmert sich die Mutter, die in Deutschland nicht mehr arbeitet. Sie kommt mit der deutschen Sprache nicht zurecht und gibt ihren Beruf als Technische Zeichnerin auf. Finanziell kann es sich die Familie leisten.

»Es war eine offene Atmosphäre zu Hause«, sagt der Sohn heute. Der Vater ist der SED dankbar, er empfindet die DDR als einen Staat, in dem er endlich eine Heimat gefunden hat, aber gleichzeitig wird am Familientisch kritisch über die Staatssicherheit und den Allmachtsanspruch der SED gesprochen. Die Eltern haben wegen ihrer Extrem-Erfahrung mit dem Stalinismus einen geschärften Blick für die totalitären Strukturen der DDR. Persönlich ernst nehmen muss die Familie diese auch nicht. Die Staatssicherheit reagiert unsicher auf die Familie. Es ist der sowjetische Hintergrund, die nur schwer zu durchschauende Verbindung mit dem großen Bruder UdSSR, die sie offensichtlich abschreckt. Sergej Lochthofen wundert sich noch heute, fast enttäuscht, dass seine Stasi-Akte so dünn ist: »Eigentlich müsste da mehr drinstehen.«

Die Jahre als Außenseiter in der DDR, die tatsächlich Jahre eines privilegierten Außenseiters waren, haben ihn geprägt. Dass er auch heute anders ist, auch anders als die übrigen Thüringer Eliten, gefällt ihm. Auf Thüringer Volksfesten Rostbratwurst essend und mit Landräten Bier trinkend kann man ihn sich nur schwer vorstellen. Tatsächlich meidet er lokale Termine, wenn es denn geht. Er braucht andere, größere Bühnen. Es schmeichelt ihm, dass man ihn häufiger als andere ostdeutsche Journalisten in den ARD-»Presseclub«, zu Podiumsdiskussionen oder für Gastkommentare im Deutschlandfunk als Experten für das ostdeutsche Befinden einlädt. Die Sender und Veranstalter tun es gern, weil sie um sein souveränes, medientaugliches Auftreten wissen. Und vielleicht auch, weil sein Vorname so gut »den Osten« schlechthin verkörpert.

In diesen Medien spielt er mit der Rolle des politisch schwer Einzuordnenden, so wie er es auch zu Hause bei der *Thüringer Allgemeinen* in seinen Kommentaren tut. Mal ist er Populist und schmeichelt sich bei seinen Lesern ein, indem er über die Empörung über das Streichen von Staatsgeld einstimmt oder über Politiker im Allgemeinen. Dann ist er wieder der strenge Mahner, wenn er daran erinnert, dass DDR-Bürger nicht nur Opfer gewesen seien. Oder er beurteilt die amerikanische Außenpolitik aus Kalkül mild, gerade weil er weiß, dass sich viele Ostdeutsche bei dem Thema in ihren Vorbehalten gegen die USA bestätigt sehen. Er schätzt Themen, die konfrontatives Potenzial besitzen, Themen, bei denen er nett sein kann und dann wieder nicht. Hier kann er sich profilieren und Aufmerksamkeit erzielen.

Das geschieht freilich um den Preis der Beliebigkeit. Einen festen Wertehorizont hat er auch gar nicht, der diese Beliebigkeit und die Lust an der Provokation als bloßen Selbstzweck einhegen könnte. »Wir sind doch alle christlich-jüdisch-abendländisch geprägt«, sagt er vage. Es gebe sicherlich Werte, an denen man sich orientieren könne, doch, fügt er sofort hinzu, betrachte er sie sehr skeptisch. Er erklärt es mit seiner DDR-Erfahrung und seiner Familiengeschichte, die die Begeisterung für politische Ideen, aber auch die Desillusionierung darüber kennt. Er hat seinen eigenen, radikalen Schluss daraus gezogen: »Nichts ist selbstverständlich. Keine Gesellschaftsform ist vollkommen. Werte können schnell verschwinden.«

Bei einem Thema ist Sergej Lochthofen allerdings nicht beliebig, sondern konsequent. Als Chefredakteur betont er das Thüringische. »Für uns spielt die Region eine große Rolle. Wir haben nur einen Maßstab für die Dinge: Bringt es Thüringen voran oder nicht«, sagt er. Egal ob ICE-Verbindungen oder Fördermittel, stets berichtet die Zeitung als Anwalt von Heimatstolz und lokalen Interessen. Es ist die für Regionalzeitungen übliche Kirchturmperspektive. Aber bei Lochthofen wirkt sie merkwürdig, fast wie ein Fall von Überkompensation eines Chefredakteurs, den der bloße Zufall nach Thüringen verschlagen hat und der von sich selbst sagt, an vielen Stellen in der Welt zu Hause zu sein. Als ob er demonstrativ zeigen müsse, dass er dazugehört.

Ob gerade ihm Thüringen nicht mittlerweile zu klein ist, nach fast 30 Jahren als Redakteur und 15 Jahren als Chefredakteur? Und warum geht er nicht zur *Zeit* oder zur *Süddeutschen Zeitung* oder zur *Frankfurter Allgemeinen,* um als leitender Redakteur dem Osten bundesweit eine Stimme zu geben? Lochthofen lacht, wirkt geschmeichelt und spricht davon, dass die großen Verlagshäuser ganz eigene, traditionelle Vorstellungen hätten und lieber jemanden nähmen, der ihnen vertraut sei. Eine seltsame Antwort – als ob sie versteckte Wünsche ausdrückt.

Nein, nein, wiegelt er ab und sagt, dass Erfurt zwar leider Provinzstadt, die Aufgabe als Chefredakteur in Thüringen aber eine sehr schöne sei und dass er hier viel mehr Einfluss habe als in einem größeren Räderwerk.

Natürlich hat ein Chefredakteur einer Regionalzeitung mehr Spielraum als einer von vielen Chefs in einem überregionalen Zeitungshaus. Kleine Könige sind mächtiger als große Fürsten. Sergej Lochthofens Rolle indes geht wegen der besonderen Gesellschafterverhältnisse der Zeitung weit darüber hinaus, sie ist wohl einmalig in Deutschland bei einer Regionalzeitung: Dem Chefredakteur gehört ein Viertel der Zeitung. Das Blatt hat je zur Hälfte zwei Anteilseigner, die WAZ-Gruppe, ein Zeitungskonzern aus Essen, und die Mitarbeiter-Beteiligungs-GmbH. Die Mitarbeiterbeteiligung ist ein Überbleibsel aus den Wirren der Wendezeit, als die SED als Eigentümer herausgedrängt und die WAZ noch nicht beteiligt war. In dieser Zeit besaßen die Redakteure ihre eigene Zeitung.

In unternehmerischen Belangen, wenn es etwa um neue Investitionen geht, hat die WAZ-Seite heute eine Stimme Mehrheit, in inhaltlichen und redaktionellen Fragen, wozu auch die Personalfragen in der Chefredaktion gehören, die Mitarbeiterseite. Heute gibt es indes nur noch zwei Gesellschafter der Mitarbeiter-GmbH mit hälftigen Anteilen: Sergej Lochthofen und Detlef Rave, der als Geschäftsführer dieser GmbH fungiert. Bis Ende 2006 amtierte Rave zudem als stellvertretender Chefredakteur. Die anderen Teilhaber sind inzwischen ausbezahlt. Lochthofen ist damit sein eigener Chef. Niemand kann seinen Vertrag lösen, niemand kann ihn absetzen. Er ist unangreifbar.

Sein Mitgesellschafter Rave ist nicht nur Geschäftspartner, sondern auch ein alter Vertrauter. Sie kennen sich seit den frühen siebziger Jahren, als Lochthofen sein Volontariat in einer Lokalredaktion absolvierte. Rave war sein Vorgesetzter. Auch die meisten anderen Spitzenleute sind alte Bekannte. Der zweite stellvertretende Chefredakteur heißt Wolfgang Lindenlaub, der zu SED-Zeiten Leiter der wichtigen Innenpolitik-Abteilung war. Lochthofens Ehefrau, eine anerkannte Autorin und Reporterin, führt das Thüringen-Ressort. Zusätzlich ist sie Mitglied der Chefredaktion und damit Stellvertreterin ihres Mannes. Weil der WAZ-Konzern zu offensichtliche familiäre Verschränkungen nicht gern sieht, erscheint diese Funktion nicht im Impressum.

Außer Lochthofen sind sie zu SED-Zeiten allesamt wichtige Nachwuchskräfte der Parteizeitung gewesen. Im Januar 1990 stürzten sie die Spitze, proklamierten die Unabhängigkeit von der SED und ließen sich von der Redaktion an die Spitze wählen. Die Umwälzung bei *Das Volk* war keine Revolution von unten, sondern ein Putsch der zweiten Führungsebene. Es ist kein Wunder, dass für Sergej Lochthofen damals die große Stunde schlug. Seine Mitstreiter brauchten einen unbelasteten Chefredakteur, den sie selbst nicht aufbieten konnten. Der parteilose Lochthofen besaß Glaubwürdigkeit in der Redaktion, und er galt als junger, schlauer Hoffnungsträger. Im Februar 1990 machten ihn die Redakteure per Wahl zum Chefredakteur.

Lochthofen redet selbst nicht über die Gesellschafterstruktur und seine besondere Machtstellung, aber mit Genugtuung registriert er, dass er unter den Chefredakteuren Ostdeutschlands ein Sonderfall ist: »Andere Zeitungen erleben bereits ihren siebten Chefredakteur seit der Wende, und besonders gut sind sie damit nicht gefahren.« In den siebzehn Jahren hat er seine Zeitung so geformt, wie er es wollte. Jedes wichtige Detail der Zeitung ist seine Idee oder von ihm abgesegnet. Er war es, der der Zeitung in der Wendezeit den neuen Namen gab. Wollen andere Chefredakteure etwa die Struktur oder das Layout der Zeitung ändern, müssen sie mit der Geschäftsleitung lange Gespräche führen, Kommissionen bilden und viel Überzeugungsarbeit leisten. Lochthofen dagegen versammelt seine Vertrauten um sich herum, hört sie an – und entscheidet im Zweifel allein.

Die Redakteure profitieren in ihrer Arbeit von der Machtstellung ihres Chefs. Lochthofen ist keiner, der bei Auseinandersetzungen mit der Politik oder der Justiz schnell einknickt. Er hätte es auch nicht nötig, denn über ihm befindet sich kein Verleger oder kein Geschäftsführer, der um das Befinden von lokalen Honoratioren besorgt ist und in der Berichterstattung um Mäßigung bittet.

Selbst »Blatt zu machen«, also zu bestimmen, was täglich in die Zeitung kommt, ist heute noch seine Lieblingsbeschäftigung. »Kein Foto, das ich nicht in den Händen gehalten habe, gelangt auf die Seite eins«, sagt er. Er weiß um seine Unabhängigkeit im Haus und nutzt sie auch: Lochthofen kann Themen in der Zeitung groß machen oder auch klein halten. Er muss keine Rücksicht nehmen auf starke Kollegen, die auf Schwächen des Chefs lauern, um mehr Macht an sich zu ziehen.

Lochthofen ist der Herr im eigenen Haus. Hier kann er sich beweisen, hier ist der Ort, an dem er Bestätigung erfährt und er seine Eitelkeit befriedigen kann. Die *Thüringer Allgemeine* ist sein Mittel zum Zweck. Die Provinz erträgt er, weil sie ihm Macht bietet. Er braucht die Provinz als Bühne. Hier, in Thüringen, ist er etwas Besonderes, hier wird er geliebt oder auch gehasst, in jedem Fall: hier ist er jener Aufmerksamkeit sicher, die er will. Woanders wäre er nur ein normaler, begabter Chef unter vielen, ohne die besondere Machtstellung, die er in und mit seiner Zeitung in Thüringen genießt.

Sein Vater ist im Oktober 1989 gestorben. Er konnte nicht mehr erleben, wie sein Sohn kurz darauf innerhalb weniger Wochen vom gewöhnlichen Redakteur zum unangefochtenen Chefredakteur der größten Zeitung Thüringens aufstieg. Ob er es bedauert, dass er es seinem Vater nicht mehr zeigen konnte, dem Übervater, der die dominierende Gestalt in der Familie war? Wie der Sohn, der kleine russischsprechende Junge in der Fremde von einst, jetzt ein wichtiger, besonderer Mensch in Thüringen ist?

Es ist das einzige Mal, dass er die Kontrolle über sich verliert. Sein Körper schnellt nach vorn, er greift zur Tasse Kaffee, trinkt, stellt die Tasse mit einem Knall auf den Tisch zurück. Seine Sprache ist plötzlich hölzern und die Antwort zunächst seltsam: »Es passiert ja oft, dass die Entwicklung einen Verlauf nimmt und die Eltern nicht mehr da sind.« Aber schließlich: »Natürlich würde sich jeder freuen, wenn er zeigen kann, dass er dieses oder jenes geschafft hat.«

Sergej Lochthofen kann das nicht mehr tun. Besessen davon, diesen Mangel auszugleichen, zeigt er es jetzt allen anderen. Und sich selbst.

Karl Heinz Gasser, Innenminister, CDU

»Es kann sein, dass man nicht hundertprozentig zur Gesellschaft gehört«

Karl Heinz Gasser pendelt fast jede Woche zwischen seinem Zuhause in Hessen und seinem Ministerium in Erfurt. Bevor er nach Thüringen kam, war er nie Politiker gewesen. Fremd ist ihm die Politik bis heute.

Manchmal kommt er sich verloren vor in der Stadt. Seine kleine Wohnung ist nicht mehr als eine karg eingerichtete Schlafstätte. Er wohnt allein. In das soziale Beziehungsgeflecht der Stadt, in ihre Netzwerke, Abendgesellschaften und gesellschaftlichen Clubs dringt er nicht richtig vor. Erfurt, die Stadt, in der er arbeitet, ist definitiv nicht sein Zuhause. Seine Zuhause liegt woanders, in Friedberg in Hessen. Da ist alles anders – besser. Seine Freunde leben dort. Dort steht sein großzügig bemessenes Haus mit der Privatbibliothek und den schönen Möbeln. Und dort lebt er zusammen mit seiner Ehefrau, die als Lehrerin arbeitet. »Meine Frau kocht sehr gut«, und es klingt wie eine Wehklage aus dem Mund des Innenministers des Freistaats Thüringen.

Karl Heinz Gasser führt als Wochenendpendler ein geteiltes Leben, so wie es Hunderttausende tun in Deutschland. Unter der Woche arbeitet er in Thüringen, am Wochenende lebt er wieder zu Hause in seiner vertrauten Umgebung. Und doch besteht ein Unterschied. Es ist nicht der Umstand, dass ihm als Minister freitägliche überfüllte Züge erspart bleiben, weil er, wenn er will, auf seine Dienstlimousine und seinen Chauffeur zurückgreifen kann. Der wesentliche Unterschied ist vielmehr, dass er als Innenminister natürlich keinem normalen Angestelltenberuf nachgeht. Er hat keine 40-Stunden-Woche; seine Freizeit ist selten planbar, und auch darf er sich ab Freitagmittag nicht bereits im Geiste im Wochenende befinden. Er ist praktisch immer im Dienst und im Besitz von beträchtlicher hoheitlicher Gewalt: Er hat den Zugriff auf den Sicherheitsapparat seines Bundeslandes, auf Polizei, Verfassungsschutz und Landeskriminalamt. Unvorhergesehenes kann zu jeder Zeit passieren. Der Innenminister ist dann gefragt. Eigentlich müsste er sich wegen der Bedeutung seiner Funktion permanent in Thüringen aufhalten. Nur ist es zugleich das Land, in dem er sich als Privatmensch ganz bewusst nur provisorisch eingerichtet hat. Einmal, so erzählt er, habe ihm ein Politiker-Kollege in Thüringen geraten, er müsse sich entscheiden, wo er denn hingehöre. Karl Heinz Gasser wird den Widerspruch nie lösen können, solange er Politiker in Thüringen ist. »Es kann sein, dass man nicht hundertprozentig zur Gesellschaft gehört«, befindet er über sein Politikerleben.

Warum macht er das? Er ist jetzt 63 Jahre alt und hätte es eigentlich nicht nötig. In der Politik will er nichts Höheres mehr erreichen. Hessen ist nicht nur seine eigentliche, emotionale Heimat. Dort hat er auch den Großteil seines beruflichen Lebens verbracht. Für das Bundesland war er Richter, später Ministerialbeamter. Wenn er wollte, müsste ihn Hessen jederzeit wieder einstellen. Und er hat finanziell ausgesorgt: Das Land wird ihm einmal eine auskömmliche Pension zahlen.

Karl Heinz Gasser, der mit seiner ruhigen Stimme, dem schlohweißen Haar und dem Schnurrbart großväterliche Gemütlichkeit ausstrahlt, verwendet traditionelle, altmodische Begriffe, mit denen er sein Amt in Erfurt begründet. Er spricht von Dienst, von Verpflichtung und davon, wie er jede Aufgabe, die ihm gestellt werde, lösen will. Im Jahr 2004, nach der Landtagswahl, hatte Thüringens Ministerpräsident Dieter Althaus einen Kandidaten für das Innenministeramt gesucht. Er fragte Karl Heinz Gasser, der damals das Justizministerium führte. Gasser wollte dort eigentlich gern weitermachen, aber er sagte zu. Eine neue Aufgabe wurde ihm gestellt, und er konnte nicht Nein sagen. Zu dem Zeitpunkt war er nicht einmal zwei Jahre lang Minister in Thüringen. Und auch damals hatte ihn jemand gebeten: Der damalige Ministerpräsident Bernhard Vogel brauchte dringend einen Justizminister. Vogel rief, und Karl Heinz Gasser ließ sich in die Pflicht nehmen.

Dabei hatte er mit Thüringen eigentlich schon längst abgeschlossen. Nach der Wiedervereinigung war er Richtung Osten gegangen, um Staatssekretär im Justizministerium zu werden – er war ein klassischer Aufbauhelfer jener Jahre. Zu jener Zeit arbeitete er im hessischen Justizministerium, aber was seine Karriereaussichten anging, war er unzufrieden. Er wollte damals gern Gerichtspräsident werden, nur waren keine Planstellen frei. Für Gasser verhieß der Weg nach Thüringen eine interessante Abwechslung mit dem angenehmen Nebeneffekt, die Wartezeit in Hessen überbrücken zu können. Es kam anders: Aus den geplanten paar Monaten wurden viereinhalb Jahre, nicht, weil er Thüringen als neue Heimat für sich entdeckte, sondern weil sich seine Aufgabe als viel komplizierter herausstellte. Er hatte als Staatssekretär arbeitsfähige Strukturen im Ministerium aufzubauen, und das brauchte Zeit. Die Dinge wollte er erst zu Ende gebracht haben, bevor er zurückkehrte.

Die Wiedervereinigung hatte den berechenbaren und übersichtlichen Karriereweg eines deutschen Beamten und Richters durcheinandergebracht. Ohne die deutsche Einheit wäre Karl Heinz Gasser nie in die Politik hineinkatapultiert worden. Inzwischen würde er wohl, wie einst ausgemalt, Gerichtspräsident irgendwo in Hessen sein. Eine überraschende politische Karriere, die bis zum Amt des Innenministers führt, wäre für ihn im Westen Deutschlands unmöglich gewesen. Politiker von diesem Kaliber müssen normalerweise fest verwurzelt sein in ihrer Partei. Gasser ist zwar Mitglied der CDU, aber er hat keinerlei Parteiämter inne. Abgeordneter im Landtag ist er auch nicht. Von parteipolitischen Niederungen will er sich fernhalten, sie interessieren ihn nicht. Er kam einst nach Thüringen als Jurist, als Fachmann, der das bundesdeutsche Recht installieren helfen sollte. Dass ihm sogar das politische Schwergewichtsamt Innenminister übertragen wurde, zeigt, dass die Parteien in Thüringen nicht etabliert sind. Selbst die Regierungsparteien haben zu wenig Personal, um ihre Posten zu besetzen. Außenstehende werden auch 15, 16 Jahre nach der Wiedervereinigung offensichtlich noch gebraucht. Seine Außenseiterposition im Regierungsgefüge hat klare Nachteile, wie er unumwunden zugibt. Für ihn ist es ein mühsames

Geschäft, Mehrheiten im Parlament für seine Projekte und Pläne zu gewinnen.

Als Politiker fühlt sich Karl Heinz Gasser nicht. Er betrachtet sich als Amtsträger, wie er es nennt, als jemand, der unauffällig und im Hintergrund dem Staat dient, um ihn funktionsfähig zu halten und seine Gesetze zu schützen. Die Jahre als junger Jurist und Amtsrichter in den 70er Jahren in Hessen haben ihn entscheidend geprägt. Damals empfand er den Staat als ernstlich bedroht. Es war die Hochzeit des bundesdeutschen RAF-Terrorismus und die Phase, als sich die Mehrzahl politisch aktiver Studenten an den Universitäten K-Gruppen und anderen linksradikalen Organisationen anschloss. Noch an der Universität trat er in die CDU ein, weil er dachte, etwas tun zu müssen, »damit das nicht gegen die Wand geht in diesem Land«. Später als Amtsrichter in Frankfurt hatte er regelmäßig mit Angeklagten aus der Sponti-Szene zu tun. Der prominenteste von ihnen war wohl Daniel Cohn-Bendit, Freund des einstigen Außenministers Joschka Fischer, der sich bei Amtsrichter Gasser wegen einer gestohlenen Polizeiwaffe verantworten musste. Es war die Zeit der scharfen Konfrontation zwischen Links und Rechts. Welche Verwerfungen die Zeit damals verursacht hat, ist beim Innenminister noch heute zu spüren, etwa wenn er mokant-distanziert die linke und linksradikale Vergangenheit heutiger Spitzenpolitiker und Rechtsanwälte erwähnt.

Sein Respekt vor staatlichen Hierarchien, Regeln und Ritualen ist augenfällig. Schlafwandlerisch kann er alle Titel, Ränge und Besoldungsklassen seiner langen Laufbahn referieren, egal ob seine Stationen als wissenschaftliche Mitarbeiter an der Universität, als Reserveoffizier der Bundeswehr oder als Richter. Das sperrige, eigentümliche Vokabular des deutschen Berufsbeamtentums – sei es »Beschwerdebegründungsfrist«, »Laufmappe« oder »Dienstanweisung« – geht ihm ohne Schwierigkeiten und ohne einen Anflug von ironischer Distanz über die Lippen. Spricht er über Kollegen oder Untergebene, legt er gleichfalls penibel Wert auf die korrekte Dienstbezeichnung. Karl Heinz Gasser identifiziert sich voll und ganz mit dem Staat, in dem er sein ganzes berufliches Leben zugebracht hat, und es ist kein Zufall, dass im

Regal seines spartanisch ausgestatteten, überraschend schmalen Dienstzimmers eine kleine Büste von Friedrich dem Großen steht, werden doch dem Preußenkönig genau jene Eigenschaften zugeschrieben, die dem Innenminister wichtig sind: eine Diener-Rolle gegenüber dem Staat, unbedingte Rechtstreue – und Bescheidenheit im Amt.

Karl Heinz Gasser hat gut an die Spitze des Justizministeriums gepasst. Er musste darüber wachen, dass die Verfahrenswege des Rechtsstaats eingehalten werden – eine wichtige Aufgabe in einem neuen Bundesland, das zuvor eine unabhängige Justiz nicht gekannt hatte. Er war ein glaubwürdiger Installateur des bundesdeutschen Rechtssystems. Gasser konnte überdies meistens im Hintergrund arbeiten und stand wenig im Blickfeld der Öffentlichkeit. Die Arbeit eines Justizressortchefs ist zu großen Teilen eine Verwaltungsaufgabe.

Heute ist alles viel schwieriger für ihn. Im Hintergrund kann er sich nun nicht mehr bewegen, denn als Innenminister ist er zwangsläufig für die Medien interessant. Bis zu zehn Anfragen erreichten sein Ministerium pro Tag, klagt er. Pressekonferenzen muss er regelmäßig abhalten. Ihm fällt es schwer, im Vordergrund zu stehen, seine Politik ständig zu erklären und öffentlich zu reden. Seine Sprache ist juristisch geprägt, und jedes Wort wägt er ab. Ein Rhetoriker ist er nicht: Seine Auftritte im Landtag gleichen mehr Referaten als Reden.

Aber das ist es nicht allein. Als Innenminister ist er naturgemäß mit unverhofften Krisen und mit nicht planbaren Situationen konfrontiert, die das Räderwerk einer Behörde plötzlich in Bedrängnis bringen. Der Polizei können Fehler unterlaufen, und schwere Verbrechen, Tragödien oder politische Gewalt können das Land jederzeit erschüttern. In solchen Fällen bestimmen Emotionen das öffentliche Klima, und es sind solche unberechenbaren Situationen, die Gasser sichtlich nicht liegen. Es hat bereits in seiner Amtszeit derartige Situationen gegeben – Todesfälle durch Polizeikugeln etwa und Probleme mit dem Verfassungsschutz. Ihm fehlt der politische Instinkt, solchen Situationen zu begegnen. Der Minister bekennt, dass es gerade am Anfang Momente gab, in denen er es bereute, nicht Justizminister geblieben zu sein.

Es ist ein politischeres Amt, als an der Spitze eines Justizministeriums zu stehen. Gasser hat heute mit Sphären zu tun, die nicht nur durch Recht und Gesetz zu fassen sind. Das Beispiel Rechtsextremismus im Land macht es deutlich. Gasser ist auf den Bereich fixiert, der strafrechtlich relevant ist. Es gebe nur relativ wenige derartiger Fälle in Thüringen, sagt er. Tatsächlich fallen im Nachbarland Sachsen-Anhalt im Verhältnis zur Einwohnerzahl gerechnet mehr Ausländer rechter Gewalt zum Opfer. Gleichwohl liegt Thüringen nach den Zahlen der letzten Jahre noch vor Mecklenburg-Vorpommern und Sachsen und weit vor dem westdeutschen Bundesland Hessen – einem Land, in dem prozentual gesehen sieben Mal mehr Ausländer als in Thüringen leben.

Die Thüringer Zahlen sind für sich genommen besorgniserregend genug. Hinzu kommt aber, dass es der Rechtsextremismus geschafft hat, sich in die Gesellschaft einzunisten, nicht flächendeckend, aber mit Schwerpunkten, in Weimar, in Eisenach, in Ostthüringen und im Süden des Landes. Die NPD konnte zuletzt bei Wahlen an Stimmen gewinnen. Ein Fünftel der Thüringer äußert nach dem »Thüringen-Monitor«, einer demoskopischen Langzeit-Studie der Universität Jena, Verständnis für rechtsextremistische Positionen. Durch eigene Vereinshäuser, Dorffeste und sogenannte Kameradschaften sind Neonazis Teil der Jugendkultur geworden. Sie verstoßen nicht offen gegen Gesetze und stellen nicht täglich Leib und Leben von Ausländern nach, gleichwohl stellen sie eine Bedrohung für die Demokratie dar. Nicht die polizeiliche und strafrechtliche, aber die politische Brisanz ist Karl Heinz Gasser fremd.

»Man kann Probleme auch herbeireden. Ich muss da nicht noch Öl ins Feuer gießen«, sagt er. Der Innenminister will, wie er meint, Probleme nicht noch verstärken, die »dem Osten gern untergejubelt werden«. Die DDR sei eine andere, nicht weltoffene Gesellschaft gewesen, aus der die Bürger nicht herauskonnten. Für Verständnis gegenüber verstecktem Rassismus will er damit nicht werben, wohl aber möchte er den Thüringern unangenehme Fragen, die möglicherweise Wellen schlagen könnten, ersparen. Gasser hätte als ein in Thüringen nicht verwurzelter Minister wohl auch nicht die Autorität, diese Fragen zu stellen.

Wenn der Innenminister über Rechtsextremismus spricht, redet er zugleich immer von der PDS. Er beklagt, dass das Thema von der PDS benutzt würde als Mittel zur politischen Profilierung. »Das Thema wird maßlos überzogen von der PDS«, sagt er, und sei ein wunderbarer Anlass, um Emotionen anzuheizen. Die Partei wolle damit nur von der eigenen Klientel – Linksradikalen und Autonomen, wie er sagt – ablenken. Es ist die PDS, die beim Innenminister Emotionen auslöst. Zu ihr steht er in klarer Gegnerschaft. Der sonst so kontrollierte und bedächtige Mann redet sich plötzlich in Rage und spricht von der PDS und »ihren Helfershelfern und den ehemaligen SED-Funktionären, die die Leute aufhetzen«. Die konfrontative Haltung zur SED-Nachfolgepartei wirkt seltsam deplatziert in Thüringen. Über deren Politik lässt sich streiten und auch über die Biographien der Funktionäre, aber eine den Staat bedrohende, umstürzlerische Partei ist die PDS nicht. Sie ist in Thüringen ein etablierter politischer Faktor mit zahlreichen Mandatsträgern, die größte Oppositionspartei im Landtag, die bei Wahlen zwischen 20 und 25 Prozent der Wählerstimmen auf sich vereinigt.

Karl Heinz Gassers Sicht auf die Gefahren für die Demokratie hat weniger mit Thüringen zu tun, sondern mehr mit seinen eigenen prägenden Jahren in Hessen. Damals hatte er erfahren, dass die Gefahr von links droht. Die Deutungsmuster von einst hat er kurzerhand nach Thüringen mitgenommen: Was für ihn in der alten Bundesrepublik Daniel Cohn-Bendit und andere waren, stellen heute für ihn heute zumindest Teile der PDS dar. Er empfindet sie als Störfaktoren für den Staat. Seine Gegner sind heute diejenigen, »die Unruhe stiften«. Wenn er das sagt, ist er gleich dem Beamten, für den es oberste Pflicht und Aufgabe ist, dafür zu sorgen, dass der Staat und seine Institutionen möglichst geräuschlos funktionieren können. Es ist ein bisschen wenig für das heutige Amt eines Innenministers in Thüringen mit seinen ganz anders gelagerten Problemen und Herausforderungen.

Karl Heinz Gasser möchte noch eine Weile in Thüringen bleiben. Er will die Aufgaben, die ihm angetragen wurden, zu Ende bringen. Er wird gebraucht. Alternativen sind nicht in Sicht für den Ministerpräsidenten Dieter Althaus. Sobald er allerdings spüren sollte, dass der Regierungschef mit ihm nicht mehr zufrieden ist, wäre er sofort bereit zu gehen: »Das macht mir nichts aus.« Er wäre dann wieder in seinem schönes Haus im heimischen Friedberg, und die Regierung in Thüringen müsste sich wieder auf die Suche machen nach einem neuen Innenminister.

Klaus-Ewald Holst, Vorstandsvorsitzender der VNG AG Leipzig

»Ich fühle mich einzig und allein dem Unternehmen verantwortlich«

Klaus-Ewald Holst führt einen Konzern, der im Osten ein Riese und im Westen ein Zwerg ist. Die Konkurrenz ist hart. Seine ganze Aufmerksamkeit gilt der Branche. In der Welt außerhalb ist er nicht zu hören. Er merkt, dass es nicht mehr ausreicht.

Der Sommer 1990 ist ein besonderer Wimpernschlag in der deutschen Geschichte. In der DDR ist die alte Macht, die SED, abgetreten, aber die neue Macht, die Bundesrepublik, darf noch nicht. Offiziell hat die Regierung eines Lothar de Maizière das Sagen, doch in Wirklichkeit regieren Zufall und Anarchie in diesem merkwürdigen Zwischen-Raum. Ein wunderbarer staatenloser Moment, in dem leerstehende Häuser ohne Aufhebens besetzt werden können und einstmals strenge Volkspolizisten Verkehrsvergehen nur noch mit wegwerfender Handbewegung quittieren: Macht doch, was ihr wollt. Es ist aber eben auch die Zeit der schnellen Gelegenheiten. Gewichtige Entscheidungen kommen unorthodox zustande, wobei die Grenze zum Undurchsichtigen oft fließend ist. Viele staatliche Immobilien sind plötzlich zum DDR-Spottpreis in privater Hand; Parteivermögen verschwindet in unbekannte Kanäle; Betriebe wechseln in kurzer Zeit den Eigentümer. Wildweststimmung im abtretenden DDR-Staat.

In diesem chaotischen Sommer steht die Privatisierung eines Filetstücks des Energiekombinat Schwarze Pumpe an. Die Verbundnetz Gas, kurz VNG, so ihr hölzerner Name, versorgt weite Teile der DDR mit Gas und verfügt über ein lukratives Leitungsnetz, was sich auch bei bundesdeutschen Unternehmen schnell herumspricht. Und so wird an einem Augusttag in Ost-Berlin der Einstieg kapitalkräftiger Energiekonzerne aus dem Westen besiegelt. Auf der Pressekonferenz sammeln sich die Journalisten. Im

Mittelpunkt sitzen auf dem Podium die Männer vor den Mikrofonen und Kameras: Ministerpräsident de Maizière, der Chef der Treuhandanstalt und die neuen Kapitaleigner. In einer Ecke indes sitzt ein Mann, den niemand zu kennen scheint. Keiner beachtet ihn, auch nicht die Herren im Scheinwerferlicht. Der Mann wird unruhig, dann innerlich wütend; er greift sich einen Stuhl und will auf das Podium. Leute von der Treuhandanstalt wollen ihn aufhalten: Wer sind denn sie? Am Ende darf er. Der Mann ist Klaus-Ewald Holst. Er ist seit kurzem der Chef der VNG. Er ist nicht gefragt an jenem Tag, als es um sein Unternehmen geht. Andere bestimmen das Geschehen.

Holst ist heute immer noch ein unbekannter Vorstandsvorsitzender, auch wenn man ihn in seiner Branche inzwischen gut kennt. In der breiten Öffentlichkeit aber bleibt er nahezu unsichtbar, auf den Straßen unerkannt. Wenn Zeitungen auf der Suche nach einem »ostdeutschen Macher« sind, einem Wundermann aus der Wirtschaftswelt, dann berichten sie über andere Manager, aber nicht über den Mann vom Gaskonzern – obwohl dieser eigentlich eine besondere Eigenschaft mitbringt: Holst ist, anders als die meisten Manager großer ostdeutscher Unternehmen, kein Westdeutscher, sondern in der DDR aufgewachsen. Er würde sich damit perfekt als Symbol demonstrativen ostdeutschen Selbstbewusstseins eignen.

Holsts Unsichtbarkeit steht in merkwürdigem Gegensatz zur Bedeutung seines Unternehmens. Die Verbundnetz Gas AG ist heute das nach Umsatz viertgrößte Unternehmen im Osten, und wenn man die sächsische Filiale von Volkswagen, den deutschen Zweig des schwedischen Stromkonzerns Vattenfall und die Dependance des französischen Erdölkonzerns Total in Leuna einmal beiseite nimmt, sogar das größte. Bei der VNG – eine Aktiengesellschaft, die nicht an der Börse gehandelt wird – sitzen die Kapitalgeber zwar mehrheitlich in Westdeutschland, aber doch ist es ein eigenständiges ostdeutsches Unternehmen mit Hauptsitz in Leipzig.

Holsts Unsichtbarkeit steht ebenso im Kontrast zur beträchtlichen Macht, über die er verfügt. Zwar verweist er bescheiden auf das Aktiengesetz, das ihm Macht-Grenzen setzt. Und doch betont er kokett, dass ein Vorstand nicht demokratisch entscheide, »sondern fast autoritär«. Der vierköpfige Vorstand, dem er vorsitzt, gebietet über ein entscheidendes Rad in der ostdeutschen Energieversorgung. Das Unternehmen beschafft Erdgas aus dem Ausland, vornehmlich aus Russland und Norwegen, und verkauft es an Stadtwerke und andere Großabnehmer weiter. Mit Ausnahme von Thüringen und Berlin hat es in Ostdeutschland eine Monopolstellung inne, was in Zeiten knapper werdender Energieressourcen und ständig steigender Gaspreise umso mehr Macht und Verantwortung bedeutet.

Die Gründe für Klaus-Ewald Holsts Schattenleben sind heute andere als jene vor fast 17 Jahren. Seine Unsicherheit, ja Schüchternheit in der Öffentlichkeit ist vergangen. Inzwischen hat sich sein Auftreten seiner beeindruckenden Physis angepasst: Er ist baumlang und von kräftiger Statur; seine Stimme ist laut und fest. Wie es sich für einen Manager gehört, dominiert er sofort die Räume, die er betritt. Längst beherrscht er die Regeln und Codes der modernen Managerwelt. Noch Jahre nach der Wende, so erzählt er, waren ihm, dem ostdeutschen Ingenieur, viele dieser ungeschriebenen Regeln fremd. Damals konnte es passieren, dass er zum dunklen Anzug helle geflochtene Schuhe trug oder dass ihm der Zugang zu einem westdeutschen Luxushotel verwehrt blieb, weil er mit Schlips und Strickjacke daherkam. Das sind vergangene Episoden.

Es ist vielmehr die ungeheure Kraftanstrengung, die ihm das Unternehmen in den zurückliegenden Jahren abverlangt hat. Seine Energie ist nach innen gerichtet und die Außenwelt dabei nachrangig. Holst hat die Verbundnetz Gas seit der Wende einer kompletten Wandlung unterzogen. Zu Beginn war sie ein maroder Teil eines DDR-Kombinats mit veralteter Technik und einem Leitungsnetz, das sich in desolatem Zustand befand. Heute ist die VNG ein Gasunternehmen, das in einer internationalen Branche zu bestehen hat. Alles Überflüssige, was nicht zum eigentlichen Kerngeschäft gehört, hat Holst abgeschnitten, und große Verwaltungsabteilungen, wie sie in Zeiten gemütlicher Marktwirtschaft und stetigen Wachstums in Energiekonzernen der alten Bundesrepublik durchaus üblich waren, gar nicht erst zugelassen. Das

Unternehmen hat knapp 650 Mitarbeiter, mit den Tochterunternehmen um die 1000 – Zahlen, die sich gemessen am Milliardenumsatz gering ausnehmen. Das Leitungsnetz, die Technik, der Vertrieb: alles wurde mit großem Investitionsaufwand erneuert und ist auf modernstem Stand. »Da brauchen sie wenige Leute«, ist Holsts nüchterne Feststellung.

Sein Unternehmen ist schlank. Kein Gramm überflüssiges Fett hängt an ihm. Es hat sich dem harten, globalen Wettbewerb angepasst und ist hoch modern, wenn modern heißt, für ein möglichst günstiges Verhältnis von Kosten und Nutzen zu sorgen. Und doch muss Klaus-Ewald Holst kämpfen. Seit Mitte der neunziger Jahre macht sein Konzern Gewinne, aber bislang haben es die Gewinne erst ein paar Mal über die 100-Millionen-Euro-Grenze pro Jahr geschafft. Das sind bescheidene Zahlen im Vergleich zu den verlässlichen Milliardengewinnen der großen Konkurrenz in Westdeutschland. RWE und Eon-Ruhrgas, jene Riesen aus Nordrhein-Westfalen, profitieren immer noch von den einträglichen Zeiten, in denen die Märkte viel abgeschotteter als heute waren, Zeiten, die die relativ junge VNG nicht mehr erlebt hat. Die großen etablierten Unternehmen nutzen außerdem Geschäftsbeziehungen und Netzwerke, die sich in Jahrzehnten entwickeln konnten. Sie können, zum Beispiel, Gas billiger einkaufen, nicht nur weil sie größere Mengen beziehen, sondern auch, weil sie etablierter Teil der Branche sind: Man kennt sich. Holst hingegen musste diese Beziehungen nach der Wende erst mühsam aufbauen. Auch fehlen ihm in seinem Absatzgebiet finanzstarke Großabnehmer, wie es sie im Ruhrgebiet gibt. Die wirtschaftliche Lage in Ostdeutschland ist schwierig und damit auch die der Kunden der VNG, mit der konkreten Folge, dass er nicht jede Preiserhöhung weitergeben kann.

Klaus-Ewald Holst und sein Konzern bewegen sich unternehmerisch auf schwierigem Gelände. Es erklärt die ernsten Sätze, die er sagt: »Was für das Unternehmen gut ist, das habe ich zu tun. Was ich mache, mache ich für das Unternehmen. Ich fühle mich einzig und allein dem Unternehmen verantwortlich.«

Die Sätze sind für den Vorstandsvorsitzenden einer Aktiengesellschaft selbstverständlich. Seine Aufgabe ist, das eingesetzte

Kapital seiner Aktionäre zu mehren. Würde er andere Schwerpunkte setzen, wären seine Tage an der Spitze gezählt. Für Ostdeutschland aber haben Holsts Sätze immer noch einen harten Beiklang. Früher in der DDR waren Betriebe und erst recht Kombinate wie »Schwarze Pumpe« mehr als reine Produktionsstätten. Sie betrieben Kindergärten, Großküchen selbst für die Familien der Belegschaft oder eigene Theatergruppen und Sportvereine und waren dadurch Bestandteil des sozialen und kulturellen Lebens.

Für Leipzig klingen die Sätze gar noch härter als woanders in den neuen Ländern. Die nach Berlin größte Stadt Ostdeutschlands ist arm. Die öffentliche Verschuldung ist mit einer Milliarde Euro auf ein desolates Niveau angewachsen; die Arbeitslosenquote liegt noch oberhalb des hohen ostdeutschen Durchschnitts. Ein Gasversorger ist normalerweise nur ein Unternehmen unter vielen, aber in der Leipziger Region – einem traditionellen Industriegebiet, in dem nach 1989 Dutzende große Betriebe schließen mussten und allein innerhalb der Stadtgrenzen 90000 Arbeitsplätze verlorengingen – ist die VNG ein wichtiges Unternehmen. Ein Umsatz von 3,8 Milliarden Euro und ein Gewinn von 94 Millionen Euro, wie sie die VNG für 2005 ausweist, sind eigentlich bescheidene Zahlen für ein Großunternehmen. Für Leipzig aber bedeuten sie sehr viel Geld. Das Unternehmen ist reich im Verhältnis zu den Bedingungen der Region.

Klaus-Ewald Holst sagt, er habe die Gründe für die Probleme draußen nicht zu vertreten. Einen Beitrag für die Gesellschaft sieht er durch zwei Leistungen abgegolten: zum einen durch den Erhalt der 650 VNG-Arbeitsplätze und zum anderen durch die Steuern, die das Unternehmen seit einigen Jahren zahlt. Er weiß indes, dass er als Unternehmenschef vom guten Image und der kulturellen Vielfalt Leipzigs profitiert. Läge der Firmensitz in Cottbus oder in Hoyerswerda, hätte er nicht die jüngeren, neuen Führungskräfte anlocken können. Sein Management schätzt das Gewandhaus, die Oper, den Thomanerchor und das WM-Fußballstadion, alles Prestigeobjekte, die für die Stadt gewaltige Kraftakte bedeuten. Hilfeleistungen direkter Art kommen für ihn aber nicht in Frage. »Ich finanziere nur Dinge, die einen Bezug zum Geschäft haben«, sagt er, und nennt als ein Beispiel eine PR-

Aktion, bei der die VNG eine Reise des Gewandhausorchesters nach Norwegen zu einem Konzert bezahlte. In Norwegen sitzen wichtige Gaslieferanten.

Ein Zufall ist es nicht, dass ausgerechnet Klaus-Ewald Holst nach der Wende die Rolle des erfolgreichen, aber eben auch betriebswirtschaftlich kühl handelnden Managers zufiel. Zu DDR-Zeiten arbeitete er bei der Verbundnetz Gas als Ingenieur, aber Ingenieur wollte er eigentlich nie werden. Gern hätte der junge Mann aus dem mecklenburgischen Neustrelitz etwas anderes studiert, Geschichte oder Jura. Die Familie riet ihm davon ab. Derartige Fächer wären der bürgerlichen Familie, die Theologen, Rechtsanwälte und Lehrer hervorgebracht hatte, in der DDR zu staatsnah gewesen. Holst ging 1962, mit 19 Jahren, ins sächsische Freiberg an die renommierte Bergakademie. Das Studium fiel ihm schwer; er litt am Stoff, für den er viel mehr Aufwand betreiben musste als seine technisch und mathematisch begabten Kommilitonen.

Aber er war letztlich erfolgreich, im Studium und auch später bei der VNG. Dort fiel er den Vorgesetzten schnell auf, gerade weil er Fähigkeiten zeigte, die über sein technisches Fach hinausgingen. Ihm lagen Führungsaufgaben und der Umgang mit Personal. Außerdem erarbeitete er sich den Ruf, die Kosten und die Wirtschaftlichkeit im Blick zu haben, was in der DDR-Wirtschaft eine denkbar seltene Eigenschaft war. Wäre es nach seinen Fähigkeiten gegangen, hätte er es irgendwann zum Technischen Direktor oder vielleicht gar zum Betriebsdirektor schaffen können. Dass er nicht Mitglied der SED war, verhinderte dies. Er war Mitglied der kleinen Blockpartei LDPD, was ihm einerseits Schutz bot vor Bedrängungen durch die SED, andererseits aber eben auch klare Grenzen auf der Karriereleiter setzte. Er brachte es zum »Hauptabteilungsleiter Instandhaltung«, was eine durchaus verantwortungsvolle Position bedeutete, aber nicht von strategisch wichtiger Bedeutung war. Sein Betriebsdirektor, natürlich SED-Mitglied, hätte gern mehr aus ihm gemacht – allein, Holsts Parteibuch war das falsche.

Der Revolutionsherbst 1989 löste die politisch bedingten Bremsen, die ihm angelegt waren. Nun konnte er seine Fähigkeiten und

Potenziale nutzen, die zuvor brachlagen. Als die SED-Potentaten im Betrieb abtraten, füllten Holst und eine Handvoll Gleichgesinnter das entstandene Vakuum. Er konnte damals, so schwärmt Holst heute, etwas völlig Neues lernen – Recht, Marketing, Betriebswirtschaft –, und es war wohl auch diese Veränderungs- und Lernbereitschaft des damals 46-Jährigen, die erklärt, warum es Holst war, der die Gelegenheit ergriff, an die Spitze zu treten.

Heute sind fast 17 Jahre vergangen, die für Klaus-Ewald Holst ein immerwährendes Ringen um das Wohl des Unternehmens und um die Marktbehauptung gegen die großen Energiekonzerne in Westdeutschland bedeuteten. In Momenten, in denen er weniger gehetzt von seiner Aufgabe ist, wird er nachdenklich. Er reflektiert dann darüber, ob sich die Konzentration auf den eigenen Betrieb zum Nachteil für das eigene Unternehmen zu wenden beginnt. Dass der Name Verbundnetz Gas AG nur jedem zehnten Leipziger ein Begriff ist, wie er schätzt, ist ihm egal – er macht nicht Geschäfte mit Privatkunden, sondern mit Großabnehmern. Dass aber zu Beginn der Großen Koalition der neue Bundeswirtschaftsminister Michael Glos weder mit seinem Namen noch mit dem Namen VNG etwas anfangen konnte, gab ihm dann doch zu denken. Der Minister ist für Energiekonzerne wichtig; er ist ihr direkter Ansprechpartner. Ja, sagt er, die Stimmen aus dem Osten seien zu leise, und sein Unternehmen gehöre wohl dazu. Da müsse man mehr machen.

Auch ahnt er inzwischen, dass es im Interesse des Unternehmens ist, wenn die gesellschaftlichen Strukturen außerhalb der Konzernpforte intakt sind, gerade in Zeiten, in denen der Staat immer weniger in der Lage ist, etwas für diese Strukturen zu tun. Inzwischen definiert er die von ihm vorgegebene Grenze zwischen dem Unternehmen und der Außenwelt nicht mehr ganz so streng. Seit 2006 unterstützt die VNG AG in ihrem Gas-Absatzgebiet Mecklenburg-Vorpommern Gruppen, die aktiv sind gegen Rechtsextremismus. Der Konzern ist sehr vorsichtig, die eingesetzte Summe – um die 50 000 Euro – bescheiden, und überhaupt will man die Hilfen nicht an die große Glocke hängen. Das Projekt könne ja, so raunt man ängstlich aus dem Konzern, schiefgehen, und dann sei der eigene Name mit den Scheitern verbunden. Es sind zaghafte Schritte hinaus, die zwar natürlich der Imagepflege dienen, jedoch mehr als direkter Lobbyismus sind.

Holst wird noch bis 2008 an der Spitze bleiben, dann hat er die Pensionsgrenze erreicht. Ohne Zweifel hätte er Lust weiterzumachen, an Energie dazu fehlt es ihm nicht. Wenn er über die wenige ihm verbliebene Zeit spricht, bekommt er fast melancholische Anwandlungen. Dahinter verbirgt sich wohl auch der Wunsch, noch die Kür des Managertums zu erleben jenseits des bloßen Kämpfens für das Unternehmen – etwas, das in einem anderen, umfassenderen Sinne mit der Gesellschaft zu tun hat, in der er wirtschaftet. Klaus-Ewald Holst ist noch nicht fertig. Aber Zeit hat er als Manager nicht mehr viel.

Christine Lieberknecht, CDU-Fraktionsvorsitzende

»Einen anderen Weg sehe ich nicht«

Die protestantische Pfarrerin will den Staat möglichst radikal zurückschneiden. Sie überfordert die Thüringer damit. Sie selbst hat den Staat nie gebraucht, denn sie ist privilegiert aufgewachsen.

Sie sieht jung aus, beinahe mädchenhaft. Das Leben hat kaum Spuren in ihr Gesicht gezeichnet. Dabei ist sie 48 Jahre alt, bereits Großmutter und hat eine politische Karriere hinter sich, die sonst für ein ganzes Leben reicht: Sie war neun Jahre lang Ministerin in zwei verschiedenen Ämtern und dann Landtagspräsidentin. Seit 2004 ist sie Vorsitzende der CDU-Regierungsfraktion in Thüringen. Ja, ruft sie fröhlich, in diesem Amt habe sie richtig viel Macht, was sie vorher gar nicht geahnt habe.

In der Politik möchte sie noch lange bleiben, sagt sie. Ob sie irgendwann einmal Ministerpräsidentin sein wird? Nun, wehrt sie mehr geschmeichelt als empört ab, ein bisschen Lebensqualität wolle sie sich schon noch bewahren. Was natürlich kein klares Nein ist und aus Christine Lieberknechts Mund besonders merkwürdig klingt. Denn unter ihrem Politikerleben leidet sie zweifellos nicht. Sie hat merklich Spaß an der Politik, am Mitmischen und an der Macht. Christine Lieberknecht ist wichtig in Thüringen; ohne ihr Plazet kann Ministerpräsident Dieter Althaus nicht regieren. Weil die CDU im Landtag nur eine Stimme Mehrheit hat, kommt es besonders auf die kleine Frau mit den kurzen schwarzen Haaren an der Spitze der Fraktion an.

Sie ist Multifunktionärin. Es sind nicht nur die üblichen Ämter, die eine politische Führungsrolle mit sich bringt. Sie ist selbstverständlich Mitglied im Vorstand ihrer Landespartei, und natürlich ist sie bei sich zu Hause die Kreisvorsitzende der CDU. Darüber hinaus aber sitzt sie in den Vorständen verschiedener Kuratorien, Verbände und Stiftungen. Sie ist, was durchaus bedeutend ist, Vorstandsmitglied der Konrad-Adenauer-Stiftung und Mitglied der Bundessynode der evangelischen Kirche; außerdem ist sie, was weniger bedeutend ist, Präsidentin des »Landesverbandes Thüringen im Verband Deutscher Gebirgs- und Wandervereine« und Ehrenvorsitzende der »Europäischen Bewegung Thüringens«. Insgesamt kommt sie auf stolze 23 Mandate. Und wenn sie in ihrem Wahlkreis bei Weimar unterwegs ist, erweckt sie keineswegs den Eindruck, das mühselige Geschäft der direkten Wähleransprache sei ihr lästig. Unverdrossen ist sie dann unterwegs: auf Wanderungen von CDU-Ortsverbänden, auf Skatturnieren oder Traktorschauen.

Christine Lieberknecht ist immer in Eile; ihre Schritte sind schnell; die Sätze sprudeln nur so aus ihr heraus. Erschöpft oder zerfahren wirkt sie gleichwohl nie. Selbst mehrstündige Interviews in lauten und stickigen Cafés bringt sie ohne eine Spur von Müdigkeit hinter sich. Ihre 12-bis-14-Stunden-Tage rauben ihr, soweit sichtbar, keine Kräfte. Im Gegenteil, sie scheint dieses Leben zu brauchen, um einen Überschuss an Energie abzubauen. Es ist die angesparte Energie eines Menschen, der sich in seinem Leben lange Jahre ausruhen konnte in einer Zeit, als die Uhren unendlich langsamer gingen.

Damals in der DDR führte sie ein ganz anderes Leben als heute. Als evangelische Pastorin war sie für drei winzige Dörfer unweit von Weimar zuständig. Ein ungestörtes Leben in ländlicher Abgeschiedenheit. Pfarrer verfügten hinter ihren Kirchenmauern über Freiheiten, die normale DDR-Bürger nie kennenlernten, und in der Provinz ging diese Freiheit noch etwas weiter. Hier lagen die nächste SED-Kreisleitung und der nächste Posten der Staatssicherheit weit weg. Hier zählte die Kirchengemeinde nicht einige hundert Mitglieder, sondern nur ein paar Dutzend. Staat und Kirche prallten woanders aufeinander, in Berlin-Friedrichshain oder in Prenzlauer Berg oder in Leipzig, aber nicht in Lieberknechts drei Thüringer Dörfern, deren Namen wie ein bestelltes Synonym für Provinz klingen: Ottmannshausen, Hottelstedt und Stedten.

Ihr Leben verlief langsam und entschleunigt und gehorchte einem eigenen zeitlichen Rhythmus. Als sie 1982 als Vikarin in ihre Gemeinde zog, begann sie damit, den Kirchenbau eines ihrer Dörfer zu rekonstruieren. 1989, inzwischen längst Pastorin, war sie damit noch immer nicht fertig, denn natürlich hatte es eine kleine Kirchengemeinde besonders schwer, Zement, Steine und Holz zu beschaffen. So verstrichen die Jahre: Lesen, predigen, taufen, konfirmieren, beerdigen, an der Kirche arbeiten, die gemeinsamen drei Kinder mit dem Ehemann großziehen, der als Pfarrer die Nachbargemeinde führte. Zeit und Muße gab es im Überfluss, was nicht nur am ruhigen Leben lag. Als Pfarrersfamilie mussten Lieberknechts nicht wie gewöhnliche DDR-Bürger auf die tägliche Jagd nach Mangelware gehen. Sie hatten andere Zugänge. Den Trabant bekamen sie nach kurzer Zeit von der westdeutschen Partnergemeinde, bezahlt mit Devisen, und auch die Kinder erhielten auf diese Weise West-Schulsachen, West-Spielzeug und West-Kleidung.

Sie war Mitglied der CDU, jener Blockpartei, mit der die SED die Christen in der DDR für den Sozialismus zu gewinnen versuchte. Sie hätte gern mehr getan in der Partei und Ämter bekleidet, aber sie blieb einfaches Mitglied. Zu sehr wollte sie sich nicht mit jener Partei verbandeln, die dem Willen der SED unterworfen war.

Es war ein untertouriges und vielleicht auch unterfordertes Leben. Es endet im Herbst 1989 abrupt mit der Wende. Plötzlich ist ein Ventil geöffnet, durch das sich ihre ganze angesammelte Energie Bahn brechen kann. Ihr Ventil ist die Politik. Eine Vielzahl von Parteien gründet sich; Bürgerbewegungen sitzen an Runden Tischen und haben plötzlich Macht und Einfluss. Auch Lieberknechts CDU wandelt sich und löst sich von der Abhängigkeit von der SED. Die westdeutsche CDU wird zum mächtigen Paten der ehemaligen Blockpartei, und nur ein Jahr später sind CDU-West und CDU-Ost miteinander verschmolzen.

Seit der Wende gehört Christine Lieberknecht zum unverzichtbaren Spitzenpersonal der Thüringer CDU. Sie wird dringend gebraucht in der Partei. Die CDU ist seit 1990 die stärkste Kraft im Land und muss viele Posten besetzen, aber zugleich ist die Personaldecke dünn, wie bei allen Parteien in Ostdeutschland. Sie ist ein seltenes Talent in der Partei. Ihre Rhetorik und Semantik, durch die Predigerinnen-Vita geschult, stechen hervor. Als Theologin ist sie mit ihrer humanistischen Bildung dem Rest der CDU-Fraktion überlegen, die von technisch geprägten Ingenieuren dominiert wird. Sie ist vermutlich die einzige in der Fraktion, die in einer einzigen Rede Max Weber, Joachim Fest, den preußischen Reformer Karl Freiherr vom Stein und den Verfassungsrichter Udo di Fabio zitieren kann, ohne dass ihr Redenschreiber die Namen nahelegen müssen.

Mehrheiten zu sichern ist die zentrale Aufgabe der Vorsitzenden einer Regierungsfraktion. Aber das genügt ihr längst nicht. So, als wenn dieses Amt allein eine Beleidigung ihrer Kräfte und Fähigkeiten darstellte, sieht sie sich als die Politikerin für den geistig-ideologischen Überbau von Landesregierung, Fraktion und Partei. Und so, als wenn ihr das Alltagsgeschäft von Landespolitik zu kleinteilig wäre, ist es ein großer Begriff, dem sie sich widmet: Freiheit. Sie hält den Wert Freiheit in Deutschland für zu unterbelichtet gegenüber der Gleichheit und der Gerechtigkeit. Sie kritisiert einen aufgeblähten Staat, der längst viel mehr sei als ein Bürge für soziale Notlagen, sondern eine selbstverständlich in Anspruch genommene Instanz, die Lebensstandards zu sichern habe. Sie will den Staat und sein Haushaltbudget zurückschneiden und dabei grundsätzlich diskutieren, was überhaupt noch staatliche Aufgabe sein muss. Kurz, der eigenverantwortliche Bürger, der ohne staatliche Eingriffe stärker und freier sei, ist ihr Leitbild, das sie in Haushaltsdebatten, in Interviews und in Reden zu verschiedenen Anlässen einfordert.

Damit nimmt sie in Thüringen die Haltung ein, die man bundesweit von Wirtschaftsliberalen wie Meinhard Miegel, Guido Westerwelle oder Hans-Olaf Henkel kennt und von der früheren Angela Merkel einmal kannte. Die ehemalige Dorfpastorin kann die Forderungen freundlicher aussprechen, als es in Berlin und in Talkshows getan wird, aber im Kern sind sie mindestens genauso radikal.

»Die übergroße Mehrheit setzt zuerst auf die Sicherheit. Die Leute wollen Ergebnisgleichheit und keine Chancengleichheit«, sagt sie enttäuscht. Sie verweist auf Studien, die feststellen, dass Ostdeutsche überdurchschnittlich stark der Sicherheit statt der Freiheit den Vorzug gäben. Für die Fraktionschefin ist das eine Folge der DDR. Man müsse sehen, schlussfolgert sie, wie man die Menschen mitnimmt, ohne sich beirren zu lassen. »Einen anderen Weg sehe ich nicht«, sagt sie, und dabei klingt sie ganz wie eine lutheranische Predigerin: Wir, die Minderheit, sind auf dem richtigen Weg, auch wenn die Mehrheit das noch nicht anerkannt hat. Hier stehe ich und kann nicht anders.

Ihre Abneigung gegen einen starken, umverteilenden Staat ist aus ihrer DDR-Erfahrung gespeist. Sie habe es schon einmal erlebt, was passiert, wenn Solidarität und Gleichheit erdrückend dominant seien im Verhältnis zur Freiheit: »Da wird am Ende immer weniger an immer mehr verteilt.«[22] Die feine Ironie indes ist, dass es ausgerechnet die Verhältnisse in der DDR waren, die ihr überhaupt die Möglichkeiten boten, Freiheit nicht als Risiko oder Bedrohung, sondern als Chance aufzugreifen. Denn von Kindheit an führte sie ein freies, privilegiertes Leben, und insofern besteht die Kluft zwischen der Thüringer Mehrheitsbevölkerung und ihr schon viel länger.

In der DDR ist Christine Lieberknecht nicht nur Pfarrerin gewesen, sie ist auch selbst als ältestes von vier Kindern in einem Pfarrhaus aufgewachsen. Der Vater arbeitet in ihrer Kindheit als Pastor nur wenige Kilometer entfernt von den kleinen Dörfern bei Weimar, wo die Tochter später einmal selbst predigen wird. Das große Pfarrergrundstück, das sich hinter einer wild wuchernden Hecke verbirgt, schottet das Leben der vier Kinder von der Umgebung ab. Erst im Alter von fünf Jahren verlässt die Tochter Christine Determann erstmals für längere Zeit das heimische Gelände, von vorangegangenen Ausflügen abgesehen.

Der Vater ist die geachtete Autorität und zugleich immer anders als die Dorfgemeinschaft, allein schon aufgrund der Tatsache, dass er der einzige Akademiker ist. Seine Kinder gelten dem Rest des Dorfs als »die Pfarrerskinder«, die zwar mit den anderen Kindern spielen, aber eben doch ein anderes Leben führen. Selbstverständlich sind sie nicht Mitglied der Jungen Pioniere, und als Schüler gehen sie in die Christenlehre, die der eigene Vater erteilt.

Es ist ein altmodisches dörfliches Pfarrhausleben in diesen frühen sechziger Jahren, das mit seinen Standesunterschieden, der Abgrenzung und den gepflegten Riten – selbstverständlich sorgt die Mutter für den Haushalt und den großen Pfarrgarten – mehr an das 19. als an das späte 20. Jahrhundert erinnert. Allein steht die Familie nicht. Gerade im kleinteilig-ländlichen, protestantisch geprägten Thüringen existieren zu DDR-Zeiten weiter viele klassische Pfarrhausfamilien. Eine hübsche Pointe der Geschichte: Ausgerechnet im Arbeiter-und-Bauern-Staat kann sich dieser kirchlich geprägte Lebensstil stärker halten als in der liberalen und zunehmend säkularen Bundesrepublik. Die Staatspartei SED wertet mit ihren Bedrängungen das Kirchenmilieu unfreiwillig als Rückzugsraum auf.

Die Determanns brauchen den Staat nicht. Die Kirche und die Familie selbst bieten die nötige Infrastruktur des Lebens auf. Der Vater macht in den evangelischen Institutionen Karriere und steigt gar zum Superintendenten auf. Die Freizeit verbringt man nicht in den staatlichen Apparaten, sondern in kirchlichen Organisationen und in der Familie, beschäftigt mit der umfangreichen Privatbibliothek oder mit Hausmusik.

Die Pfarrhaus-Herkunft bedeutet für Tochter Christine auf der Schule kein Stigma. Sie immunisiert vielmehr. Die Lehrer haben bei dem Pfarrerskind Beißhemmungen, und die Prominenz des Vaters dürfte ihr zusätzlich den Rücken stärken. In Situationen, in denen die Herkunft tatsächlich von Nachteil ist, helfen gute Leistungen weiter: Einen Platz auf der Erweiterten Oberschule bekommt sie zunächst nicht. Erfolgreiche Teilnahmen an Mathematik-Olympiaden und gar ein erster Platz beim örtlichen Russisch-Wettbewerb machen ihren fehlenden Arbeiter-Hintergrund wett.

Als Schülerin verhält sie sich pragmatisch zwischen wohldosierter Anpassung und Rückzug. Der Jugendweihe verweigert sie sich. In Staatsbürgerkunde schreibt und äußert sie das, was der Lehrer verlangt, den ersehnten Studienplatz vor Augen. Um sich nicht von ihren Mitschülern zu isolieren, schließt sie sich der FDJ an. Die FDJ ist für sie, wie für die meisten, nicht Ideologievermittler, sondern Freizeitorganisation. Später an der Universität in

Jena ist sie gar Mitglied der ehrenamtlichen FDJ-Leitung der theologischen Sektion, sprich Fakultät. Der Staat bedrängt sie nicht, und gerade dieser Zustand erlaubt ihr, sich auf seine Massenorganisationen einzulassen.

Sie muss nicht in die Totalopposition ausweichen, denn sie hat es gut. Ihre Entscheidung für Theologie ist keine bewusste Abgrenzung vom Staat, sondern das selbstverständliche Bekenntnis zum kirchlichen Milieu. Nur kurzzeitig denkt sie wegen ihres Talents in Mathematik und Physik daran, Lehrerin für diese Fächer zu werden. Sie gibt den Plan aber schnell auf. Lehrerin in der DDR-Volksbildung zu sein, das hätte für sie eine unzulässige Grenzüberschreitung bedeutet.

Von ihrem geschützten und behüteten Leben in der DDR zehrt Christine Lieberknecht bis heute. Sie ist ein unverdrossener und unbekümmerter Mensch, frei von Misstrauen gegenüber ihrer Umwelt. Munter breitet sie ihr Leben aus. Auf vorsichtige Bitten hin schickt sie prompt stapelweise private Aufzeichnungen. Es ist nicht nur die bei Politikern übliche Eitelkeit, die CDU-Fraktionschefin hat sich darüber hinaus eine natürliche Unschuld bewahrt. Sie ist anscheinend frei von jedweden seelischen Verletzungen, die Menschen in einer Diktatur erfahren können. Ihre Biographie macht offensichtlich, dass ein Freiheitsdrang und eine betonte Unabhängigkeit vom Staat Voraussetzungen brauchen. Wenn die Fraktionschefin »eine konsequente Zurücknahme des Staates zugunsten einer mündigen Bürgergesellschaft« fordert, dann spricht aus ihr die Erfahrung eines Menschen, der den Staat für seine Entwicklung kaum gebraucht hat – es war das Pfarrhausmilieu, in dem Christine Lieberknecht ihr Leben zubrachte. Mit dieser Erfahrung zählt sie heute zu einer kleinen, exklusiven Minderheit.

Die Erfahrung der Mehrheit ist eine andere. Egal ob sich der normale DDR-Bürger in der sogenannten inneren Emigration befand oder nicht, war er doch abhängig vom Staat DDR und seiner Gunst. Es war der Staat, der die Spielregeln diktierte und, zum Beispiel, viele Bürger drängte oder gar zwang, einen bestimmten Beruf zu erlernen, Berufe, die inzwischen nichts mehr wert sind. Bis heute kann sich hingegen Christine Lieberknecht das Privileg bewahren, unabhängig zu sein. Zwar lebt die Berufspolitikerin seit mehr als 15 Jahren vom Staat, doch vom Kirchendienst ist sie bis heute lediglich beurlaubt. Jederzeit kann sie in ihren alten Beruf zurückkehren, was sie für sich, wie sie sagt, als Option auch immer noch im Hinterkopf behält. Soziale Netze und staatliche Hilfestellungen braucht sie nicht. Wenn sie richtig liegt mit ihrer Klage, dass besonders die Ostdeutschen glaubten, der Staat habe es zu richten, dann ist es ein Erbe jenes vormundschaftlichen Staates DDR, dem sie sich selbst entziehen konnte. Für diejenigen, die nicht nur abhängig von staatlichen Strukturen waren, sondern vom DDR-Staat auch kleingemacht, wenn nicht gar beschädigt wurden, klingen Forderungen nach Mündigkeit und Eigenverantwortung wohlmeinend, aber abstrakt. Sie sind nicht im Besitz der Mittel und Chancen, die Christine Lieberknecht im Laufe ihres Lebens erwerben konnte.

Die politische Praxis macht die Kluft zwischen ihr und ihrer Umwelt augenfällig. Natürlich bedeutet Realpolitik immer das Schmieden von Kompromissen. Auch die CDU-Fraktionschefin ist mit handfesten Interessen, Ängsten und unterschiedlichen Lobby-Gruppen konfrontiert. Sie bekennt, dass auch sie für populistische Politik in der Vergangenheit verantwortlich ist und wider ihre Überzeugung teure Wahlversprechen mitgetragen und umgesetzt hat. Trotz aller Abspeck-Rhetorik Lieberknechts ist Thüringen hoch verschuldet – pro Kopf höher verschuldet als das arme Mecklenburg-Vorpommern – und leistet sich einen überdimensionierten Behördenapparat und immer noch kleinteilige Verwaltungsgrenzen.

Es ist aber nicht nur das in der Politik übliche Bohren dicker Bretter. Es mangelt ihr an Verbündeten in der Landespolitik. Zwar ist sie eng mit ihrem Ministerpräsidenten verbunden. Abgesehen davon befindet sie sich, so sagt sie selbst, in ihrer eigenen Partei in der Minderheit. Aber sie bemüht sich auch nicht um Allianzen oder Mitstreiter. Sie beschränkt sich auf Reden und Mahnungen, jene Mittel also, die sie als gelernte Pastorin am besten beherrscht. »Ich wäre gern Landtagspräsidentin geblieben«, sagt sie freimütig. Damals konnte sie sich auf Reden konzentrieren, ohne an die mühselige Umsetzung ihrer Ideen denken zu müssen. Es ist kein

Zufall, dass ihre bisherige Ämterbilanz – Kultusministerin, Ministerin für Bundes- und Europaangelegenheiten, Landtagspräsidentin und jetzt Fraktionschefin – beliebig wirkt. Tatsächlich hat sie keine Karriereplanung im Kopf. Sie will die Aufgaben, die ihr jeweils angetragen werden, als einen Dienst erfüllen, wie sie es nennt. Sie ist mehr Objekt von Entscheidungen politischer Gremien als dass sie selbst eine machtpolitische Strategie verfolgt, um eigene Ziele zu erreichen. Für eine Spitzenpolitikerin ist Christine Lieberknecht in dieser Beziehung verblüffend unpolitisch.

Es ist so kein Wunder, dass sich ihre Beispiele bescheiden und fast rührend ausnehmen, die belegen sollen, dass ihre Ideen in der Praxis tatsächlich umgesetzt werden. Thüringen habe jüngst, so sagt sie, auf ihr Drängen hin die Regenwasser-Abgabe abgeschafft als Zeichen für weniger Bürokratie und mehr bürgerliche Eigenverantwortung. Ihre weiteren Rezepte sind vage. Sie will ein Vorbild sein und sich um »die Menschen kümmern«. Außerdem setzt sie auf verstärkte politische Bildung, um den Sinn von Demokratie und Freiheit besser zu verankern.

Manchmal wohl ahnt die CDU-Vorsitzende der Regierungsfraktion des Freistaats Thüringen, dass sie es schwer haben wird mit ihrer Mission.

Iris Goerke-Berzau, Vorsitzende Richterin
am Oberlandesgericht Naumburg

»Das Bezirksgericht lag da wie nach einer Zerbombung«

Iris Goerke-Berzau zog als juristische Aufbauhelferin aus Niedersachsen nach Sachsen-Anhalt. Sie ist eine motivierte Richterin und darüber hinaus engagiert in der Stadt. Sie setzt auf private Eigeninitiative: Den staatlichen Institutionen und Mentalitäten in Ostdeutschland misstraut sie.

Im mächtigen Dom verlieren sich nur wenige Touristen. Es sind die Bildungsbeflissenen, die ernsthaften Kirchenliebhaber und die kunstgeschichtlich Interessierten, die vom spätromanisch-frühgotischen Bau angezogen sind. Laufkundschaft oder Schulklassen von auswärts gibt es hier kaum. Aufmerksamkeit ziehen andere große Kirchen in Deutschland auf sich. Der Dom sieht in der kleinen Stadt Naumburg, 29 000 Einwohner, gelegen am Südzipfel Sachsen-Anhalts, dort, wo schon Wein wächst und das Klima mild ist, wie deplatziert aus, herausgefallen aus einer Zeit, als der Dom für einstige Macht und Größe der Region stand.

Das andere große Gebäude, nur wenige Schritte von der Kirche entfernt, lassen die Touristen unbeachtet. Wie St. Peter und Paul sollte aber auch dieses Gebäude, als es viele Jahrhunderte später errichtet wurde, Macht und Größe darstellen. Die Baumeister hatten sich dafür einen ganz besonderen Platz ausgesucht. Das Oberlandesgericht der preußischen Provinz Sachsen errichteten sie kurz vor dem Ersten Weltkrieg ausgerechnet auf den Grundmauern jener Burg der mittelalterlichen Herrscher, die der Stadt einst ihren Namen gab. Bis heute thront der trutzige, einschüchternde Preußenbau auf der Anhöhe, ein wenig entrückt von der Stadt und ihren Bewohnern. Auch jetzt residiert in ihm ein Oberlandesgericht: das OLG des Landes Sachsen-Anhalt. Äußere Machtsymbole hat ein Oberlandesgericht eigentlich nicht nötig, denn es ist faktisch mächtig. Hier werden schwere, politisch relevante Strafsachen und die Berufungen und Revisionen der Urteile der Landgerichte eines Bundeslandes verhandelt. Danach kommt nur noch der Bundesgerichtshof beziehungsweise das Bundesverfassungsgericht.

Iris Goerke-Berzau ist eine der Mächtigen des Oberlandesgerichts. Sie ist die Vorsitzende Richterin des 3. Zivilsenats. Bei der Urteilsfindung kommt ihr als Vorsitzender Richterin ein besonderes Gewicht zu, auch wenn ihre Stimme eigentlich nicht mehr zählt als die ihrer zwei Kollegen. Diese können sie bei Urteilen überstimmen – »theoretisch«, wie Iris Goerke-Berzau hintersinnig anmerkt.

Ja, sie habe Macht, sagt sie, und trage damit große Verantwortung. Die Entscheidungen, die sie verkündet, haben direkte Auswirkungen auf das Leben der Betroffenen. Sie entscheidet über Familiendramen: Wer bekommt das Sorgerecht für ein Kind zugesprochen? Muss gar beiden Elternteilen das Sorgerecht entzogen werden, weil sonst das Kindeswohl gefährdet wäre?

Bis vor kurzem war sie zusätzlich für die brisanten eigentumsrechtlichen Fälle zuständig, die sich durch den Einigungsvertrag und die Wiedervereinigung ergaben. Dazu gehörten Streitigkeiten im Zusammenhang mit der Bodenreform oder der Rückgabe von Grundstücken an die ursprünglichen, einst in den Westen gezogenen Eigentümer, auf denen zu DDR-Zeiten ein anderer gebaut hatte. Sie musste zum Beispiel durchsetzen, dass ein Gartenlaubenbesitzer, der in der DDR auf fremdem Boden baute, dem Grundeigentümer zumindest eine Entschädigung zahlte. Emotional aufgeladene Fälle waren das, in denen es nicht nur um wenige Quadratmeter große Kleingartenhütten ging, sondern um die große deutsch-deutsche Symbolik: unsere kleine Privatidylle, aufgebaut trotz aller Widrigkeiten der DDR, gegen den gierigen Wessi, so war in den neunziger Jahren die Wahrnehmung in Ostdeutschland.

1991 war Iris Goerke-Berzau aus dem niedersächsischen Oldenburg vom dortigen Oberlandesgericht, wo sie in der Justizverwaltung arbeitete, nach Sachsen-Anhalt gekommen. Zunächst ging sie an das damalige Bezirksgericht in Magdeburg und war mit der Umwandlung der Justiz zu bundesdeutschen Bedingungen beschäftigt; 1993 wurde sie zur Richterin am neu gegründeten OLG Naumburg ernannt. Seit 2002 ist sie Vorsitzende Richterin.

Die ersten Jahre seien eine sehr schwierige Zeit für die Justiz in Ostdeutschland gewesen, erzählt sie. Viele Betroffene hätten die Entscheidungen des neuen bundesdeutschen Rechts – gerade in Grundstücksangelegenheiten – nicht verstanden und nicht akzeptieren wollen. Das tradierte, durch die DDR geprägte Bild von Richtern und Gerichten habe der Justiz dabei zusätzlich zu schaffen gemacht. Richter waren in der DDR nur formal unabhängig, in Wirklichkeit aber Teil der Herrschaftsarchitektur der SED. Urteile konnten problemlos kassiert oder verschärft werden, und die Staatssicherheit konnte schon vorab auf verborgenem Wege Einfluss nehmen. Eine Verwaltungsgerichtsbarkeit, die staatliches Handeln in die Schranken weisen konnte, gab es nicht. Folglich hätten viele Ostdeutsche auch die neue Justiz lediglich als Büttel von Machtinteressen empfunden, die nichts mit der Sache zu tun hätten. »Am Anfang war man für die einen ein Rechter und für die anderen eine rote Socke«, sagt sie. Inzwischen aber habe sich die Tatsache in der Bevölkerung verankern können, dass Richter unabhängig und von keinem oberen Dienstherrn abhängig sind, der eine Entscheidung einfach aufheben kann.

Probleme bereiteten der Richterin anfangs auch die Gesetze, die sie anwenden musste. »Viele Gesetze waren mit der heißen Nadel gestrickt, zu denen es keine Rechtsprechung und keine Kommentare gab«, sagt sie. Ständig seien Gesetze wieder geändert worden. Die Übergangsvorschriften, die der Bundestag für die neuen Länder eingeführt hatte, waren lückenhaft oder gingen teilweise an der Wirklichkeit vorbei: »Wir mussten manchmal überlegen, was der Gesetzgeber eigentlich mit seinen Bestimmungen meinte.« Oft mussten die Richter die Politik auf Lücken oder Fehler hinweisen.

Iris Goerke-Berzau versucht auf ihre Art, Vertrauen in die Justiz zu schaffen. Sie lädt bei brisanten Fällen die Parteien zur Verhandlung, selbst wenn sie es nicht muss. Sie sucht das Gespräch mit ihnen und versucht ihnen das Recht näherzubringen und zu erklären, warum sie nach der Gesetzeslage gezwungen ist, eine bestimmte Entscheidung zu treffen. Sie nutzt aber auch Spielräume, die ihr zustehen, und versucht einen Vergleich zwischen den Parteien auch dann zu erreichen, wenn das Gesetz eigentlich eindeutig ist. »Ich sehe mich in der Rolle des Befriedens«, sagt sie. Ihre Urteile schreibt sie, das ist ihr Anspruch, in möglichst verständlicher Sprache, wissend, dass die juristische Sprache Herrschaftssprache sein kann. Sie setzt sich in der Verhandlung auch mit abwegigen Argumenten auseinander, die eine Partei angeführt hat. Sie sollen, sagt sie, das Gefühl haben, dass sie sich als Richterin wirklich damit beschäftigt hat.

Wenn Iris Goerke-Berzau über ihr Selbstverständnis als Richterin spricht, tut sie dies überzeugend. Sie ist eine offene, freundliche Frau, ein mütterlicher Typ. Mit ihren 49 Jahren ist sie für eine Vorsitzende Richterin eines Obergerichts überdies noch relativ jung. Sie ist der Gegentyp zu den graumelierten älteren Herren, die gewöhnlich diese Positionen dominieren, und frei von jeglichen Herrschaftsallüren und jedem Dünkel: Das Telefon klingelt, eine Betroffene einer Entscheidung ihres Senats ist am Apparat. Die Frau will Details erklärt haben oder hat vielleicht nur Redebedarf nach einem ihr Leben verändernden Urteil. Iris Goerke-Berzau hört zu und erklärt geduldig. Sie hätte sich als Richterin genauso gut nicht auf das Gespräch einlassen brauchen. Ein knapper Hinweis an die Geschäftsstelle des Gerichts, Anrufer nicht durchzustellen, würde genügen, und sie wäre ungestört. Aber sie tut es nicht.

Offenheit und Transparenz hat das Oberlandesgericht Naumburg dringend nötig. Sein Bild in der Öffentlichkeit hat in den letzten Jahren stark gelitten. Grund ist der 14. Zivilsenat unter dem Vorsitzenden Dieter Deppe-Hilgenberg. Über Jahre hatte dieser Senat, der wie Goerke-Berzaus Senat für Familiensachen zuständig ist, einem ledigen Vater das Umgangs- und Sorgerecht für seinem Sohn verwehrt und sich über Entscheidungen des Bundesverfassungsgerichts und gar des Straßburger Menschenrechtshofs des Europarats hinweggesetzt. Inzwischen hat das Oberlandesgericht reagiert, die Richter des Senats für befangen erklärt und das Verfahren einem anderen Senat übergeben.

Der Fall kursierte in Juristen-Kreisen zeitweilig als Beispiel für besonders deutliche Fehlentscheidungen; Jura-Studenten in

Deutschland bekommen ihn heute gar von manchen Repetitoren kopfschüttelnd als einprägsames Beispiel dafür angeführt, wie man es auf keinen Fall machen darf. Iris Goerke-Berzau ist das Verhalten ihrer Richterkollegen spürbar unangenehm. Sie möchte nicht darüber reden.

Sie liebt ihren Beruf, wie sie sagt. Dabei ist ihre erste Zeit in Sachsen-Anhalt nicht einfach gewesen. Als die Mauer fällt, ist ihr erster Impuls: In den Osten gehe ich nie. Die 32-Jährige befindet sich in einer Lebensphase, in der sich ein deutscher Beamter oder Richter gerade einrichtet. Sie ist verheiratet und hat in Oldenburg ein Haus gekauft. Aber sie lässt sich vom obersten juristischen Aufbauhelfer in Sachsen-Anhalt, einem Niedersachsen, den sie aus Oldenburg kannte, von der Idee anstecken, etwas Neues aufzubauen in einem für sie fremden Land – in der DDR ist sie nie gewesen. Also lässt sie sich 1991 abordnen und wird zur Ost-West-Pendlerin. Das Motiv zu helfen, auf dem Gebiet, »wo man es kann«, treibt sie an.

Die Gefühle bleiben anfangs gemischt. »Das Magdeburger Bezirksgericht lag da wie nach einer Zerbombung«, erinnert sie sich. Die junge Frau aus dem gepflegten, biederen Oldenburg ist schockiert von der Optik jener Stadt, die selbst im DDR-Maßstab nicht zu den Schmuckstücken gehörte. Die dominante Farbe Grau und die düstere Atmosphäre, wie sie es empfindet, deprimieren sie.

Die Wohnungsfrage ist schwierig zu jener Zeit. Die Sanierung der Altbauten ist noch nicht angelaufen, und in den damals noch begehrten und komplett belegten Plattenbausiedlungen haben Neuankömmlinge – erst recht solche aus dem Westen – keine Chance. Die junge Richterin ergattert schließlich ein Privatzimmer mit Dusche in der Küche, die sie sich mit einem anderen Hausbewohner teilt. Wenn sie nach einem Wochenende zu Hause im Westen wieder in Magdeburg ankommt, beschleicht sie jedes Mal das Gefühl, dass ihr Vermieter ihr Zimmer übers Wochenende an andere zwischenvermietet hatte. Das Provisorium dauert 1993 in Naumburg zunächst an. Sie wohnt ein Jahr lang in der Jugendherberge. Ein warmes Essen auswärts zu bekommen ist abends noch ein Problem für sie: Die alten HO-Gaststätten sind längst geschlossen und neue Restaurants noch nicht nachgewachsen.

Beruflich aber erlebt sie eine befriedigende Zeit. Am Gericht herrscht eine Ausnahmesituation ohne jede Routine, wie sie sie in Oldenburg nie kennengelernt hatte. Dort dominierte die Gleichförmigkeit und der geregelte Ablauf einer Justizverwaltung eines bundesdeutschen Gerichts. »Es war ruhig und schön, aber festgefahren. Jeder Tag war gleich«, sagt sie. Aber sie lernt damals viel über die Organisation eines Gerichts, wovon sie später in Sachsen-Anhalt profitiert.

An ihrem neuen Arbeitsplatz hingegen gibt es viele Tage, an denen sie um 6 Uhr schon im Büro ist und erst weit nach Mitternacht das Gericht verlässt. Manchmal schläft sie vor Erschöpfung im Mantel auf ihrem Bett ein. Der besondere Teamgeist und das Gefühl, gebraucht zu werden, wiegen den Stress auf.

Heute ist der Ausnahmezustand längst vorbei. Natürlich wohnt sie nicht mehr in der Jugendherberge. Sie hat am Gericht ihren zweiten Ehemann kennengelernt – auch ein Jurist, der aus den alten Bundesländern stammt –, mit dem sie zwei gemeinsame Kinder hat. Sie sind in Naumburg geboren.

Die schulpflichtigen Kinder haben Iris Goerke-Berzau eine allmähliche Verwurzelung in der Stadt mit ermöglicht. Sie engagierte sich im Elternrat der Grundschule ihrer Kinder und im Stadtelternrat und war zeitweilig die Vorsitzende beider Gremien. Dort konnte sie, zum Beispiel, Einfluss darauf nehmen, dass freie Lehrerstellen besetzt werden. Sie nutzt die Privilegien und besonderen Ressourcen, über die sie als Richterin verfügt. Sie kann ihre Arbeitszeit frei einteilen, denn Richter können nicht gezwungen werden, zu festen Zeiten an ihrem Arbeitsplatz anwesend zu sein. Als Richterin ist sie eloquent, was sie befähigt, sich für öffentliche Belange einzusetzen, und ihr hohes Berufsprestige verleiht ihr dabei besondere Autorität. An der nahen Universität Jena gibt sie zusätzlich seit einigen Jahren für Pädagogen ein Seminar in Sorgerecht. Am Naumburger Gymnasium hält sie Stunden in Rechtskunde.

Dass sie es ist, die wichtige Rollen einnimmt, demonstriert, dass selbst in einer alten Stadt mit einst bürgerlicher Tradition wie Naumburg Menschen von außen nötig sind, um bürgerschaftliche Aktivität am Laufen zu halten. Auch Naumburg hat seit Jahrzehnten einen Aderlass an Menschen zu verkraften, und die Erfahrungen der DDR mit ihrem breiten Pflichtprogramm »gesellschaftlicher Aktivität« haben die Bereitschaft zu freiwilligem öffentlichem Engagement jenseits von Sportvereinen und Freiwilligen Feuerwehren geschwächt.

Aber zugleich bestehen kulturelle Unterschiede zwischen der Richterin und der Mehrheitsgesellschaft. Sie ist als Katholikin überzeugte Christin – ein kleines hölzernes Kreuz dient ihr als Halsschmuck – und bedauert die Erosion der Religion in der Region wie in Ostdeutschland überhaupt. Einmal begleitete sie die Klasse ihrer Tochter auf einem Ausflug; sie besuchten eine Kirche. 80 Prozent der Neunjährigen waren bis dahin noch nicht in einer Kirche gewesen. Auch der Religionsunterricht hatte es schwer in der Grundschule ihrer Kinder. Nur wenige Schüler besuchten ihn. Ethikunterricht, der eigentlich Ersatz für Religion sein soll in Sachsen-Anhalt, konnte mangels Lehrern jahrelang nicht stattfinden.

»Religion ist auch Kultur. Es heißt nicht, dass die Kinder an Gott glauben sollen. Es geht um das Vermitteln von Werten«, sagt die Richterin. Die Kirche tue abgesehen davon viel für die Freizeitgestaltung von Jugendlichen, was angesichts verarmter und abgehängter Bevölkerungsschichten und eines Staates, der sparen müsse, von großer Bedeutung sei. »Die Eltern sagen immer, sie haben mit der Kirche nichts am Hut. Aber sie sollten ihren Kindern wenigstens die Chance geben, Religion kennenzulernen«, sagt sie.

Sie misstraut den etablierten ostdeutschen Erziehungsinstitutionen und ihrem Personal. Die ersten drei Lebensjahre wurden ihre Kinder von einer Tagesmutter betreut. Später gingen ihre Kinder – die genauso wie ihr Vater Protestanten sind – in den evangelischen Kindergarten.

Sie hatte Vorbehalte gegenüber den kommunalen Einrichtungen und den Werten, die die Erzieherinnen, wie sie vermutete, vermittelten. »Das freiheitliche Denken war zu DDR-Zeiten in der Form nicht entwickelt«, sagt sie. Erzieherinnen hätten sich nach der Wende nicht so schnell wandeln können. Die Atmosphäre im evangelischen Kindergarten sei anders gewesen.

Wichtig sind der Mutter Selbständigkeit und der Mut zur eigenen Meinung bei ihren Kindern. In der Grundschule habe sie erlebt, wie Lehrer sie erstaunt wegen der Direktheit und Offenheit ihrer Kinder ansprachen. »Das war für sie im Umgang mit Kindern etwas Neues. Ich habe unsere Kinder aber schon immer nach westlichen Maßstäben erzogen«, sagt sie und meint dabei »westlich« als Synonym für »freiheitlich«.

Heute gehen ihre Kinder nicht auf das staatliche Gymnasium, sondern auf eine christliche Privatschule außerhalb der Stadt. Der christliche Hintergrund war einerseits ausschlaggebend. Andererseits hält sie die Lehrer für engagierter als auf den staatlichen Schulen, und die Bedingungen für die Kinder seien dort besser.

Die spezielle ostdeutsche Parteienlandschaft betrachtet sie mit Skepsis und Verwunderung. Über die Stärke der PDS in Sachsen-Anhalt möchte sie sich nicht äußern – als Richterin ist sie parteipolitisch betont zurückhaltend. Ihr Unverständnis darüber ist freilich deutlich, dass ausgerechnet jene Partei so viele Wähler findet, deren Vorgängerpartei einst die DDR in den Ruin trug. Sie kennt persönlich keine erklärten PDS-Wähler, vermutet aber als Grund die Orientierungslosigkeit mancher Menschen und das soziale Abseits, in dem sie sich befinden.

Ob sie sich mit ihren bürgerlich-liberalen Werten als Pionierin in einer postsozialistischen Gesellschaft betrachtet, als Richterin wie als Privatperson? Nein, wehrt sie ab, eine Pionierin sei sie ganz bestimmt nicht, und sagt bescheiden: »Ich will nur meine Ideen und Gedanken einbringen.« Vielleicht könne sie ja etwas bewegen. Man müsse versuchen sich anzunähern.

Einstweilen aber bleibt die ostdeutsche Gesellschaft zerfallen in verschiedene Teilkulturen. Iris Goerke-Berzau gehört zu der dünnen, neu-bürgerlichen Schicht, die sich ihre eigenen Regeln, Normen und Institutionen geschaffen hat. Immerhin, die Richterin möchte auf lange Sicht mit ihrer Familie hierbleiben. Manche Kollegen und deren Familien seien längst wieder nach Westdeutschland zurückgegangen: »Sie sind mit der Mentalität hier nicht zurechtgekommen.«

Auswege

15 Vorschläge zur Überwindung ostdeutscher Lähmung

Der Osten hat Bewegung nötig: Bewegung bei Themen, bei Strukturen, bei Personen. Die drei Ebenen bedingen einander und sind miteinander verzahnt. Den Personen kommt dabei eine zentrale Bedeutung zu. Die Funktionseliten sind es, die Weichenstellungen vornehmen oder nicht, gute oder schlechte Entscheidungen treffen und sich Problemen stellen – oder sie ignorieren. Es nützt indes wenig, in barrikadenstürmender Pose allein den Abgang von Eliten zu fordern, wenn die Mechanismen, aus denen Führungsschichten hervorgehen, und die Strukturen, in denen sie handeln, dieselben bleiben.

Die Porträts haben versucht zu zeigen, dass es sehr wohl hervorragende Führungspersonen gibt, wie auch solche, die sich ernsthaft Gedanken machen über die Probleme Ostdeutschlands und deren mögliche Lösungen. Aber sie sind in der Minderheit, handeln isoliert und sind letztlich Teil eines Großklimas, das von allgemeiner Lähmung geprägt ist.

Es fehlt grundsätzlich an einem gesellschaftlichen Klima, welches das öffentliche Stellen von Fragen zulässt. Probleme können heute nicht offen beschrieben werden. Es werden in Ostdeutschland nicht zu viele, sondern zu wenige Konflikte ausgetragen. Ebenjenes Austragen ermöglichte aber den dringend nötigen, unverstellten Blick nach vorn und die Überwindung des gegenwärtigen Erstarrungszustandes.

Die Vorschläge zur Verbesserung der Lage handeln von diesen drei Ebenen: den Personen, den Strukturen, den Themen.

Der Osten muss ein Gespräch mit sich selbst über die eigene Vergangenheit führen, und natürlich sind es die Funktionseliten, denen eine besondere Verantwortung dabei zukäme. Bis heute obliegt es dem immergleichen kleinen Kreis von Intellektuellen wie den beiden Theologen Friedrich Schorlemmer und Richard Schröder oder Wolfgang Thierse, Anstöße zu geben.

Die Funktionseliten belassen es zumeist bei kleineren, taktisch motivierten Scharmützeln, aber richtig angefasst wird die Vergangenheit nicht. Bis heute aber ist die Frage höchst virulent, wer einst auf welcher Seite stand in der DDR. Es gibt ein Versäumnis auf beiden Seiten. Den einstigen kleineren und mittleren Funktionären der DDR fehlt oftmals ein Bewusstsein für persönliche Verantwortung, auch Schuld, und für nicht nur erzwungenen, sondern auch freiwilligen Opportunismus. Dem Anti-PDS-Lager wiederum fehlt ein Verständnis für die ganz unterschiedlichen Motive, eine staatsnahe Laufbahn eingeschlagen zu haben. Es konnten politisch hehre Motive gewesen sein, bewusst-klassenkämpferische, familiär-biographische und auch schlichtweg banale, karrieristische Motive.

Die Grenze ist indes nicht so einfach zu ziehen; manchmal ist das Terrain unübersichtlich. Inwieweit kann Dieter Althaus, Thüringens Ministerpräsident und ausgewiesener PDS-Kritiker, so sicher sein, zu DDR-Zeiten immer auf der moralisch richtigen Seite gestanden zu haben? Althaus war immerhin stellvertretender Schulleiter in der Volksbildung und Block-CDU-Mitglied. Es fehlt an einer Verständigung über das Erbe DDR, auch an Versöhnungsbereitschaft.

Bis heute dominiert stattdessen Verklemmtheit im Umgang mit der Vergangenheit. Lebensläufe werden versteckt oder umgedeutet. Holger Hövelmann, heutiger Innenminister Sachsen-Anhalts und SPD-Landeschef, hatte so lange, bis es nicht mehr ging, seine SED-Mitgliedschaft verschwiegen und sein Studium zum Politoffizier an einer NVA-Hochschule in seinem offiziellen Lebenslauf und in seiner Partei als Studium der Politikwissenschaften ausgewiesen – ein Studiengang, den es zu DDR-Zeiten nicht gab.

Hövelmann ist Jahrgang 1968, er war jung, als er in die SED eintrat. Bevor er überhaupt Karriere in der DDR machen konnte, war diese DDR bereits Geschichte.

Es heißt oft, man müsse einen Schlussstrich unter die DDR-Geschichte ziehen und die »alten Sachen« vergessen, denn es seien ja bereits über 16 Jahre vergangen. Das Beispiel Holger Hövelmann zeigt, dass es mit dem Schlussstrich wohl nicht so einfach ist. Wenn bereits ein kleiner ehemaliger Nachwuchskader meint, seine Biographie in der DDR verstecken zu müssen, zeigt genau dies, dass die Vergangenheit eben nicht ein normaler, akzeptierter Teil der Geschichte ist, weder für die Betroffenen noch für die Öffentlichkeit.

2. Keine Ausgrenzung der PDS

Es hat keinen Sinn, die Linkspartei oder PDS anders zu behandeln als andere Parteien. Richtig ist, dass sich im Umgang viel geändert hat seit den neunziger Jahren. Besser als jede Erregung über rot-rote Regierungs- oder Tolerierungsmodelle und jede Rote-Socken-Kampagne kennzeichnet der Morgen des 10. November 1994 im Berliner Reichstagsgebäude die damalige Zeit, in der die PDS der Paria der Republik war. An diesem Tag eröffnete der 81-jährige Schriftsteller Stefan Heym, der als Parteiloser für die PDS ein Mandat erlangt hatte, als Alterspräsident den neuen Deutschen Bundestag. Niemand außer Rita Süssmuth erhob sich von der CDU/CSU-Fraktion, niemand von ihnen applaudierte nach seiner Rede, so, wie es guter parlamentarischer Brauch gewesen wäre.

Die Szene demonstrierte die Dummheit von falsch verstandener Parteidisziplin, sie rief aber vor allem bei sensibleren Zeitgenossen viel Schamgefühl hervor, weil Helmut Kohls Regierungsfraktion dem Lebenswerk eines deutschen Juden aus Chemnitz den Respekt verweigerte, der einst aus Deutschland fliehen musste und später als Sergeant der US-Armee in sein Land zurückkehrte. Die meisten Abgeordneten, die ihre Hand nicht rührten, kannten vermutlich weder seine Bücher noch seine Biographie. Das, was zählte, war das Signet »PDS«, das am alten Mann heftete. Die

Szene kommt einem vor wie aus einer anderen Zeit und ist doch nicht lange her.

Die Hysterie im Umgang mit der PDS ist verschwunden, aber im Alltag herrscht weiterhin Misstrauen. Bis heute ist es ein Problem für die PDS-Fraktionen, ihr zustehende Laienrichter-Posten an den Landesverfassungsgerichten oder Mandate in wichtigen Gremien der Landtage – wie etwa den Parlamentarischen Kontrollkommissionen, die über die Verfassungsschutzämter wachen – zu besetzen, weil sich die anderen Fraktionen dagegen sperren. Ausgerechnet der Integrationsfigur Lothar Bisky wurde noch 2005 im Deutschen Bundestag entgegen aller parlamentarischen Gepflogenheiten die Wahl zum Vizepräsidenten verweigert.

Bundesverfassungsschutz und einige Landesverfassungsschutzämter sammeln nicht nur über kommunistische Gruppierungen der Partei Informationen, sondern haben dies in der Vergangenheit auch über die Pragmatiker der Partei getan. Wie sie heute vorgehen, ist nicht bekannt. Diese Erfahrungen verfestigen in der PDS lediglich Milieuabschottungen, Trotz- und Märtyrerhaltungen und »Nicht-angekommen-sein«-Gefühle.

3. Über das Erbe einer Diktatur reden und die, die mitmachten

Gleichwohl muss darüber geredet werden, dass die Diktatur DDR nicht nur desolate wirtschaftliche Folgen nach sich gezogen hat. Sie hat Folgen für die Gesellschaft insgesamt und ihre heutigen Normen und Werte. Die allseits herrschende Staatspartei SED hatte kein offenes Konfliktklima gestattet. Sie hatte Anpassung honoriert und Querdenken sanktioniert. Sie kannte nur Schwarz und Weiß und Gut und Böse und erzog – ob erfolgreich oder nicht, ist eine andere Frage – zum Hass auf alle diejenigen, die nicht zur eigenen Seite gehörten.

Es ist bislang eine scheinbar funktionierende kollektive Entlastungsstrategie in Ostdeutschland, Verantwortung dafür immer nur den anderen zuzuschreiben: Erich Honecker, dem Politbüro, der Sowjetunion. Aber es waren ganz konkrete Menschen, die

die Diktatur an der Basis der Gesellschaft am Funktionieren gehalten und die Hass-Logik nach unten durchgereicht haben: der ganz konkrete kleine strenge SED-Funktionär, der SED-Journalist oder der überzeugte SED-Lehrer. Die Offiziere und Inoffiziellen Mitarbeiter der Staatssicherheit haben diese Aufgabe nicht allein erledigt.

Als die vielen kleinen Rädchen der Diktatur dienten ebenfalls nicht nur die so gern zitierten »alten grauen Männer in beigegrauen Anoraks«, die heute ihre Freizeit in abendlichen PDS-Ortsverbands-Versammlungen in ehemaligen Funktionärshochburgen wie Berlin-Lichtenberg zubringen. Sie werden als die ulkigen Schießbudenfiguren eines untergegangenen Staates gezeichnet, die man dankenswerterweise nicht ernst nehmen muss, weil sie noch heute bereitwillig vor Reporterblöcken oder Fernsehkameras Erich Mielke loben und deshalb gerade beim Betrachter aus dem Westen einen wohligen Schauder erzeugen: Einfach unverbesserlich!

Die Träger des Systems waren aber nicht nur diese Klientel, sondern auch jene, die einst junge Funktionäre waren und heute, mit 45 oder 50 Jahren, alles andere als grauhaarig sind und in der Mitte ihres Lebens und in der Mitte der Gesellschaft stehen.

4. Über Rechtsextremismus reden

Dass sich die Wirkungen und Mechanismen einer Diktatur nicht mit der Wiedervereinigung in Luft aufgelöst hatten, liegt auf der Hand. Der Rechtsextremismus ist wohl das eklatanteste Zeichen dieses Erbes. Rechtsextremismus und rechtsextremistische Gewalt haben eben nicht originär wirtschaftliche Ursachen. Ein plakatives Beispiel aus dem ganz normalen Alltag: Ein Schwarzafrikaner kann in Gelsenkirchen, dem Armenhaus Westdeutschlands, mit sehr hoher Wahrscheinlichkeit ein unbehelligtes Leben führen. Er wird womöglich nicht viel Kontakt finden zu alteingesessenen Bewohnern, aber er wird in Ruhe gelassen. Einem Schwarzafrikaner in der ostdeutschen Provinz wird vielleicht ebenso wenig passieren – wenn es gut für ihn läuft. Aber die Wahrscheinlichkeit, dass er beschimpft, bedroht oder angegriffen wird, ist den offiziellen Statistiken nach um ein Vielfaches höher.

Der Unterschied liegt nicht nur daran, dass das Ruhrgebiet eine über 100-jährige Erfahrung mit Einwanderung hat, die Rostock oder Magdeburg fehlt, sondern auch daran, dass es die besondere Vergangenheit ist, die Ostdeutschland von einer Stadt wie Gelsenkirchen unterscheidet. Die DDR basierte auf Abgrenzung und auf Homogenität. Nationalismus konnte, sozialistisch verbrämt, in Form des DDR-Patriotismus überleben, der notorischen Formeln von Antifaschismus und Völkerfreundschaft zum Trotz. Ausländer waren Menschen zweiter Klasse, und es waren konkrete Personen, die dieses Zwei-Klassen-System konstruierten. Da gab es die Verantwortlichen im Rat des Kreises, der kommunalen Verwaltung, die die Vertragsarbeiter aus Vietnam oder Angola in abgeschottete und streng kontrollierte Heime mit – offiziell – fünf Quadratmetern Wohnfläche pro Mensch verfrachteten und im informellen Kreis über die »Fidschis« und »Neger« sprachen; da gab es den Betriebsdirektor, der schwanger gewordene Vietnamesinnen vor die Wahl stellte, entweder abzutreiben oder die DDR zu verlassen[23] und damit genau jene eiskalte Reduzierung eines Menschen auf die bloße Arbeitskraft vornahm, die Marxisten eigentlich immer ablehnten; da gab es den Direktor eines Textilbetriebs, der kurz vor der Währungsunion im Sommer 1990 wie selbstverständlich erst einmal die Vertragsarbeiterinnen entließ und nicht nach Qualifikation ging, denn »wenn ich Deutsche entlassen würde, gäbe es hier Bürgerkrieg«[24]; da gab es die Journalisten der SED-Zeitungen, die unverhohlen Ressentiments über die Polen verbreiteten, wenn diese angeblich die Regale in den Kaufhallen der grenznahen DDR-Bezirke leer kauften. Die Wurzeln der heutigen mangelnden Achtung vor dem Fremden liegen auch in dieser konkreten Vergangenheit, in der ständig ethnisch argumentiert wurde, auch wenn es nie so genannt wurde.

Es gibt einen spezifisch ostdeutschen Rechtsextremismus. Es sind nicht nur hilflose, wegschauende und überforderte lokale Honoratioren, die ihren Teil zum Problem beitragen. Das Problem sind auch die Landesväter, Minister und anderen Entscheidungsträger, die beim Beschwichtigen und Schönreden mitmachen. Wolfgang Böhmer sagte öffentlich im Juni 2006: »Es hat auch schon zu DDR-Zeiten gelegentlich Rüpeleien mit Vietnamesen gegeben.«[25] Der Satz ist ein zweifacher Skandal: Er relativiert sowohl die Ausländerfeindlichkeit zu DDR-Zeiten als auch die heutige.

Die üblichen Verdächtigen, die das Thema Rechtsradikalismus im Osten diskutieren, sind nicht geeignet für diese Auseinandersetzung. Die Meinungsmacher der *Süddeutschen Zeitung* oder der *Zeit* produzieren das immergleiche Selbstgespräch des linksliberal-saturierten westdeutschen Milieus, das auch der bequemen Selbstvergewisserung darüber dient, dass man selbst ja moralisch viel integrer sei. Ebenso wenig nützt das Triumphgeheul des westdeutschen konservativen Milieus und ihrer *FAZ*, welches ja schon immer gewusst hat, dass der Kommunismus nichts anderes als ein rotlackierter Faschismus sei. Die Auseinandersetzung mit dem Rechtsextremismus muss der Osten auch selbst führen können.

5. Der Entpolitisierung begegnen: Das Beispiel Schule

Eine weitere Folge der Diktatur, über die zu reden wäre, ist die nachhaltige Entpolitisierung der ostdeutschen Gesellschaft. Ein Land wie die DDR, in dem alle Bereiche des öffentlichen Lebens politisch-ideologisch durchtränkt waren, muss zwangsläufig eine politische Ermattung und eine allgemeine Rückzugsbewegung ins Private nach sich ziehen. Die Schulen machen da keine Ausnahme. Lehrer mit DDR-Volksbildungs-Sozialisation pflegen zu sagen: Politik hat im Unterricht nichts mehr zu suchen. Es ist eine falsche Konsequenz aus einer Diktatur-Erfahrung, die vor dem Hintergrund der einstigen Drangsalierungen unter Volksbildungsministerin Margot Honecker sogar verständlich ist. Aber es ist ein Missverständnis von Demokratie. Es sind heute Lehrer, die sich einer Wertediskussion komplett entziehen. Es fehlt an den Bildungspolitikern, die diesen Zustand öffentlich benennen und zu ändern versuchen.

Der noch aus der Regierungszeit Helmut Kohls stammende Kuhhandel, der dem Osten einst per Transfergeld einen hohen Lebensstandard versprach und sozialen Frieden einforderte, ist gescheitert. Nach über 16 Jahren ist klar, dass dieser Handel wenig zur Überwindung der wirtschaftlichen Krise beigetragen hat. Das Wohlstandsversprechen ließ sich nicht einlösen, und genau dies hat viel Enttäuschung und Desillusionierung ausgelöst. Ostdeutschland ist heute die besonders drastische Ausprägung einer »Gesellschaft des Weniger«, von der der Soziologe Ulrich Beck spricht. Der Prozess des Schrumpfens, der die Demographie, die Finanzen, den Arbeitsmarkt und den Wohlstand erfasst hat, muss als Tatsache anerkannt werden, um auf dieser Basis realistischere Perspektiven entwickeln zu können.

Es gibt durchaus positive Ansätze und originelle Ideen. Künstler in der sächsischen Lausitz und in Halle haben sich kreativ mit dem Schrumpfen auseinandergesetzt, und auch Kommunalpolitiker beginnen zu reagieren. Die vernünftige Formel »Auf eigene Stärken besinnen« kommt inzwischen vereinzelten Eliten auf Landesebene über die Lippen. Nicht nur Matthias Platzeck und seine Brandenburger Landesregierung, sondern auch die CDU-Regierung Sachsens und sogar die Brandenburger PDS-Opposition nähern sich dem Thema an.

Jedoch wird anderenorts, gerade da, wo ein Umdenken besonders nötig wäre, noch wie gehabt gehandelt. Mecklenburg-Vorpommern zum Beispiel ist historisch gesehen immer eine arme Region gewesen, und auch heute ist es so. Angesichts rückläufiger Solidarpakt- und Länderfinanzausgleich-Mittel wäre eine echte Konzentration auf sehr wenige Felder die einzige Chance für das Land. Die Entscheidungsträger aber verzetteln sich heillos. Sie wollen zu viel, womit ihnen zwangsläufig nichts richtig gelingt.

Merkwürdigerweise spielt die natürliche Stärke, wenn man so will das Alleinstellungsmerkmal des Landes, so gut wie keine Rolle. Der Zugang zum Ostseeraum taucht etwa im SPD-Regierungsprogramm lediglich pflichtschuldig im nebulösen europapolitischen Zusammenhang auf. Dabei würden sich hier neue

Perspektiven eröffnen: nicht nur im Handel, sondern auch im Austausch von Wissen und Menschen.

Vor der Reformation, also vor über 500 Jahren, war die Region bereits weiter. Damals war die Universität Greifswald einer der wichtigsten akademischen Orte in Nordeuropa. Anfang 2006 studierten gerade einmal 20 (!) junge Leute aus Skandinavien in Greifswald. Die Universitäten im Land müssen derzeit sparen. Es werden nicht nur sinnvollerweise Doppelstrukturen im Land abgebaut, es werden auch dringend nötige Investitionen gestrichen. An dieser Lage zeigt sich nicht nur viel Provinzialität, sondern auch eine Ignoranz gegenüber Politikfeldern, die keine schnellen, sichtbaren Erfolge zeigen, wie es Ortsumgehungen tun.

Es ginge auch anders. Angenommen, die Schweriner Landesregierung verkündete, vorerst komplett auf den Bau von Straßen und die weitere Förderung von nahezu jedem beliebigen Kleinstunternehmen zu verzichten und das wenige überhaupt zur freien Verfügung stehende Geld in Bildung, die Universitäten und die Verbindungen mit Nordeuropa zu stecken. Der Aufschrei der Bürgermeister, des ADAC und der Bauwirtschaft wäre laut. Am Ende aber würde sich die Hochachtung vor einer klaren und mutigen Entscheidung durchsetzen. Das kleine Land würde damit bundesweit und international auf sich aufmerksam machen und sich endlich seiner Opfer- und Bittstellerrolle entledigen. Es würde endlich Selbstbewusstsein und die Fähigkeit zur Vision demonstrieren – einer Vision, die eben nicht auf Traumtänzereien gründet, sondern auf der Geschichte des eigenen Landes.

7. Eigene Erfahrungen in deutsche Debatten einspeisen

Vor fast 20 Jahren machte der junge saarländische Ministerpräsident Oskar Lafontaine den tabubrechenden Vorschlag, die tarifliche Arbeitszeit und das Einkommen zugleich zu kürzen. Arbeitszeitverkürzung ohne vollen Lohnausgleich hieß das damals. Der Hintergedanke von Lafontaine – der sich damals noch als unorthodoxer Denker und nicht als Traditionslinker einen Namen machte – war, dass angesichts einer immer weiter steigenden Produktivität eines jeden Arbeitsplatzes und fortschreitender Rationalisierung die vorhandene Arbeit auf mehr Menschen verteilt werden müsse, um so Arbeitslosigkeit eindämmen zu können. Auch die Gewerkschaften forderten damals die 35-Stunden-Woche, nur erkannte Lafontaine im Unterschied zu ihnen das Kostenproblem für die Unternehmen an und plädierte für entsprechend weniger Gehalt. Seitdem ist es still geworden um Lafontaines Thesen.

Ostdeutschland ist heute paradoxerweise die Region, in der im Schnitt die Arbeitszeiten länger sind als woanders in Deutschland, obwohl sich Lafontaines damaliger Befund hier in besonders drastischer Ausprägung zeigt. Es sind nicht viele nötig, um die Arbeit zu erledigen. Die Produktivität ist um ein Vielfaches gestiegen im Vergleich zu DDR-Zeiten. Neue Arbeitsplätze wachsen nur unzureichend nach. Der Osten könnte die deutsche Debatte um Arbeit und Arbeitslosigkeit bereichern und eigene Erfahrungen zu der Frage beisteuern, ob die Idee des Acht-Stunden-Tages eigentlich noch ein Konzept ist, was an jedem Ort und zu jeder Zeit passt. Die ostdeutsche Gesellschaft des Weniger könnte vormachen, wie es geht, die zurückgehende Ressource Lohnarbeit auf mehr Köpfe zu verteilen und sich dabei zugleich einzugestehen, dass materieller Wohlstand für breite Schichten nur noch dann funktioniert, wenn die, die heute Arbeit haben, von ihrem Wohlstand abgeben.

Ein zweites Beispiel. Wenn davon die Rede ist, wovon der Westen vom Osten denn lernen kann, ist in der Öffentlichkeit seit einigen Jahren schnell ein Befund ausgemacht. Der Osten sei »irgendwie flexibler«. Was das genau bedeutet und was dies für konkrete Folgen nach sich ziehen könnte, bleibt unbeschrieben. Es stimmt ja: In Ostdeutschland sind berufliche Mosaikstein-Biographien das gängige Muster, in dem eine Existenzgründung auf einen befristeten Arbeitsvertrag folgt und ein Leiharbeiter-Status ein Leben zwischen Arbeitslosigkeit und ABM ersetzt. Nur ein Drittel der im Berufsalter stehenden ostdeutschen Bevölkerung befindet sich heute in langfristig gesicherten Beschäftigungsverhältnissen. Wenn es richtig ist, dass das Konzept des tariflich abgesicherten Arbeitnehmers mit dem lebenslangen Arbeitsvertrag auf dem Rückzug ist, dann ist der Osten wirklich Avantgarde.

Es ist diese spezifisch ostdeutsche Erfahrung, die die ewige Debatte um die Zukunft des Sozialstaats befruchten könnte. Die deutsche Sozialpolitik orientiert sich bis heute am klassischen Industriearbeiter oder der Festangestellten, Sozialfiguren, die sich im 19. Jahrhundert formiert haben. Nahezu alle Sozialleistungen und -rechte sind auf ihn beziehungsweise sie zugeschnitten, egal ob es sich um die Arbeitslosenversicherung, die Arbeitnehmersparzulage, den Kündigungsschutz, den Mutterschutz, die Betriebsrente oder die Mitbestimmung handelt. Es sind Leistungen und Rechte, die für einen 400-Euro-Jobber oder eine Existenzgründerin entweder ohne jede Bedeutung oder nicht greifbar sind.

Der Osten und seine Eliten könnten über diese ganz anders gestrickten Formen von Erwerbsarbeit viel erzählen, die im etablierten Sozialpolitiker- und IG-Metall-Milieu nicht zur Kenntnis genommen werden, wo sonst gern die Formel von der »sozialen Gerechtigkeit« im Munde geführt wird. Sie könnten einen wichtigen Beitrag leisten zu der Frage, wie der Sozialstaat an eine sich radikal veränderte Realität neu ausgerichtet werden könnte. Die westdeutsch dominierte Öffentlichkeit würde aufhorchen: Es gebe einmal einen fundierten Debatteneinwurf von sonst stiller Seite.

8. Mehr Konkurrenz an Ideen

Es fehlt in Ostdeutschland an einem echten Wettstreit von politischen Ideen. Der Rückzug ins Unpolitische bringt es mit sich, dass wenige politische Talente die öffentliche Arena dominieren. In Brandenburg zum Beispiel verfügt Matthias Platzeck über ein Monopol. Er und seine Berater *sind* de facto die brandenburgische Politik schlechthin und diktieren mühelos Themen und Tempo. Die CDU und die anderen Parteien im Land sind sprachlos; andere Stimmen aus der SPD sind nicht vorhanden. Platzeck ist der nicht herausgeforderte und nicht hinterfragte Leitstern. In Thüringen sind es Ministerpräsident Dieter Althaus und seine Fraktionschefin Christine Lieberknecht, die mit ihren marktradikalen Positionen die Agenda bestimmen. Es fehlt an Vielfalt und Alternativen für jene Wähler, die diese Positionen nicht teilen.

9. Mehr Mut der Jüngeren

Die ehemaligen kommunistischen Staaten Ostmitteleuropas mussten nach 1989 ohne einen großen westlichen Bruder auskommen, der sie mit Personal versorgte. Sie mussten das personelle Vakuum nach dem Systemwechsel allein stemmen. Das hatte einerseits zu viel stärkeren personellen Kontinuitäten ehemaliger kommunistischer Funktionäre geführt, als es in Ostdeutschland der Fall ist. Andererseits haben die unterschiedlichen Ausgangsbedingungen aber auch bewirkt, dass sich den nachwachsenden Generationen mehr Chancen boten. Im Baltikum etwa sitzen 33-jährige Minister in den Regierungen und noch jüngere Akademiker an der Spitze von Behörden. Jugend per se ist kein Qualitätsgarant, Heterogenität an Alter und Erfahrungen allerdings ist es schon.

Es fehlt der rechte Biss der Jüngeren in Ostdeutschland, um Posten und Positionen zu streiten. Der Ausschluss von Verwaltung, Politik und Medien droht. Dass es zwei müde alte Männer wie Harald Ringstorff oder Wolfgang Böhmer schaffen, sich weiter in ihren Parteien und in den Landtagen als Ministerpräsidenten durchzusetzen, spricht eine deutliche Sprache. Dabei geht es nicht nur um Posten: Es könnten die Jüngeren sein, an die ostdeutsche Gesellschaft die notwendigen kritischen Fragen zur Geschichte zu richten.

10. Fragen an die Medien Ost

Sämtliche Strukturen im Osten wurden nach 1990 vom Modell West kopiert, egal ob es sich um das grotesk komplizierte Gesundheitssystem mit seinen über 250 Krankenkassen oder um Handwerkskammern handelt. Ausgerechnet bei den Zeitungen aber konservierte sich ein Stück DDR. Die ehemaligen SED-Bezirkszeitungen sind eine merkwürdige Allianz mit den neuen Kapitalgebern aus der alten Bundesrepublik eingegangen. Sie betreiben zusammen in der verschärften Version populistische, unpolitische, in der besseren Variante schlicht harmlose Zeitungen. Besitzverhältnisse und personelle Strukturen sind von außen nicht antastbar, aber öffentliche Fragen sind erlaubt: Sind eigentlich Qualität und die öffentliche Wächterfunktion gewährleistet, wenn Personal derart homogen ist, wenn die Führungspositionen aufgeteilt werden unter einstigen Absolventen der journalistischen DDR-Kaderschmiede an der Universität Leipzig, zugezogenen Westdeutschen und einigen wenigen jüngeren Ostdeutschen? Wo ist die Stimme für ostdeutsche Querdenker? Reichen Randerscheinungen wie die winzige Wochenzeitung *Freitag* aus?

Die ostdeutschen Regionalzeitungen sind trotz anhaltender Verluste an Lesern noch auflagenstark. Sie bilden zusammen mit den öffentlich-rechtlichen Rundfunkanstalten in den meisten Regionen das publizistische Monopol. Westdeutsche überregionale Zeitungen und Magazine spielen mit ihrer äußerst geringen Verbreitung so gut wie keine Rolle. Die ostdeutschen Medien sollten die Verantwortung, die aus ihrer Marktmacht erwächst, ernst nehmen. Sie könnten das Forum bieten für ehrliche Debatten und Ernsthaftigkeit jenseits niedlicher Geschichten von Ostalgie.

11. Fragen an die Medien West

Die westdeutsch geprägten überregionalen Medien tragen ihren Teil zum mangelnden Selbstbewusstsein des Ostens bei, wie auch zu dessen beschränkten Möglichkeiten, sich Gehör zu verschaffen. Sie verstärken tradierte, aus Zeiten des Kalten Krieges stammende Ressentiments und die heutige mentale Teilung zwischen Ost und West, auch wenn sie sich dessen womöglich gar nicht bewusst sind.

Nur wenige fest installierte Korrespondenten verlieren sich im Osten. Es gibt offizielle Landespressekonferenzen in Landeshauptstädten wie Schwerin oder Erfurt, auf denen die Anwesenheit eines solchen Korrespondenten Seltenheitswert hat. In Potsdam sieht es etwas besser aus, schließlich ist man von dort per Regionalexpress in 20 Minuten wieder bequem im vertrauten Westteil Berlins; besser sieht es auch in Dresden aus, denn dort, so weiß man in München oder Hamburg, soll man es ja aushalten können.

Wenn etwas Außergewöhnliches passiert im Osten – eine Flut, gefundene Babyleichname oder ein besonders brutaler Überfall auf einen Ausländer –, dann schwillt das Interesse plötzlich an. Der Ort des Geschehens wird für einige Tage von Reportern belagert sein, ganz so wie es bei internationalen Krisengebieten der Fall ist, und so lesen sich die Berichte dann auch: atemlos, grob gerastert, mit dem staunenden, fragenden Blick des Fremden.

Zu oft dominiert Herablassung und die Suche nach bloßer Bestätigung von Klischees. In Halle ist der Fall eines Reporters einer überregionalen Tageszeitung Legende, der im roten Stern des Stadtwappens ungetilgte Spuren aus sowjetischen Zeiten vermutete und dies so schrieb. Das Wappen, einschließlich des Sterns, stammt aus dem Spätmittelalter.

Es fehlt der Berichterstattung an Genauigkeit. Vorpommerns Stralsund wird nach Mecklenburg verpflanzt und Magdeburg nach Anhalt (Magdeburg war jahrhundertelang preußisch und gehörte nie zum einst selbständigen Land Anhalt). Die gleichen Journalisten, die nicht müde werden, Unterschiede zwischen Westfalen und dem Rheinland und zwischen Baden und Württemberg penibel nachzuzeichnen, ignorieren uralte landsmannschaftliche Unterschiede im Osten Deutschlands. Es sind Kleinigkeiten, die aber in der Wiederholung zwei nachhaltige Botschaften erzielen. Die moderate Botschaft ist: Auf uns guckt der Naturforscher, der mit den Namen seiner Anschauungsobjekte noch nicht vertraut ist. Die kränkende Botschaft: Wir gehören nicht dazu. Wir werden nicht ernst genommen.

Hinter dem mangelnden Engagement steckt natürlich auch nüchternes Marktkalkül. Eben weil der ostdeutsche Vertriebs- und Anzeigenmarkt für die überregionalen Medien praktisch ohne Bedeutung ist, hält sich das Interesse in Grenzen. Geld verdienen sie woanders. Aber die Schwachstelle Ost wird nicht dadurch besser, indem man ihr wenig Aufmerksamkeit schenkt. Vielleicht ließe sich das Interesse heben, wenn sich die Redaktionen und Verlage für ostdeutsche Journalisten und Nachwuchs-Führungskräfte einmal ernsthaft öffnen würden. Bis heute, über 16 Jahre nach der Wiedervereinigung, sind die überregionalen Medien eine komplett westdeutsch geprägte Welt. Ostdeutsche, die in diese

Welt vorgedrungen sind, besitzen Exotenstatus. Die etablierten westdeutschen journalistischen Netzwerke bestimmen bis heute über Posten und Positionen.

12. Qualität des Personals hinterfragen

Wie viele Westdeutsche in Ostdeutschland Führungspositionen besetzen, ist irrelevant. Der Anteil Westdeutscher sagt nichts über das ostdeutsche Selbstbewusstsein und ostdeutsche Eigenständigkeit aus. Seit 1946 waren Hunderttausende ostdeutsche Intellektuelle, Staatsbedienstete, Ärzte und Juristen in den Westen gezogen. So ist es logisch, dass es einen Gegenstrom westdeutscher Funktionsträger in die umgekehrte Richtung gibt und geben musste.

Der Punkt ist: Qualität und Eignung waren in den neunziger Jahren nicht die dominanten Kriterien. Fehlentscheidungen aus der chaotischen Nachwendezeit sind heute zementiert. Im öffentlichen Dienst sind Kündigungen nicht oder praktisch nicht möglich. Wenn heute vom Personalüberhang in den öffentlichen Verwaltungen die Rede ist, wird suggeriert, es handele sich nur um »Altlasten« aus DDR-Zeiten. Es betrifft aber auch die Legionen von Westdeutschen der mittleren und höheren Führungsebene, die nach der Wende kamen und gut besoldete Positionen besetzten.

Umso mehr sollte öffentlich über die Qualität heutiger Behördenchefs und ministerieller Abteilungsleiter und die genauen Hintergründe ihrer Karrieren gesprochen werden. Wie steht es eigentlich um den an deutschen Feiertagen so gern beschworenen Patriotismus, wenn in den neunziger Jahren der Weg nach Ostdeutschland so unattraktiv erschien, dass praktisch jeder, der sich nur regte, zu einem wichtigen Posten gelangte? Positive Ausnahmen sind zu oft reine Glücksfälle gewesen.

Länderfusionen sind mehr als ein verwaltungstechnisches Thema. Die Verringerung der kleinteiligen ostdeutschen Länderstruktur hätte, neben Spareffekten, zwei relevante Folgen. Zum einen würde es personelle Bewegung ermöglichen. Es entstünde eine fruchtbare Konkurrenz um die weniger gewordenen Stellen an der Spitze der Justiz, der Verwaltungen und der Politik. Ostdeutschland benötigte nicht mehr insgesamt knapp 50 Minister und noch mehr Staatssekretäre, sondern weit weniger. Fusionen würden der Qualität guttun.

Zweitens könnten sich weniger, aber dafür stärkere Länder besser Gehör im Rest Deutschland verschaffen. Heute wird ein Ministerpräsident eines Landes wie Mecklenburg-Vorpommern in Nordrhein-Westfalen oder Bayern insgeheim als besserer Landrat wahrgenommen. Größere Bundesländer würden ernster genommen werden.

Dabei müssen die neuen Ländergrenzen gar nicht entlang des ehemaligen Eisernen Vorhangs verlaufen, denn schließlich haben Hessen und Thüringen historisch mehr miteinander gemein als Thüringen und Mecklenburg-Vorpommern. Ost und West in sich vereinigende Länder würden den positiven Effekt nach sich ziehen, dass das Kennzeichen »Ost« nicht mehr länger als dankbarer Vorwand taugt, um sich eine privilegierte Behandlung im Ringen um Transfergeld zu sichern. Zum anderen würden beliebige Themen nicht mehr penetrant entlang einer Ost-West-Konfliktlinie diskutiert werden.

Berlin etwa hat zweifellos gewaltige Probleme. Aber aufgrund ihrer doppelten Vergangenheit als Insel des Westens und ehemalige Hauptstadt der DDR lässt sich die Stadt nicht in die Ost-Ecke stellen und kann es auch selbst nicht tun. Berlin ist nicht der Bittsteller Ost, sondern tritt mit einem fast schon aufreizenden Selbstbewusstsein auf.

14. Mehr Engagement der Unternehmen

Die Manager sind ausschließlich auf ihre Unternehmen fixiert. Das hatte einst gute Gründe. In den Aufbaujahren nach der Wende galt alle Aufmerksamkeit dem eigenen Betrieb und den neuen Märkten. Die Rendite war schmal und die Finanzlage schwierig. Bis in die späten neunziger Jahre hinein waren sie mit Umstrukturierungen, der Treuhandanstalt, juristischen Auseinandersetzungen um Eigentumsfragen oder Unklarheiten bei Subventionszahlungen beschäftigt. Diese Phase ist vorbei. Die Unternehmen befinden sich inzwischen in ruhigerem Fahrwasser; die Zahlen in den Büchern sehen allmählich freundlicher aus.

Es ist heute die Zeit gekommen für die Erkenntnis, dass sie direkter und wichtiger Teil der Region und der Gesellschaft sind, in der sie wirtschaften. Sie sind mancherorts, in Zeiten eines sich zurückziehenden und armen Staates, häufig die einzigen intakten und überdies relativ finanzkräftigen Instanzen. Ihre Rolle ist auch deshalb wichtiger als in der alten Bundesrepublik, weil es im Osten an wirklich einflussreichen Unternehmensverbänden fehlt.

Langfristig schadete es ihnen, wenn sie sich ausschließlich auf ihr Unternehmen konzentrierten und soziale und gesellschaftliche Verwerfungen ignorierten. Eine Gesellschaft, die aus den Fugen gerät, kann nicht im unternehmerischen Interesse liegen. Es muss nicht gleich ein aktives Mäzenatentum wie in den USA sein, dazu fehlt es in Deutschland an Tradition. Aber ein wenig mehr Interesse und Engagement für die Dinge, die außerhalb des Betriebstors passieren, wäre ein Fortschritt.

15. Öffentliche Räume erobern

Es mag eine banale Erkenntnis sein, aber Eliten sind immer auch ein Spiegel der Gesellschaft und ihres Zustandes. Das Volk wählt sich seine Politiker, es akzeptiert die Institutionen, es nutzt die Medien. Dabei hat es Machthebel in der Hand. Leser können, wenn sie unzufrieden sind, auf ihre Medien Einfluss nehmen und sie nötigenfalls boykottieren. Neue Medien können gegründet werden. Und es obliegt dem Wahlvolk, Politiker abzuwählen und gar selbst politisch aktiv zu sein.

Heute leidet die ostdeutsche Politik unter einem klassischen Teufelskreis. Das Heer der Enttäuschten und Desillusionierten zieht sich zurück und boykottiert die Politik. Wenn es doch wählt, wählt es Protest. Als Folge verfügen die Regierungen um umso weniger demokratische Legitimation. Parteien bestimmen über die Geschicke eines Landes, die ein großer Teil der Bevölkerung nie gewählt hat. Angesichts der Wahlberechtigten lassen sich niederschmetternde Zahlen ermitteln, die sich erstaunlich ähnlich sind. Ministerpräsident Harald Ringstorff ist lediglich von 18 Prozent seines Wahlvolks gewählt, Wolfgang Böhmer von 16 und selbst Matthias Platzeck nur von 18 Prozent. Die Kluft zwischen Bevölkerung und Regierenden vergrößert sich in der Folge dieses Legitimationsdefizits und damit auch der Grad an Resignation.

Parteien und Regierungen werden paradoxerweise als hermetische Macht-Maschinen wahrgenommen, die »sowieso machen, was sie wollen«. Es ist ein Missverständnis. Die Parteien, die die Regierungen stellen, sind in Ostdeutschland fragile, kleine Gebilde, die dankbar jeden einzelnen Interessenten aufnehmen. Die SPD in Mecklenburg-Vorpommern, eine Partei, die den Regierungschef und große Teile des Regierungs- und Behördenapparats stellt, muss mit knapp 3000 Mitgliedern auskommen, von denen allein 2000 eine oder mehrere Funktionen besetzen. Zum Vergleich: Die SPD im ungefähr gleich großen Hamburg zählt nach starken Verlusten immerhin noch 12000 Mitglieder. Die PDS wiederum ist im Osten zwar noch die mitgliederstärkste Partei, es fehlen ihr aber aktive, nachwachsende Genossen.

Die Wähler würden staunen, wenn sie erlebten, wie schnell es geht, per Mitgliedschaft in ostdeutschen Parteien Einfluss zu nehmen. Ein beliebiges Konfliktthema – egal ob Bildungspolitik oder Sozialpolitik – könnte realistischerweise eine Anzahl von Menschen politisch aktivieren, die die heutige Größe eines durchschnittlichen Parteiverbands spielend überragt. Es ist eine potenzielle Gestaltungsmacht, die den vielen Enttäuschten und Desillusionierten nicht klar ist. Sie haben es in der Hand, den gängigen Teufelskreis zu durchbrechen. Sie müssen es nur tun.

Anhang

Anmerkungen

1 Müller, Uwe: Supergau Deutsche Einheit. Berlin 2005, S. 27
2 Felber, Wolfgang: Eliteforschung in der Bundesrepublik Deutschland: Analyse, Kritik, Alternativen, Stuttgart 1985, S. 16 ff. Schröder, Wilhelm H./Weege, Wilhelm/Zech, Martina: Historische Parlamentarismus-, Eliten- und Biographieforschung. In: Historische Sozialforschung, Beiheft 11/2000, S. 32–51; Kaina, Viktoria: Was sind Eliten? In: Gabriel, Oskar W./Neuss, Beate/Rüther, Günther (Hg.): Konjunktur der Köpfe? Eliten in der modernen Wissensgesellschaft, Düsseldorf 2004, S. 16–24; Hartmann, Michael: Elitesoziologie. Eine Einführung, Frankfurt/M. 2004, S. 43–74; Dahrendorf, Ralf: Gesellschaft und Demokratie in Deutschland, München 1971, S. 234 ff.
3 Van Mehlis, Damian/Bispinck, Henrik (Hg.): Republikflucht. Flucht und Abwanderung aus der SBZ/DDR 1945 bis 1961, München 2006, S. 259
4 Ebd. S. 256
5 Deutscher Bundestag (Hg.): Materialien der Enquete-Kommission »Überwindung der Folgen der SED-Diktatur im Prozeß der deutschen Einheit«, Bd. II (1), Baden-Baden 1999, S. 758
6 Schleswig-Holsteinischer Landtag: Drucksache 11/66 v. 5. Februar 1988: Bericht des parlamentarischen Untersuchungsausschusses zur Aufklärung von eventuell rechtswidrigen Handlungen und Unterlassungen des Ministerpräsidenten Dr. Barschel, der Mitglieder, Mitarbeiter und Helfer der Landesregierung gegen zum 11. Landtag kandidierende Parteien und ihre Repräsentanten, S. 101–104
7 CDU-Landesverband Schleswig-Holstein (Hg.): »Betr. Engholm«. Paß auf – Schleswig-Holstein! O. O., o. J. [Kiel 1987]
8 Darsow, Thomas: Nationale Identität heute. Aspekte zu den Themen Lebensschutz und Entfremdung. In: Unitarische Blätter, Bd. 2/1980, S. 59
9 SAPMO-Bundesarch, DY 34 11113, Büro Aurich, Redeentwurf zur 13. Tagung des Zentralrats der FDJ am 19. Mai 1985

10 Winkler, Gunnar (Hg.): Sozialreport 2004, Berlin 2004, S. 262

11 Berliner Morgenpost, 2. November 2006: Die Top 100 des Ostens, S. 6

12 Landeshauptarchiv Schwerin, Bestand SED-KL Hagenow, 10-20-10-23

13 »Gabi Mestan will lebenslänglich. Linkspartei-Politikerin mit neuem Namen und altem Schwung«, in: Landtagsnachrichten Mecklenburg-Vorpommern 7/2005, S. 17

14 Schweriner Volkszeitung, 19. September 2006, S. 3

15 Mara, Michael/Metzner, Thorsten: Matthias Platzeck. Die Biographie. München 2006, S. 244

16 Mitteldeutsche Zeitung, Online-Ausgabe, »Kultur des Hinsehens nötig«, 3. Juni 2006

17 http://edoc.hu-berlin.de/dissertationen/backhaus-till-2001-10-11/PDF/Backhaus.pdf

18 SAPMO-Bundesarch, DY 34 13382, Schwerpunkte der Rede am 18. März 1988 vor den Vorsitzenden der FDGB-Kreisvorstände in Kleinmachnow

19 SAPMO-Bundesarch, DY 34 13383, Redeentwurf 8. Dezember 1988

20 SAPMO-Bundesarch, DY 34 13382, Zu einigen Anforderungen an die Gewerkschaftsarbeit bei der weiteren Auswertung und Realisierung der Beschlüsse des XI. Parteitages der SED, Rede an der Zentralschule des Bundesvorstandes des FDGB, Erfurt 1.7.1986

21 Vor der Lichtenberger Bezirksverordnetenversammlung am 26. April 2006

22 Thüringer Landtag, 4. Wahlperiode. Protokoll der 27. Sitzung vom 11. November 2005, S. 2668

23 Dennis, Mike: Die vietnamesischen Vertragsarbeiter und Vertragsarbeiterinnen in der DDR. In: Dennis, Mike/Weiss, Karin (Hg.): Erfolg in der Nische? Die Vietnamesen in der DDR und in Ostdeutschland, Münster 2005, S. 21–46

24 Szene aus dem DEFA-Dokumentarfilm »Berlin-Prenzlauer Berg – Begegnungen zwischen dem 1. Mai und dem 1. Juli 1990«, DDR 1990

25 Mitteldeutsche Zeitung, Online-Ausgabe: »Kultur des Hinsehens nötig«, 3. Juni 2006

Literatur- und Quellenverzeichnis

Literatur

Ahbe, Thomas: Deutsche Eliten und deutsche Umbrüche. Erfolg und Verschwinden verschiedener deutscher Elite-Gruppen und deren Wertepositionen. In: Deutschland Archiv 2/2003, S. 191–206

Bahrmann, Hannes/Links, Christoph (Hg.): Am Ziel vorbei. Die deutsche Einheit – Eine Zwischenbilanz. Berlin 2005

Bauerkämper, Arnd (Hg.): Gesellschaft ohne Eliten? Führungsgruppen in der DDR. Berlin 1997

Behrends, Jan C./Lindenberger, Thomas/Poutrus, Patrice G. (Hg.): Fremde und Fremd-Sein in der DDR. Zu historischen Ursachen der Fremdenfeindlichkeit in Ostdeutschland. Berlin 2003

Bisky, Jens: Die deutsche Frage. Berlin 2005

Bispinck, Hendrick/Damian van Mehlis (Hg.): »Republikflucht«. Flucht und Abwanderung aus der SBZ/DDR 1945 bis 1961. München 2006

Bürklin, Wilhelm/Rebenstorf, Hilke (Hg.): Eliten in Deutschland. Rekrutierung und Integration. Opladen 1997

Dahrendorf, Ralf: Gesellschaft und Demokratie in Deutschland. München 1971

Damm, Sigrid: Unruhe. Anläßlich der Verleihung des Lion-Feuchtwanger-Preises 1987. In: Sinn und Form 1/1988, S. 244–248

Dennis, Mike/Weiss, Karin (Hg.): Erfolg in der Nische? Die Vietnamesen in der DDR und in Ostdeutschland. Münster 2005

Derlien, Hans-Ulrich: Elitenzirkulation in Ostdeutschland 1989–1995. In: Aus Politik und Zeitgeschichte B5 1998, S. 3–17

Dieckmann, Christoph: Die Liebe in Zeiten des Landfilms. Berlin 2002

Eger, Christian: Mein kurzer Sommer der Ostalgie. Dößel 2005

Engler, Wolfgang: Die Ostdeutschen. Kunde von einem verlorenen Land. Berlin 2000

Engler, Wolfgang: Die Ostdeutschen als Avantgarde. Berlin 2002

Ernst, Anna-Sabine: Die beste Prophylaxe ist der Sozialismus. Ärzte und medizinische Hochschullehrer in der SBZ/DDR 1945–1961. Münster 1997

Felber, Wolfgang: Eliteforschung in der Bundesrepublik Deutschland: Analyse, Kritik, Alternativen. Stuttgart 1985

Glaeßner, Gert-Joachim: Regimewechsel und Elitentransfer. In: Deutschland Archiv 6/1996, S. 849–862

Habermas, Jürgen: Legitimationsprobleme im modernen Staat. In: Kielmansegg, Peter Graf (Hg.): Legitimationsprobleme politischer Systeme. Opladen 1976, S. 39–61

Hartmann, Michael, Elitesoziologie. Eine Einführung. Frankfurt am Main 2004

Herbst, Andreas / Stephan, Gerd-Rüdiger / Winkler, Jürgen (Hg.): Die SED. Geschichte, Organisation, Politik. Berlin 1997

Herzog, Dietrich: Repräsentation. Eine Funktionsanalyse der repräsentativen Demokratie. Opladen 1993

Hoffmann-Lange, Ursula: Eliten, Macht und Konflikt in der Bundesrepublik. Opladen 1992

Hornbostel, Stefan (Hg.): Sozialistische Eliten. Horizontale und vertikale Deutungsmuster in der DDR. Opladen 1999

Hübner, Peter: Eliten im Sozialismus. Beiträge zur Sozialgeschichte der DDR. Köln 1999

Kaina, Viktoria: Was sind Eliten? In: Gabriel, Oskar W. / Neuss, Beate / Rüther, Günther (Hg.): Konjunktur der Köpfe? Eliten in der modernen Wissensgesellschaft. Düsseldorf 2004, S. 16–24

Kleßmann, Christoph: Zur Sozialgeschichte des protestantischen Milieus in der DDR. In: Geschichte und Gesellschaft 19/1993, S. 29–53

Klingemann, Hans-Dieter / Stöss, Richard / Weßels, Bernhard (Hg.): Politische Klasse und politische Institutionen. Probleme und Perspektiven der Elitenforschung. Opladen 1991

Kocka, Jürgen: Vereinigungskrise. Zur Geschichte der Gegenwart. Göttingen 1995

Kolbe, Uwe: Hineingeboren. Gedichte 1975–1979. Berlin / Weimar 1980

Kuczynski, Rita: Die Rache der Ostdeutschen. Berlin 2002

Lahann, Birgit: Geliebte Zone. Geschichten aus dem neuen Deutschland. Stuttgart 1997

Lieberknecht, Christine: Pfarrhaus in der Bewährung. Das Beispiel DDR. In: Hahn, Udo / Mügge, Marlies (Hg.): Katharina von Bora. Die Frau an Luthers Seite. Stuttgart 1999, S. 113–124

Lieberknecht, Christine: Auf Katharinas Spuren. In: Althausen, Gudrun / Berlis, Angela / Busch, Christine: Kinder, Kirche und Karriere. Von der berufstätigen Mutter im Dienst des Herrn. Erfahrungsberichte. Berlin 2000, S. 132–140

Mara, Michael / Metzner, Thorsten: Matthias Platzeck. Die Biographie. München 2006

Mensing, Wilhelm: Von der Ruhr in den Gulag. Opfer des Stalinschen Massenterrors aus dem Ruhrgebiet. Essen 2001

Merkel, Angela: Mein Weg. Angela Merkel im Gespräch mit Hugo Müller-Vogg. Hamburg 2004

Müller, Uwe: Supergau Deutsche Einheit. Berlin 2005

Neckel, Sighard: Waldleben. Ein ostdeutsche Stadt im Wandel seit 1989. Frankfurt am Main/New York 1999

Scherzer, Landolf: Der Erste. Rudolstadt 1988

Scherzer, Landolf: Der Zweite. Berlin 1997

Scherzer, Landolf: Der Letzte. Berlin 2000

Schmidt, Ute: Von der Blockpartei zur Volkspartei? Die Ost-CDU im Umbruch 1989–1994. Opladen 1997

Schorn-Schütte, Luise/Sparn, Walter: Evangelische Pfarrer. Zur sozialen und politischen Rolle einer bürgerlichen Gruppe in der deutschen Gesellschaft des 18. bis 20. Jahrhunderts. Stuttgart 1997

Schröder, Wilhelm H./Weege, Wilhelm/Zech, Martina: Historische Parlamentarismus-, Eliten- und Biographieforschung. In: Historische Sozialforschung, Beiheft 11/2000, S. 32–51

Sturm, Daniel Friedrich: Uneinig in die Einheit. Die Sozialdemokratie und die Vereinigung Deutschlands 1989/90. Bonn 2006

Thumfart, Alexander: Transformation und Integration. Verbände, Kommunen und Demokratiezufriedenheit in Ostdeutschland. In: Vorgänge 1/2003, S. 31–40

Unitarische Blätter für ganzheitliche Religion und Kultur, Bd. 2/1980

Vester, Michael (Hg.): Soziale Milieus in Ostdeutschland. Gesellschaftliche Strukturen zwischen Zerfall und Neubildung. Köln 1995

Welzel, Christian: Demokratischer Elitenwandel. Die Erneuerung der ostdeutschen Elite aus demokratie-soziologischer Sicht. Opladen 1997

Wierling, Dorothee: Geboren im Jahr Eins. Der Jahrgang 1949 in der DDR. Versuch einer Kollektivbiographie. Berlin 2002

Winkler, Gunnar (Hg.): Sozialreport 2004. Berlin 2004

Wolle, Stefan: Die heile Welt der Diktatur. Alltag und Herrschaft in der DDR 1971–1989. 2. Aufl., München 2001

Amtliche Quellen, Protokolle, Dokumentationen, Broschüren

CDU-Landesverband Schleswig-Holstein (Hg.): »Betr. Engholm«. Paß auf – Schleswig-Holstein! O. O., o. J. [Kiel 1987]

Deutscher Bundestag (Hg.): Materialien der Enquete-Kommission »Überwindung der Folgen der SED-Diktatur im Prozeß der deutschen Einheit«, Bd. II (1), Baden-Baden 1999

Landtagsnachrichten Mecklenburg Vorpommern 7/2005

Schleswig-Holsteinischer Landtag: Drucksache 11/66 v. 5.2.1988, Bericht des parlamentarischen Untersuchungsausschusses zur Aufklärung von eventuell rechtswidrigen Handlungen und Unterlassungen des Ministerpräsidenten Dr. Barschel, der Mitglieder, Mitarbeiter und Helfer der Landesregierung gegen zum 11. Landtag kandidierende Parteien und ihre Repräsentanten

Statistisches Bundesamt: Statistisches Jahrbuch für die Bundesrepublik Deutschland 2005. Wiesbaden 2005

Archive

Landeshauptarchiv Schwerin

Bestand SED-Kreisleitung Hagenow

Stiftung Archiv der Parteien und Massenorganisationen der DDR (SAPMO) im Bundesarchiv, Berlin

Bestand Zentralrat der FDJ, Büro Aurich

Bestand FDGB, Büro Emmrich

Interviews

Gabriele Mestan
18. Januar 2005 in Schwerin
1. Februar 2005 in Schwerin
11. April 2005, telefonisch
25. Juli 2006 in Schwerin

Matthias Platzeck
5. Oktober 2006 in Potsdam

Alexander von Witzleben
1. März 2006 in Jena

Hans Eggert
27. Februar 2006 in Dresden
15. März 2006, telefonisch

Wolfgang Kenntemich
7. Februar 2005 in Leipzig
16. Februar 2005 in Leipzig
6. September 2005 in Berlin
18. November 2005 in Leipzig

Wolfgang Böhmer
1. Dezember 2004 in Magdeburg
1. August 2005 in Magdeburg

Till Backhaus
8. August 2006 in Schwerin
und Hagenow

Hans Deppe
13. Januar 2005 in Dresden
26. Oktober 2006, telefonisch

Christina Emmrich
6. Januar 2005 in Berlin
20. Januar 2005 in Berlin
11. April 2005 in Berlin

Sergej Lochthofen
29. November 2004 in Erfurt
17. Dezember 2004 in Erfurt
6. September 2005, telefonisch

Karl Heinz Gasser
17. Dezember 2004 in Erfurt
16. Januar 2006 in Erfurt

Klaus-Ewald Holst
1. März 2005 in Leipzig
17. Januar 2006 in Berlin

Christine Lieberknecht
29. Oktober 2004 in Erfurt
8. November 2004 in Berlin
5. November 2005 in Berlin

Iris Goerke-Berzau
13. Juli 2006 in Naumburg
20. Oktober 2006, telefonisch

Alle Zitate, soweit nicht gesondert kenntlich gemacht, stammen aus den mit den Porträtierten geführten Interviews.

Ich danke allen vierzehn Porträtierten für ihre Bereitschaft und für die Geduld und die Zeit, die sie aufbrachten. Besonders danken möchte ich Hans Eggert, Christina Emmrich, Gabriele Mestan und Iris Goerke-Berzau. Letztgenannter, weil sie als Richterin gewöhnlich nicht im Blickfeld einer breiteren Öffentlichkeit steht. Hans Eggert, Gabriele Mestan und Christina Emmrich für ihre Offenheit und ihren Blick zurück, der nicht leicht war.

Ich danke meinen Gesprächspartnern in Landesregierungen, Parteien, Medien, Unternehmen und den vielen anderen, die mir wichtige Hinweise gaben oder mir die Recherche erleichterten.

Ich danke meiner Großtante Elfriede Scheinpflug. Sie ermöglichte mir finanziell das ungestörte Arbeiten an diesem Buch. Ich wünschte, ich hätte ihr das Resultat zeigen können. Es war nicht mehr möglich.

Ich danke vor allem Julia Latka. Sie hat sämtliche Texte kritisch gelesen und mir kluge Ratschläge gegeben. Am meisten aber danke ich ihr dafür, dass sie mir in schwierigen Phasen der vergangenen drei Jahre Mut gemacht und am Sinn dieses Buches nie gezweifelt hat, selbst in den Momenten, in denen ich einen Sinn nicht mehr sah. Ihr widme ich dieses Buch.

Angaben zum Autor

Gunnar Hinck, geboren 1973 in Stade, studierte in Göttingen und Uppsala Politikwissenschaften, Publizistik und Öffentliches Recht. Volontariat bei der *Märkischen Oderzeitung* in Frankfurt/Oder und bei der *Sächsischen Zeitung* in Dresden, anschließend Redakteur für Innenpolitik bei der *Mitteldeutschen Zeitung* in Halle. Lebt heute als freier Autor in Berlin.